ŒUVRES COMPLÈTES

DE

LAMARTINE

PUBLIÉES ET INÉDITES

HISTOIRE DE LA TURQUIE

III

TOME VINGT-CINQUIÈME

PARIS

CHEZ L'AUTEUR, RUE DE LA VILLE-L'ÉVÊQUE, 43

M DCCC LXII

ŒUVRES COMPLÈTES

DE

LAMARTINE

—

TOME VINGT-CINQUIÈME

HISTOIRE

DE

LA TURQUIE

III

HISTOIRE

DE

LA TURQUIE

LIVRE QUATORZIÈME

I

Les Perses dans leur nom antique, les Persans dans leur nom moderne, sont un peuple primitif, né de lui-même dans le berceau ténébreux des âges anté-historiques. Ils n'apparaissent pour la première fois dans la fable ou dans l'histoire qu'avec ce caractère de haute civilisation, de maturité et presque de décadence politique, morale et littéraire, qui indique l'extrême vétusté des nations. On pourrait les appeler les Grecs et les Italiens de l'Orient. Tout date d'eux et ils ne datent de personne. La nature autant que la civilisation les a doués d'une incontestable supériorité d'intelligence et de sociabilité sur les races qui leur disputent la haute et la basse Asie ; aussi héroïques que les Tartares, aussi philosophes que les Hindous, aussi religieux que les Arabes, aussi industrieux que les Chinois, aussi conquérants que les Turcs, ils ont, de plus que chacune de ces nations auxquelles ils confinent, cette promptitude d'intelligence, cette souplesse d'esprit, cette élégance de mœurs, cette grâce héroïque de chevalerie, cette activité de mœurs, de travail, d'industrie, de politique, d'arts, de lettres, de poésie, de philosophie, de religion, qui font de la Perse un des foyers les plus éclatants de l'esprit humain.

On peut dire aussi qu'ils ont les vices de leur supériorité, le dédain des races moins douées qu'eux par la nature, l'instabilité de leurs institutions, la facilité de changement, la promptitude à la révolte, le jeu avec les serments, la finesse dans la diplomatie poussée jusqu'à la ruse, l'hypocrisie qui leur fait prendre ou quitter tous les rôles, selon leurs intérêts plus que selon leurs convictions ; la souplesse dans la tyrannie, l'insolence dans la liberté, le courage par élan, le découragement par lassitude, l'adulation, cet abus de la politesse, la foi peu sûre, cette défaillance du caractère le plus essentiel à l'honnête homme, la vérité ; en un mot, tout ce qui constitue à la fois dans les mœurs d'un peuple la noblesse de la nature et la décadence de la corruption.

Tel était et tel est encore aujourd'hui le génie du peuple persan.

II

Les Persans occupent dès les temps primitifs le vaste espace presque partout enceint et sillonné de montagnes entre le fleuve Oxus qui les sépare de la Tartarie et de la Chine, le golfe Persique qui les sépare des Indes, la mer Caspienne qui les sépare des Scythes ou des Moscovites, la mer Noire qui les sépare des Russes, et le grand désert de Bagdad qui les sépare de l'Arabie et de la Turquie. Leur sol est léger mais fertile, leur ciel pur, leur climat sain. Leur race est belle, élancée, vigoureuse, habile à dompter le cheval, consommée au maniement des armes. Les Parthes leur ont laissé leurs traditions équestres, l'arc et la flèche tirée en fuyant.

Ils participent selon les lieux et les tribus de tous les modes d'existence des peuples de l'Orient; ici nomades, là sédentaires, promenant leurs tentes à la suite de leurs troupeaux, de pâturage en pâturage, dans les provinces voisines de l'Arménie; agriculteurs dans les plaines de Schiras, de Tauriz et d'Ispahan; artisans dans leurs grandes villes; courtisans dans leur capitale; guerriers dans leurs camps; trafiquants dans leurs bazars; voluptueux dans leurs harems; poëtes et philosophes dans leurs loisirs. Extrêmes en tout, dans la sagesse comme dans le vice, leur attribut dominant est l'imagination. Cette imagination leur colore la vertu, la gloire, la passion, l'amour, l'ambition, le crime, de couleurs si vives, qu'elle leur donne à la fois le délire tout-puissant de l'enthousiasme et la mobilité de l'inconstance : peuple qui atteindrait à tout s'il pouvait désirer longtemps la même chose.

III

Leur histoire a le caractère de leur génie. Elle ressemble aux fables arabes contées par les poëtes sous la tente. Elle est plus pleine des vicissitudes et des péripéties de la fortune qu'aucune histoire des autres nations. Tout y est étrange, merveilleux, rapide, fugitif comme les ombres sur les flancs de leurs montagnes. Leurs capitales s'élèvent et disparaissent comme des apparitions fantastiques dans le désert; leurs dynasties s'établissent, s'écroulent, se remplacent, se succèdent avec l'instabilité des flots. Ils conquièrent et sont conquis sept fois dans dans dix siècles. Le regard a peine à suivre le torrent tumultueux de leur destinée. Les événements dont elle se compose ressemblent plus au poëme ou au roman qu'au cours lent et régulier des choses humaines. Ils donnent le vertige en passant devant les yeux de l'historien.

IV

Gustasp, qu'on croit être Darius Ier, l'un des grands conquérants de leurs annales, banni par son père, roi d'une province de Perse, se réfugie, suivant une ancienne égende, sous le costume d'un simple guerrier et sous un nom inconnu, à la cour de l'empereur de l'Ouest ou de Constantinople. L'empereur, voulant donner un époux de son choix à la belle Katyoun, sa fille, fait passer sous les fenêtres du palais les jeunes nobles de l'empire. Gustasp frappe les yeux de Katyoun par sa beauté martiale. L'empereur s'irrite de cette préférence accordée à un obscur étranger. Pour punir sa fille, il la donne à Gustasp et l'abandonne à l'humilité de cette union. Gustasp emmène son épouse en Perse, se fait reconnaître de ses partisans, lève une armée pour reconquérir son droit à l'héritage paternel contre ses frères. Au moment de combattre, ses frères, par respect pour son droit d'aînesse, lui rendent les armes, et le couronnent dans le camp. Son père abdique en sa faveur et se retire dans la solitude pour s'y sanctifier. Gustasp règne, combat, conquiert, réunit la Perse entière sous un seul sceptre et invite l'empereur de l'Ouest à venir visiter son empire. L'empereur reconnaît l'étranger qu'il a méprisé dans Gustasp et sa fille dans la reine de douze royaumes. C'est ce souverain qui adopta et qui fit adopter à ses sujets le culte du feu, ou la religion de Zoroastre, vers l'an 534 avant J.-C.

V

Leur religion jusque-là paraît une dérivation moitié symbolique, moitié idolâtre, des mystérieuses religions de l'Inde, source sans fond de croyances humaines, d'où la plus pure adoration a coulé primitivement pour les sages et d'où les symboles divinisés par le vulgaire avaient coulé en idolâtrie pour le peuple.

« La religion primitive de la Perse, dit un de leurs historiens les plus versés dans leur antiquité, était la croyance dans un être suprême qui a créé les mondes par sa puissance, et qui les gouverne par sa providence. Une crainte respectueuse de ce Dieu, mêlée d'amour et d'adoration ; un respect pieux pour les pères et les vieillards ; une charité fraternelle pour le genre humain ; une tendre compassion pour les animaux, partie animée, souffrante et ayant une parenté avec l'homme dans la création. Ils reconnaissaient même une vie et une intelligence respectables à un degré inférieur dans les végétaux. » C'est le fond divin des doctrines de l'Inde dépouillées de leurs raffinements métaphysiques ou de leurs superfétations populaires.

Mais ces doctrines, altérées en Perse comme aux Indes par les superstitions et par les crédulités populaires, s'étaient converties en idolâtries. Zoroastre, sorte de Mahomet persan né sous le règne de Gustasp, tenta de réformer cette religion corrompue, non en la dépouillant de tout symbole, chose trop ardue à la nature du peuple, mais en la ramenant à l'adoration du Créateur unique sous le culte des éléments créés et gouvernés par lui. Derrière et au-dessus de ces éléments, Zoroastre adorait et faisait adorer leur divin auteur. Il choisit parmi ces éléments celui qui, par l'éclat, la puissance, le mouvement, la flamme, la multiplicité répandue dans le firmament sous l'apparence des astres du jour et de la nuit, devait paraître aux yeux des hommes contenir le plus de divinité, le feu ; il institua le culte du feu comme symbole, et non comme dieu. Mais on peut dire que Zoroastre, par cette concession aux habitudes des Persans, n'osant pas les élever tout d'un coup à l'adoration de Dieu, ne fit que changer d'idolâtrie pour ses sectateurs; malgré la transcendance de sa religion, les peuples prirent le symbole pour le dieu, et s'éloignèrent davantage de la pure adoration de leurs ancêtres. Il prouva une fois de plus qu'il ne faut pas allier la vérité à l'erreur pour la communiquer aux hommes; car les hommes faibles de foi et d'intelligence prennent l'erreur qu'on leur concède, et laissent la vérité qu'on leur impose.

Zoroastre, fils d'un noble Persan nommé Porochasp, déjà illlustre par sa sagesse, fut nourri, disent les traditions de la Perse, du lait d'une vache qui ne mangeait que des feuilles d'un seul arbre appelé *l'arbre de l'intelligence du bien et du mal;* aucune vie, même végétale, n'avait ainsi été détruite pour lui donner l'existence. Il sourit en naissant comme un héraut qui venait apporter un heureux message au monde, et son corps répandait une telle lumière, qu'elle éclaira toute la chambre où sa mère venait de l'enfanter. Pline raconte aux Romains cette tradition de la naissance et de la pureté du prophète persan.

Jeune, il se retira dans les montagnes d'Alburz pour y méditer sa doctrine. La grotte qu'il habitait était sculptée sur ses parois de figures mystiques des éléments, des saisons, des astres. Il en sortit le feu céleste dans la main :

« *Dieu*, annonça-t-il aux Persans, *n'est autre chose que l'infini de l'intelligence, de la puissance, de la beauté, du temps, du mouvement, de l'espace.* Il est le principe du bien; il a permis la coexistence momentanée d'un autre principe, le principe du mal, nommé Ahrimane, pour éprouver la nature et les hommes. Mais, à la fin des épreuves, il anéantira le principe du mal, et absorbera tout dans son infini de perfection. »

La nuit était le symbole du mal ; la lumière était le symbole de Dieu. Les préceptes religieux du prophète, mêlés de préceptes moraux et politiques, sont, dit-il, des ordres que l'esprit de Dieu lui communique sous la forme lyrique de l'apostrophe, de l'interrogation, de la parabole :

« Ne laisse pas éteindre le feu, dit l'ange. Le feu est de Dieu ; et qu'y a-t-il de plus beau que cet élément ? Il ne demande que du bois et des parfums ! Je te confie, ô Zoroastre ! la terre à cultiver pour que le travail la féconde ! Je te confie l'eau qui coule, l'eau qui dort, l'eau des rivières, l'eau des neiges qui descend de loin des montagnes, l'eau des pluies, l'eau des fontaines ; apprends aux hommes que c'est l'eau qui rend toutes les choses vivantes ; elle fait tout verdoyer et fructifier : respecte-la.

» Défends aux hommes, ô Zoroastre ! de détruire ou d'arracher avant leur saison les plantes ou les fruits de la terre, car ils ont été créés pour la nourriture et la satisfaction des besoins des hommes et des animaux ! »

Il légua un livre, le *Zend-Avesta*, Coran de ses sectateurs, et institua des prêtres pour le lire et le commenter devant le peuple en veillant sur l'éternité du feu sacré. Cette puérilité devint le fond de son culte : vérité et morale viciées par un mensonge accordé au peuple. Gustasp l'adopta et le fit adopter à la nation. Le culte du feu subsista depuis environ 534 ans avant J.-C. jusques vers l'an 632 de l'ère chrétienne.

Les dynasties qui succédèrent à celle de Gustasp conquirent et perdirent tour à tour la Tartarie, les Indes, la Chine, l'Arabie, la Syrie. Leurs monuments, détruits par

Alexandre, attestent, par les ruines gigantesques de Persépolis, bâtie par Djemschid, des puissances, des arts, des richesses, qu'on ne peut mesurer sans étonnement à l'échelle des civilisations de l'Occident.

Dans le quatrième siècle après Mahomet, vers l'an 1000 de l'ère chrétienne, les califes de Bagdad régnaient sur une partie de la Perse tombée en différentes principautés anarchiques depuis la conquête des Arabes. Un sultan musulman du Khorasan, Mahmoud, les réunit dans sa main après avoir subjugué les Indes et rapporté leurs dépouilles à Ghazna, sa capitale. Il y poursuivit l'extinction de l'idolâtrie.

Sa justice était aussi inflexible que sa piété. Un pauvre Persan s'étant plaint à lui de l'insolente oppression d'un jeune noble qui violait souvent son seuil, et qui le chassait de sa maison pour passer la nuit avec sa femme, Mahmoud dit au mari outragé de venir le prévenir la première fois que le jeune audacieux serait ainsi enfermé dans sa demeure. En y entrant, Mahmoud ordonna d'éteindre la lampe allumée dans la chambre, et, saisissant l'amant qui cherchait à fuir, il lui trancha la tête d'un coup de son yatagan.

« Apportez maintenant de la lumière, » dit-il d'une voix émue.

A la clarté des torches, il contempla le cadavre inconnu, tomba à genoux et rendit grâces au ciel d'avoir fait son devoir de roi; puis, demandant une jarre d'eau au mari, il la but d'un seul trait sans reprendre haleine.

« Vous êtes surpris de ma soif, dit-il au malheureux vengé par sa main; sachez donc que, depuis le jour où vous m'avez instruit de l'outrage que vous subissiez, je n'ai ni mangé, ni bu, ni dormi ; je soupçonnais qu'il n'y avait qu'un de mes fils qui fût assez confiant dans l'impunité pour oser commettre ouvertement un si grand crime. Résolu de faire justice à mes sujets, même contre mon propre sang, j'ai éteint la lumière afin que la faiblesse d'un père ne m'empêchât pas d'accomplir le devoir d'un souverain ; les prières que vous m'avez vu prononcer après le coup étaient en actions de grâce à Dieu de ce qu'il m'avait épargné l'horreur d'avoir immolé un de mes enfants, et j'ai bu alors pour la première fois avec l'avidité d'un homme qui n'a pas étanché sa soif depuis tant de jours. »

Sa dynastie périt sous les coups des Seldjoukides.

VI

Les Turcs de la tribu de Seldjouk fondèrent, quatre cents ans après Mahomet, à leur tour (an 1000), ainsi qu'on l'a vu, une dynastie qui fut renversée par les Mongols tartares de la tribu de Gengiskhan (1250). Les souverains de ces diverses races décomposèrent encore, en 1256, la Perse en plusieurs royaumes. Le principal de ces royaumes devint l'apanage d'un des esclaves turcs que son maître avait amenés au nombre de quarante pour les vendre à Massoud, un de ces rois. L'esclave s'appelait Ildighiz. Le vizir de Massoud, en ayant acheté trente-neuf, laissait le dernier au marchand à cause de sa petitesse et de son enfance :

« Vous en avez acheté trente-neuf pour l'amour du sultan votre maître, dit l'enfant au vizir, achetez-moi pour l'amour de Dieu. »

Le vizir l'acheta, et le plaça dans les derniers offices de la cuisine du palais. Il s'éleva de cet humble service à des services supérieurs par son intelligence et son zèle, et monta jusqu'au rang de vizir, d'où l'affection du peuple l'éleva au trône.

Timour laissa, vers 1405, comme nous l'avons raconté, la Perse à son fils Schah-Rokh, le plus mûr et le plus politique de ses enfants. Schah-Rokh la gouverna jusqu'à soixante et onze ans. Son fils Oloug-Beg, dont les travaux astronomiques ont été récemment mis en lumière, est le dernier représentant de l'école scientifique des Arabes ; ce prince vertueux, mais inhabile aux armes, perdit le royaume et la vie sous le parricide de son fils. Six mois d'un règne orageux furent le seul prix de ce crime. Le coupable tomba sous l'indignation de sa propre armée. D'arrière-petits-fils de Timour se succédèrent rapidement sur le trône. Les Turcomans de la tribu du Mouton blanc, refoulés jadis par Timour jusqu'à Van, dans les gorges de l'Arménie, sur les racines du mont Ararat, étaient redescendus dans les plaines depuis que les Turcs avaient tari l'inondation des Tartares de Timour (vers 1463). Leur chef, nommé Ouzoun-Hassan, avait établi sa capitale à Diarbekir.

Ouzoun-Hassan, profitant des dissensions de la Perse, et harcelant tour à tour les armées de ses différents princes avec ses hordes indiciplinées mais intrépides de Turcomans, avait fini par les anéantir les uns par les autres. Ayant dépecé ainsi, province par province, tout l'héritage des fils de Timour, Ouzoun-Hassan était enfin monté au trône de la Perse recomposée sous sa main. Les Arabes, les Mongols, les Turcomans, les Persans, lassés d'anarchie, et pacifiés par sa tyrannie, lui concédèrent unanimement le pouvoir suprême (vers 1469).

C'était un prince consommé par l'âge, par les luttes avec l'adversité, par la politique; d'un esprit aussi entreprenant que son cœur était ambitieux, voulant justifier cette ambition par la gloire, et se faire pardonner la conquête par la grandeur qu'il rendrait au nom des Persans. Les Européens, qu'il appelait, comme Mahomet II, à la cour d'Ispahan, lui apportaient le commerce, les arts, la discipline, l'artillerie de l'Europe. Ils le dépeignaient comme un vieillard encore vert et beau à soixante-dix ans, grand, mince, majestueux de pose, gracieux de visage, éloquent de paroles, infatigable à cheval; adroit à la flèche et au sabre, adoré de ses armées, insatiable d'activité et regardant avec une jalouse admiration la chute de Constantinople et la conquête de l'Europe et de l'Asie par la main de Mahomet II, fils des mêmes Tartares, mais plus vieux et plus heureux que lui dans l'empire.

Telle était la Perse au moment où Mahomet II, en annexant toute la Caramanie à l'empire, et en arrachant aux Turcomans de la race des Caraman-Oghli Tokat et toutes leurs capitales, excita les ombrages de Ouzoun-Hassan. Il avait un prétexte pour s'immiscer dans les affaires de l'Asie Mineure. Les deux fils d'Ibrahim-Caraman, Ishak-Beg et Pir-Ahmed, s'étaient réfugiés à sa cour, et ne cessaient de le provoquer dans l'intérêt de sa sûreté et de sa gloire au rétablissement de leur maison. Son ambition de suprématie n'avait pas besoin d'autre provocation que son envie contre le vainqueur de Constantinople. Il se ligua avec les Vénitiens et les chevaliers de Rhodes, ennemis nés des Ottomans. Leurs flottes combinées attaquèrent la

Caramanie par les rivages de la mer de Chypre, pendant que les Persans s'avançaient par les vallées de la basse Arménie vers Erzeroum (1472).

Le jeune Mustafa, en attendant son père, reçut les premiers chocs de l'armée d'Ouzoun-Hassan avec une infériorité de forces mais une supériorité de courage qui balança quelque temps le nombre. Mahomet II, laissant à Constantinople son fils Djem, appelé *Zizim* par les chroniques italiennes, passa en Asie avec l'armée d'Europe et avec Bajazet, son fils aîné. Il lui destinait le trône ; il voulait l'exercer aux armes. Le caractère à la fois inquiet, jaloux et licencieux de Bajazet avait besoin de la rude discipline des camps sous son père.

Mais déjà la ville de Tokat, boulevard de la Caramanie, avait été emportée d'assaut par Omar-Beg, vizir du schah des Persans, et par le jeune Yousouf-djé-Mirza, neveu d'Ouzoun-Hassan. Les Persans y avaient surpassé les férocités des soldats de Timour. La présence des deux princes expulsés de Caramanie et les vengeances qu'ils exerçaient sur leurs anciens sujets reconquis donnaient à cette guerre le double caractère de guerre de conquête et de guerre civile. Keduk-Ahmed-Pacha, qui s'était élevé par son courage du rang de simple janissaire au rang de prince et de général de Mahomet, soutenait seul en avant de Koniah le poids de l'armée d'Ouzoun-Hassan. Une bataille pouvait livrer aux Persans le cœur de l'Asie Mineure. Mahomet, impatient des lenteurs de ses préparatifs et de la marche de sa propre armée, écrivait lettre sur lettre à son fils Mustafa, pour animer son ardeur et pour soutenir sa constance. Ces lettres expriment, dans un style à la fois pompeux et sauvage, la haine du sultan contre le schah de Perse.

« Mon fils heureux et brave! Toi reflet lumineux de ma gloire, disait une de ces lettres, sache qu'Ouzoun-Hassan, qui mérite la corde et la potence, nous a adressé des messages injurieux et des menaces. Nous avons dédaigné de répondre à ce fou autrement que par le mépris; nous avons gardé un silence terrible fait pour changer ce renard en lièvre; aujourd'hui nous nous avançons pour le combattre avec nos lions de bataille! Frappe ses émirs en nous attendant; nous te nommons chef suprême de nos armées devant les siennes. »

Cette lettre fut bientôt suivie d'un corps d'avant-garde commandé par Daoud-Pacha. Ce renfort, insuffisant pour refouler les Persans, envoyé à Mustafa par le grand vizir Mahmoud, devint bientôt une des causes de la mort de ce ministre. Mahmoud ralentit la marche du sultan lui-même, de peur de compromettre le chef de l'empire dans une lutte trop inégale avec Ouzoun-Hassan : il conseilla à son maître de laisser porter et recevoir les premiers coups par son fils et ses lieutenants. Il lui préparait à lui-même une armée de réserve plus nombreuse pour la campagne prochaine. Pendant ces hésitations de son père et du vizir, Mustafa, attaqué par les Persans sur les bords du lac Koraïli, dans le pays d'Hamid, combattit avec tant de constance et de bonheur contre le neveu d'Ouzoun-Hassan, qu'il anéantit l'armée persane et força le Mirza Yousouf à fuir avec ses débris jusqu'au camp de son oncle, derrière Erzeroum.

« Le plus humble de vos esclaves, écrivit Mustafa à son père, se prosterne dans la poussière de votre trône. Voici :

« Tandis que vous m'écriviez vos ordres, le neveu d'Ouzoun-Hassan, vil scorpion, ainsi que les fils des Caraman-

Oghli, Kasim et Pir-Ahmed, se portaient rapidement en avant, en passant à côté de Césarée de Cappadoce ; ton esclave passa en revue tes soldats devant Koniah, et marcha à eux (mardi, 18 août 1472). Les deux armées se rangèrent en bataille. On combattit depuis le lever du soleil jusqu'à son coucher ; mais la fortune abandonna nos ennemis à la chute du jour. Les chefs persans et turcomans ont été faits prisonniers, les begs les plus renommés ont mangé la terre ; leurs cadavres décapités sont devenus la proie des vautours dans ce monde, et l'objet du mépris dans l'autre. Que le Dieu de l'univers soit loué ! ils ne se relèveront pas de cette chute. On peut espérer qu'Ouzoun-Hassan lui-même tombera sur la terre qu'il a voulu dévorer ; qu'il y restera sans linceul et sans tombeau, et servira de nourriture aux fourmis. Qu'il en soit ainsi ! Un esclave de ta Hautesse, le premier écuyer tranchant, Mahmoud, part pour t'annoncer cette nouvelle ; un autre esclave, le premier écuyer de tes écuries, Keyvan, te porte les têtes ; tous deux baiseront la poussière favorisée que soulèveront les pieds du cheval que tu montes ! Moi, ton esclave, Mustafa. »

VII

Cette victoire, trop complète peut-être pour un lieutenant, souleva à la fois l'orgueil et la jalousie de Mahomet II. Il s'arrêta quelques jours à Scutari, où il avait déjà planté ses tentes au milieu des troupes rassemblées de toutes les parties de l'empire par son visir, l'habile et fidèle Mahmoud. Il adressa de là une lettre impérieuse à Ouzoun-Hassan :

« Celui qui, enflé de vanité, lui disait-il, ne connait plus de frein, et se prévaut des faveurs de la fortune pour commettre l'injustice, peut compter qu'il est sur le bord de l'abîme où sa puissance va s'engloutir ; sa tête n'est remplie que de chimères inspirées par Satan ; chasse-les, et prête l'oreille à la raison, cette grande médiatrice entre les hommes. Notre empire est le centre de l'islamisme ; le sang des infidèles est l'huile qui a alimenté de tout temps la lampe qui l'éclaire ; si tu reviens contre nous, tu es un ennemi de la foi ; j'ai sellé mon cheval et ceint mon sabre pour exterminer les infidèles. Dieu me choisit pour être l'instrument de sa vengeance. Mon bras suffira pour effacer ton nom de la face de la terre. Je ne t'en dis pas davantage. Heureux celui qui ne cherche que le bien ! »

VIII

Mahomet II, marchant avec cent vingt mille hommes, après avoir adressé ce défi à Hassan, rencontra son fils Mustafa à *Begbazari*. Mustafa se prosterna avec d'autant plus d'humilité qu'il avait une plus grande gloire à faire oublier. Il baisa la main de son père. Son frère Bajazet, qui gouvernait Amasie, fût rejoint dans cette halte par quarante mille azabs de son gouvernement, accourus pour fortifier l'armée du sultan. Les trois princes s'avancèrent ainsi jusqu'à l'Euphrate, fleuve qui traverse presque d'une mer à l'autre cette base du triangle de l'Asie Mineure. Ouzoun-Hassan, accouru pour venger l'humiliation de ses armes sous son neveu, y attendait, dans une position choisie et fortifiée, les armées de Mahomet. La première rencontre, mal engagée par la témérité de Mourad-Beg, qui commandait l'avant-garde des Turcs, précipita une foule de pachas et de begs dans un piége tendu par Ouzoun-Hassan. Il se vanta d'avoir pour prisonniers la fleur de l'armée ottomane.

« Ne triomphe pas encore, lui répondit un de ces prisonniers, fils de Timour-Khan, gouverneur du Péloponèse, mon maître a des centaines de milliers d'hommes qui valent plus que nous! »

Mahomet, consterné, eut un songe qui releva son courage et celui de son armée. Il rêva que, dans une lutte corps à corps contre Ouzoun-Hassan, il portait au roi de Perse un coup si terrible dans la poitrine qu'un morceau de son cœur s'était détaché et était tombé à terre. Confiant dans cet augure, il marcha six jours sur les traces d'Ouzoun-Hassan, qui s'était replié dans une position plus forte encore à Terdjan. L'armée persane, étagée sur les gradins naturels d'Otloukbéli, était commandée au centre par Hassan, aux ailes par ses deux fils. Les deux fils de Mahomet, Bajazet d'un côté, Mustafa de l'autre, commandaient aussi sous leur père les deux flancs de son armée.

Mustafa s'élança le premier à la tête des akindjis et des azabs, et, brisant du choc les rangs des Persans, tua de sa main Séinel-Beg, Behadur, fils du roi. Mahmoud, aga ou général des azabs, descendit de cheval, coupa la tête de Séinel et la porta à Mahomet au nom de son fils.

Toute l'armée vit dans cette mort la réalisation de la prophétie du songe; car les fils s'appellent, dans la langue persane, un *morceau du cœur de leur père*.

Bajazet, émule de son frère, pénétra aussi loin dans les

flancs de l'armée persane qu'il avait devant lui. Ouzoun-Hassan, découvert et cerné, s'enfuit en pleurant son fils et son armée. Trente mille Turcomans, enveloppés par la cavalerie de Mahomet, furent massacrés de sang-froid pendant trois jours par les bourreaux. Pour suffire à ce carnage sans ralentir la poursuite d'Ouzoun-Hassan, à chaque halte on en massacrait quelques centaines. Les cadavres des émirs, des begs et des généraux d'Ouzoun-Hassan jalonnèrent la route des Turcs. Arrivés devant Kara-Hissar, forteresse de la basse Arménie, Mahmoud, le grand vizir, conseilla au sultan d'en faire le siége avant de s'engager plus avant dans une contrée suspecte ; Mahomet II, indigné, apostropha injurieusement son vizir en lui reprochant sa timidité.

« Ce ne sont pas des forteresses, ce sont des armées qu'il faut à ma vengeance ! » lui dit-il.

Kara-Hissar s'ouvrit d'elle-même devant Mahomet. Il y donna la liberté à quarante mille esclaves des deux sexes que l'armée traînait à sa suite depuis sa victoire, soit pour racheter le sang des prisonniers égorgés, soit pour conquérir par cette magnanimité inusitée la popularité chez les Turcomans des frontières, dont il voulait se faire des alliés contre la Perse. Ses lettres de victoire, et la fuite d'Ouzoun-Hassan jusqu'à Schiraz, au cœur de la Perse, apprirent aux cours d'Europe, d'Égypte et d'Asie le premier triomphe des Turcs sur les Persans.

Le vainqueur, effrayé des déserts que ses armées avaient à traverser pour atteindre Ouzoun-Hassan à Schiraz, revint lentement à Constantinople, méditant une autre vengeance contre les Vénitiens et les chevaliers de Rhodes, complices désormais isolés d'Ouzoun-Hassan. Mustafa, son fils, fut chargé, avec l'armée de Caramanie, d'achever la pacification de ces provinces. Mais ce jeune prince ne jouit pas longtemps de cette faveur apparente de son père : le sultan, par les conseils, dit-on, de Mahmoud, le grand vizir, ou par le conseil de sa propre jalousie, le rappela promptement à Constantinople. Il envoya à sa place, pour gouverner la Caramanie, son troisième fils, Djem-Sultan, à peine âgé de dix-huit ans, mais dont les vertus, les talents et le courage précoces faisaient l'ornement de sa cour et les délices des musulmans. Poëte et guerrier, Djem avait écrit déjà un poëme romanesque en persan, dédié à son père. Passionné pour la lutte corps à corps, dont il avait appris les exercices en Cilicie, cette patrie des lutteurs, Djem trouvait légère la fameuse masse d'armes d'Alaeddin, conservée à Koniah comme une preuve de la force supérieure de ce Samson des Seldjoukides. Les Caramaniens, ravis de sa jeunesse, de sa douceur et de son adresse dans les combats, le surnommèrent le premier lutteur de l'empire, et se soumirent sans résistance à son gouvernement. Nous suivrons bientôt en Orient et en Occident les fortunes romanesques de ce jeune fils de Mahomet II, le plus aimable, le plus intéressant et le plus infortuné des princes de sa race.

Son père allait préparer en aveugle, par une tragédie domestique, celle qui termina les jours de cet enfant.

Par respect pour la renommée de leurs princes et pour le nom ottoman, les deux historiens turcs Seadeddin et Solakzadé se taisent sur ce drame intérieur, dont les historiens grecs et italiens contemporains et témoins révèlent à peu près unanimement les circonstances.

IX

Mustafa-Sultan, ce héros de la campagne contre les Persans, accoutumé à l'indépendance dans son gouvernement de l'Asie, souffrait impatiemment à Constantinople l'oisiveté de la paix sous les yeux sévères de son père et du grand vizir. La popularité dont il jouissait par tant d'exploits parmi le peuple et parmi les janissaires faisait épier avec plus de rigueur sa conduite, ses paroles et même ses amours. Le sultan, qui lui préférait Bajazet, l'héritier naturel du trône, redoutait pour ce favori de son cœur une compétition trop glorieuse dans ce second fils. Il ne lui pardonnait rien de ces licences ou de ces débauches qu'il se pardonnait tant à lui-même. Toute faute de Mustafa était crime à ses yeux. Une fatale passion, suite d'une imprudence de femme, lui fournit trop naturellement le motif ou le prétexte de traiter en criminel d'État un attentat contre les mœurs des Ottomans.

Vers 1475, un jour que Mustafa passait à cheval devant le palais d'Ahmed-Pacha, un des vizirs de son père qui combattait en ce moment en Arménie contre les ennemis du sultan, une jeune femme, épouse de ce vizir, sortait du palais de son mari enveloppée de son voile. Soit désir de voir le héros des Ottomans, soit vanité d'être vue, la femme d'Ahmed écarta son voile. Sa beauté éblouit et fascina le fils du sultan. L'amour, qui n'est qu'un désir allumé par un regard chez les peuples où les mœurs interdisent la vue et la conversation des femmes, s'empara des sens et bientôt du cœur de Mustafa ; il lut dans les yeux de l'épouse d'Ahmed une admiration pour lui-même qui redoubla la séduction. Leurs regards s'entendirent; les messages secrets, que les femmes et les eunuques corrompus par l'or des amants transmettent jusque dans l'intérieur des harems, achevèrent l'intelligence. Mustafa, informé du jour où son idole irait au bain, aposta autour du bain des femmes quelques serviteurs de ses passions aussi téméraires que lui. L'épouse du vizir, arrachée à demi nue des bras de ses esclaves, malgré les cris de ses compagnes, fut enlevée du sanctuaire de la pudeur féminine et livrée à l'amour de Mustafa dans son palais.

X

Un cri d'horreur et d'exécration s'éleva au bruit de cet attentat dans toute la ville. Il arriva par les vizirs aux oreilles de Mahomet II. Soit horreur d'avoir à punir un tel crime sur un fils, soit impossibilité de le pardonner, Mahomet couva pendant quelques jours en silence son irrésolution. Le scandale, ébruité, ameutait l'opinion publique. Ahmed-Pacha arriva d'Asie, trouva son harem profané, son épouse favorite enlevée à son amour, son honneur, sa religion outragés. Il se jeta aux pieds du sultan son maître, et lui demanda, les larmes aux yeux, si c'était là la récompense qu'il réservait à ses vizirs pour leur sang versé à son service.

« Tu seras vengé, lui répondit Mahomet; je laverai ta honte, fût-ce dans le sang de mes propres veines. »

Il fit comparaître Mustafa; il lui reprocha son crime, lui demanda de rendre l'épouse au vizir, ou le menaça de sa colère. Soit délire de sa fatale passion, soit confiance dans l'attachement des janissaires, on dit que Mustafa s'obstina dans son crime et porta l'audace jusqu'à tirer son sabre devant son père. Mahomet laissa sortir son fils impuni. Il parut hésiter encore pendant trois jours; la troisième nuit, des tschaouschs ou *chiaoux* entrèrent dans la maison de Mustafa, l'arrachèrent dans son harem des bras de son odalisque adultère, lui tranchèrent la tête comme au dernier des criminels, l'exposèrent un moment aux regards du peuple à la porte du palais de son père, et l'ensevelirent sans pompe dans le tombeau de ses ancêtres. Soit que le coup eût précédé la menace, soit que les janissaires, épouvantés du crime le plus réprouvé par la religion, la loi et les mœurs, n'osassent pas se soulever en faveur d'un prince contre lequel la conscience publique s'indignait, ils restèrent immobiles et atterrés devant le cadavre de leur favori.

Le murmure de la ville satisfaite se changea en admiration sinistre de l'inflexible justice du sultan, sacrifiant son propre fils au maintien des lois sacrées du mariage, et Mahomet parut un législateur stoïque dans un acte où il n'était peut-être qu'un souverain jaloux, un père partial, un homme dénaturé. Il pouvait punir sans frapper : l'exil ou la prison aurait également purgé le scandale; mais l'exil ou la prison laissait une idole aux janissaires, un compétiteur de Bajazet, un rival de gloire à lui-même. Ce Philippe II des Ottomans ne s'en fia qu'aux bourreaux.

XI

L'horreur publique ne tarda pas à succéder à l'admiration du peuple pour la féroce impartialité de son sultan. Mahomet II sentit le besoin de la détourner sur son vizir. Il attribua au sage et infortuné Mahmoud l'excès de sévérité qu'il avait montrée contre son fils. Il l'accusa d'avoir témoigné une criminelle indifférence pour le sang d'Othman, en jouant aux échecs le jour de la mort de Mustafa, et en se montrant en public vêtu de blanc quand il aurait dû porter le deuil de ce prince. Ses véritables crimes étaient les trop grands et trop longs services qu'il avait rendus à son maître, son crédit sur le peuple, sa réputation de vertu, son indépendance dans le conseil, son humanité envers les vaincus et surtout envers les Grecs et les Albanais.

Mahmoud, né d'un père grec et d'une mère albanaise, avait été chrétien dans son berceau. Enlevé dans son enfance et élevé parmi les pages, l'éducation seule l'avait fait musulman. Quoique extérieurement attaché à la religion du prophète, il avait conservé pour son premier culte et pour sa race natale un sentiment filial qui lui faisait respecter, dans les infidèles, le sang dont il était lui-même sorti. Sa politique modérée et réfléchie tempérait trop, selon les fanatiques, les fougues et les cruautés de son maître. Il lui avait arraché le roi de Bosnie, les princes caramaniens; il l'avait empêché de poursuivre trop loin sa victoire en Perse contre Ouzoun-Hassan. Mahomet voulait toujours conquérir, Mahmoud aspirait surtout à solidifier les conquêtes. Il favorisait les savants, les poëtes, les artistes; il rassemblait des bibliothèques publiques; il bâtissait de sa fortune privée des mosquées qui portent son nom à Constantinople et à Sophia; il construisait des bains, des caravansérais, des ponts sur les grandes routes de l'empire; il entretenait des correspondances littéraires qui se sont conservées comme des monuments de sagesse et de style persan avec les poëtes de Schiraz et de Tébriz; il composait lui-même, en langue persane, des poëmes qui rivalisaient avec ceux d'Hafiz; sa maison était le sanctuaire des sages et des lettrés. Un jour par semaine, elle était ouverte à tous les savants, écrivains, philosophes, poëtes turcs ou étrangers qui visitaient Constantinople. On leur servait un plat de riz (ou pilau) dans lequel des grains d'or mêlés aux grains de l'aliment favori des Turcs enrichissaient au hasard ses convives de cette impartiale libéralité.

« Quiconque, disait-il, jouit des faveurs de la fortune doit sans cesse avoir l'or à la bouche pour le répandre. »

Tant d'estime publique due au mérite personnel du grand vizir plus qu'à la faveur du sultan offusquait Mahomet II : le vizir effaçait le maître; ce fut son premier crime. Le second fut une repartie trop franche de Mahmoud au sultan.

« Pourquoi la Crimée est-elle tombée dans la décadence où nous la voyons? demanda un jour Mahomet devant lui.

» — C'est la faute de ses vizirs, répondit un courtisan qui assistait à l'entretien.

» — Non, reprit Mahmoud, c'est la faute de ses sultans, qui n'ont pas su choisir de meilleurs vizirs. »

Mahomet vit dans ce mot un défi de le remplacer lui-même dans l'administration de l'empire. Jeté quelques jours après dans la prison des Sept-Tours, Mahmoud prévit son sort et s'y prépara en philosophe supérieur aux vicissitudes de la destinée. Il fit son testament sans orgueil comme sans faiblesse devant son maître :

« Je suis arrivé à la porte du sultan, dit-il à la fin de ce testament, avec un cheval, un sabre et quelques *aspres* (petite monnaie des Turcs) pour toute fortune; tout ce que j'ai acquis depuis est la propriété du sultan, de qui je tiens tout; je le lui remets; je le supplie seulement de conserver la vie à mon fils Mohammed-Beg; j'espère qu'il voudra bien maintenir mes fondations pieuses. »

Il présenta avec calme, après avoir prié, le cou aux chiaoux qui l'étranglèrent dans la prison. Le peuple et l'armée le pleurèrent. Sa mort imméritée l'éleva aux yeux des Ottomans au rang des grands hommes et même des martyrs.

Un récit de ses derniers moments et de ses suprêmes paroles, rédigé en turc et en persan par les amis lettrés qu'il avait cultivés dans sa puissance, se répandit dans tout l'empire, éloquente protestation contre l'ingratitude et la tyrannie de son meurtrier. C'est le second grand vizir que Mahomet II élevait en vingt ans de règne à la puissance; et qu'il punissait par la mort d'avoir été trop digne de son poste. Ce fatal exemple devint trop souvent la loi de ses descendants. Keduk-Ahmed-Pacha, homme sans mérite, fut nommé grand vizir.

XII

Le pape, les Vénitiens, les Génois, les chevaliers de Rhodes, ligués, comme on l'a vu plus haut, avec le schah de Perse, Ouzoun-Hassan, musulman comme Mahomet, continuèrent après la défaite des Persans à soutenir dans la Cilicie, en face de Rhodes et de Chypre, la cause des princes dépossédés de la Caramanie; la veuve d'Amurat II, la princesse servienne Mara, belle-mère de Mahomet II, avait été vainement employée comme négociateur de paix entre Venise et le sultan. Les chevaliers de Rhodes et le pape avaient prévalu sur la politique de Venise. La princesse Mara était revenue à Thessalonique suivie des honneurs et des magnificences de Mahomet.

Une flotte de quatre-vingts galères vénitiennes, de dix galères du pape, de dix-sept galères de Naples et de quatorze galères des chevaliers de Rhodes, véritable croisade navale de toutes les puissances maritimes de l'Adriatique et de la Méditerranée, débarquait tour à tour à Satalie, en face de Chypre et de Smyrne, des corps de troupes de diverses nations qui rivalisaient de pillages, de viols et de meurtres avec les Turcomans. Satalie et Smyrne, les deux villes les plus opulentes de cette côte, subirent le sort que Thessalonique avait subi après l'assaut de Mahomet.

« Les Vénitiens et leurs alliés les chevaliers de Rhodes, écrit un des confédérés chrétiens, témoin et acteur dans ces massacres, égorgèrent à Smyrne les hommes, enfoncèrent les portes des mosquées qui servaient d'asile aux femmes et aux vierges contre leur brutale passion. Mocenigo, l'amiral vénitien, leur chef, loin d'inspirer à ses troupes des sentiments d'humanité, les provoquait au pillage, à l'incendie, au viol. Il promit un ducat d'or pour chaque tête de Turc qu'on lui apporterait. Ceux dont on s'empara furent vendus à l'encan; les habitants de la ville de Macri, l'ancienne *Telmissus*, en vue de Rhodes, dans une anse formée par les caps du mont Taurus, et ceux de l'île d'Arsinoé, qui forme un des golfes de cette côte, furent massacrés et brûlés jusque dans les arbres et les vignes de leurs jardins. Les féroces Albanais, enrôlés par les confédérés comme des hommes de proie sans pitié, recevaient trois ducats par tête d'esclave mâle ou femelle, en sorte que le trafic d'êtres humains n'était pas moins lucratif, ajoute le narrateur, pour les confédérés chrétiens que pour les sectateurs du prophète. »

XIII

Ces insultes aux côtes de l'Asie Mineure, à ses villes et à ses îles, provoquaient jusqu'au délire la rage et la vengeance de Mahomet. Toutes ses pensées se portaient sur Rhodes, cette forteresse de ses ennemis, au cœur de ses mers. Quelques guerres en Croatie, en Carniole, en Styrie, contre les troupes de Frédéric III, empereur d'Allemagne, firent une diversion courte à ses desseins contre cette île; dans une incursion d'un de ses begs contre les provinces de l'empereur, les Ottomans pénétrèrent jusqu'à Laybach, et surprirent la ville pendant qu'on célébrait le service divin du dimanche dans la cathédrale. Ils en ramenèrent une colonne de dix mille captifs ou captives, ravagèrent à leur retour toutes les villes ouvertes et brûlèrent Péterwardeïn au milieu de la pleine de Hongrie ; d'affreux massacres vengèrent ceux de Smyrne et de Satalie. L'intrépide général vénitien, Lorédâno, se défendit dans Scutari d'Illyrie jusqu'à l'anéantissement de la ville. Huit mille cadavres de Turcs et de Vénitiens roulèrent, pendant un combat acharné de huit heures, des deux côtés de la brèche.

« Mangez ma chair, répondit Lorédâno aux restes des habitants qui lui demandaient à capituler faute de vivres ; un soldat de Venise ne rend que mort le poste qui lui est confié par la république. »

Scutari resta libre sous ses ruines.

L'eunuque Soliman-Pacha, qui commandait l'armée ottomane, reçut du sultan l'ordre de la conduire en Moldavie pour y châtier Étienne, prince des Moldaves, qui lui refusait le tribut. Cent mille hommes y suivirent l'eunuque. Étienne se retira devant eux dans les forêts d'Agadj-Denisi, et l'attendit à la tête de cinquante mille paysans patriotes derrière le lac de Krakowitz. Aussi intrépide qu'Huniade, le prince moldave rétablit trois fois, en se vouant à la mort, la bataille presque désespérée.

Les Turcs, témérairement engagés dans des marais d'où leurs cavaliers ne pouvaient ni faire avancer ni faire reculer leurs chevaux, périrent tous par le fer ou par la déroute. Quatre pachas, cent étendards, des milliers de prisonniers, cinquante mille cadavres amoncelés en colline dans la plaine, furent les monuments de cette bataille. Les Moldaves, aussi féroces que Drakul, empalèrent leurs prisonniers, et laissèrent leurs ossements flotter sur les pals au vent de leurs forêts.

XIV

Ces désastres, promptement réparés par la population militaire que les Turcomans asiatiques, les Bulgares, les Serviens, les Albanais, les Épirotes, fournissaient aux Turcs, ne détournèrent pas le conquérant de ses vues sur Rhodes et sur la mer Noire, où il voulait compléter l'empire par la possession de la Crimée et par l'expulsion des Génois de Caffa, leur colonie commerciale et militaire en Crimée. Il y envoya son grand vizir Ahmed avec la flotte. A l'audience de congé du grand vizir, il lui fit présent d'un cheval qui portait une selle d'or.

Caffa, livrée par un traître, donna au grand vizir quarante mille esclaves grecs, envoyés à Constantinople pour peupler la capitale. Trois jours après la conquête, le grand vizir invita à un festin le traître génois et tous les Arméniens de Caffa, ses complices, qui lui avaient ouvert la ville. La salle du festin n'avait pour issue qu'un étroit escalier tournant qui ne permettait aux convives de descendre qu'un à un les degrés. Après le repas, Ahmed congédia séparément chacun de ses hôtes. A la dernière marche de l'escalier des bourreaux apostés leur tranchaient la tête. Le Génois passa le dernier sans se douter du sort de ses complices. Tel fut le prix de la trahison, et la rançon de la Crimée.

La Tauride, où régnaient les princes tartares de la maison des Ghéraï, devint aussi tributaire des Turcs jusqu'aux jours, voisins de nous, où les Russes détrônèrent ces princes descendants de Gengis-Khan, alliés, parents et coreligionnaires des princes de la maison d'Othman.

XV

Une guerre naquit pour Mahomet II de cette vengeance. Quinze cents jeunes nobles génois, transportés à Constantinople sur la flotte ottomane et incorporés dans les pages et dans les janissaires, tramèrent pendant la navigation un complot contre les Turcs, désarmèrent leur surveillance, s'emparèrent de leurs vaisseaux, et se jetèrent sur la plage d'Europe, d'où ils se réfugièrent en Hongrie.

Mahomet, les ayant vainement réclamés des Hongrois, marcha lui-même en Moldavie pour frapper à la fois les Moldaves et les Hongrois. Dans la première bataille en Moldavie, ses janissaires fléchirent.

« Regarde tes soldats qui plient comme des lâches, dit-il, à cet aspect, à l'aga des janissaires ; je les croyais plus courageux ; ils ont besoin d'exemple. Je vais te montrer comment on les conduit. »

Il lança son cheval au galop au cœur de la mêlée, et combattit le sabre à la main, couvert de son bouclier, jusqu'à la victoire.

La princesse Béatrice de Naples, fiancée de Mathias Corvin, roi des Hongrois, dont le cortége traversait en ce moment la Dalmatie pour se rendre à Pesth, ne put arriver en Hongrie qu'à la faveur d'une armée entière qui la protégeait contre les Turcs. Les villages et les villes où elle avait couché étaient incendiés le lendemain sur sa trace par les akindjis, et les flammes des forêts éclairaient sa route. Les mêmes flammes dévoraient l'Albanie, l'Illyrie, le bassin du golfe de Lépante, les jardins d'Udine et jusqu'aux plaines du Tagliamento, où Mahomet répandait le fer et le feu pour punir les Vénitiens de leur alliance avec ses ennemis.

Pendant ces excursions, redoutant pour Constantinople le sort de Satalie et de Smyrne, il relevait avec les débris de l'ancienne Byzance les murs de Constantinople du côté de la mer. On voit encore les fûts des colonnes des vieux édifices incrustés comme les ossements blanchis de l'ancienne ville des Constantin dans les murailles de la ville de Mahomet.

Ouzoun-Hassan mourut de douleur et de honte à Schiraz cette même année (1478), après avoir vainement tenté de réprimer les guerres civiles anticipées pour sa succession entre ses six fils, et après avoir fait périr, comme Mahomet, son fils aîné sous les flèches de ses archers, pour prévenir un parricide.

XVI

Le grand-vizir Keduk-Ahmed-Pacha, qui avait succédé à Mahmoud, fut remplacé cette même année par un homme d'État étranger aux armes, mais illustre par la science administrative, la poésie et la politique : c'était Mohammed-Pacha Caramani, de la famille du célèbre poëte Djelaleddin-Roumi, célèbre par ses écrits sous le premier Bajazet.

Mahomet II, mécontent de la lenteur que ses vizirs et ses généraux apportaient dans la pacification ou dans la conquête du littoral de l'Adriatique, marcha à la tête de soixante mille azabs et de quarante mille janissaires sur Scutari d'Illyrie, pour y porter le dernier coup à Venise.

« Quel excellent nid l'aigle s'est choisi là pour défendre ses petits! » s'écria-t-il en apercevant de loin les rochers, les remparts, les tours de Scutari.

Son artillerie colossale foudroya la ville de boulets de marbre du poids de douze quintaux. Des globes de laine soufrés et qui s'allumaient en tombant sur les toits incendiaient les maisons, empoisonnaient les citernes; une fonderie de canons énormes et des fabriques de poudre sur place fondaient et chargeaient les pièces sur l'emplacement même où les Turcs dressaient de nouvelles batteries. Deux mille sept cents boulets de onze à quinze quintaux écrasèrent la ville pendant trente-quatre jours de siége; le trente-cinquième jour, Mahomet, placé sur la montagne des pachas, sous une tente écarlate visible à tous ses soldats, ordonna l'assaut général. Cent cinquante mille Ottomans escaladèrent vainement les brèches; ils en furent précipités par les héros de Venise et de l'Albanie. Douze mille Turcs comblèrent les fossés de leurs cadavres.

Au second assaut, il fit pointer à la fois tous ses canons contre la principale porte de la ville, résolu d'exterminer les défenseurs de Scutari sur le corps même des janissaires qui montaient à l'assaut pour lui. Les janissaires écrasés périrent ou se dispersèrent sous cette grêle de boulets tirés de leur camp.

Mahomet, obligé de faire sonner la retraite pour ne pas anéantir sa propre armée, renonça à la conquête de ce rocher, qui n'abritait plus que cinq cents hommes et cent cinquante femmes.

« Pourquoi, s'écria-t-il, le nom de Scutari a-t-il jamais été prononcé devant moi, puisque je devais y laisser ma gloire? »

Le siége, converti en blocus et confié à Evrénos-Beg, donna enfin ces décombres au sultan par le traité de paix de 1479, avec Venise. Rien ne s'opposa plus à l'expédition contre Rhodes.

XVII·

L'île de Rhodes, dont le nom phénicien signifie l'île des Serpents, et dont le nom grec postérieur signifie l'île des Roses ou la Rose des îles, ressemble à un promontoire avancé de l'Asie, que les ruines du mont Taurus prolongèrent dans la Méditerranée, et que la mer en a séparé par un détroit de dix mille pas pour la préserver des envahissements et des tyrannies des barbares, si souvent maîtres de ce continent. Les Grecs attribuèrent cette séparation de Rhodes du continent à l'amour d'Hélios ou du Soleil pour Rhodes, fille ou fleur de ce jardin muré par les flots. Les Héliades nés de ces amours fondèrent, selon la tradition, les villes et les portes de la côte voisine de la Cilicie. Longtemps libre et républicaine, puis possédée par Artémise, reine de Carie, célèbre par le mausolée qu'elle éleva à son époux; visitée plus que conquise par les Perses et par Alexandre, sa capitale, construite sur une colline qui regarde de près les dentelures, les neiges et les anses du mont Taurus, ces Alpes de l'Asie, était fameuse par son climat, par ses jardins, par ses vaisseaux, par son commerce, par son colosse de cent coudées de hauteur entre les jambes duquel entraient des galères sous voiles. Au temps des Romains elle était l'école et le musée de la Grèce, l'Athènes ou la Florence de l'Archipel. Les tableaux et les statues des artistes de l'Ionie faisaient partie de sa renommée et de ses richesses. Cicéron venait y étudier l'éloquence et la poésie sous les maîtres des lettres grecques. L'épithète de monumentale avait été ajoutée à son nom. Ses délices en faisaient le désir des conquérants ; sa petitesse la garantissait contre la conquête ; son gouvernement aristocratique se composait d'un sénat de ses principaux citoyens, présidé par un prytanis, sorte de régulateur électif et municipal. Elle se ménageait entre les partis qui divisaient Rome par une complaisante neutralité.

Constantin, après avoir transporté le siége de l'empire à Byzance, annexa Rhodes à l'empire (vers l'an 330), la peupla d'évêques, lui enleva les débris de ses temples païens pour en construire la basilique de Sainte-Sophie, mosaïque d'autels et de dieux expulsés par le christianisme de l'imagination des hommes. Les Arabes (vers l'an 700) et les Turcs, après Mahomet II (en 1522), y démolirent à leur tour les églises du culte de Constantin pour y bâtir des mosquées. Les croisés l'enlevèrent à la fois aux Grecs et aux Arabes (vers l'an 1000) pour la troquer entre quelques chevaliers aventureux, allemands, français, italiens. Enfin, Guillaume de Villaret, grand maître de l'ordre de Saint-Jean de Jérusalem, la conquit (en 1310) sur les Turcomans de la Cilicie et se reconnut vassal des souverains de Byzance.

L'île de Cos, célèbre par la naissance d'Hippocrate, l'Aristote de la médecine, et d'Apelles, le Raphaël des anciens, suivit avec les petites îles voisines les vicissitudes de Rhodes. Les chevaliers massacrèrent dans ces deux îles tous les hommes en âge de porter les armes ; les vieillards, les enfants, les femmes, les vierges, furent exportés et vendus comme une dépouille sur les côtes de l'Adriatique et de la Calabre. Ils y appelèrent des populations chrétiennes à leur place. La ville de Rhodes, murée et fortifiée par Villeneuve, successeur de Villaret, devint un arsenal, un port et une caserne de ces religieux conquérants. Ils enlevèrent quelque temps Smyrne aux Tartares d'Oumour-Beg. Les premiers sultans turcs, ennemis des Tartares et des Turcomans, se liguèrent souvent avec les chevaliers et leur confièrent, sur le continent même, des châteaux et des villes, telle qu'Halicarnasse. Des alliances fréquentes avec Amurat et Mahomet II trompaient, sous le nom d'armistices et de trêves, le vœu de guerre éternelle aux musulmans, qui faisait le fond de cette institution chevaleresque.

XVIII

J'ai raconté comment Mahomet II, las de ménagements avec cette république cosmopolite établie au bord de son empire et menaçante pour ses possessions insulaires, avait exigé que les chevaliers reconnussent sa souveraineté par un tribut, et comment le conseil de l'ordre, offrant le *présent annuel* au lieu de *tribut*, avait obstinément voulu déguiser la vassalité sous l'hommage volontaire.

L'heure de la violence, longtemps retardée par les événements du Péloponèse, de l'Albanie, de Trébizonde, de Crimée, du Danube, de Venise, avait sonné dans le cœur vindicatif du sultan. Cent soixante navires s'armaient en silence dans les rades du Bosphore, de Constantinople, de Salonique; cent mille hommes, sous le commandement d'un pacha, étaient prêts à s'y embarquer pour cingler vers Rhodes. Le grand maître d'Aubusson, de l'illustre maison française des comtes de la Marche, en Auvergne, homme choisi par l'Ordre, à la naissance, au courage et au talent militaire pour les jours de péril, suivait de l'œil, par ses espions, ces préparatifs. Des lettres de lui à tous les chevaliers de France, de Sicile, d'Espagne, d'Angleterre, d'Allemagne, d'Italie, les avaient appelés de toutes leurs commanderies, avec leurs vassaux, au salut de l'île, de l'institution, de la chrétienté. Ils étaient accourus à sa voix, les uns comme à un devoir, les autres comme à un martyre, le plus grand nombre comme à un tournoi sacré, dernier vestige de la chevalerie qui s'éteignait en Europe, et qui allait illustrer leurs bras et leurs noms sous les regards de l'Occident.

Le départ de l'expédition de Mahomet II fut précédé de quelques vaines négociations dans lesquelles on chercha plutôt à surprendre mutuellement le secret de ses forces qu'à se concilier. Elles échouèrent. Trois renégats qui avaient longtemps habité l'île, et qui en connaissaient les points vulnérables, conférèrent secrètement avec Mahomet sur les moyens de la subjuguer. L'un était un noble grec

de Rhodes, nommé Méligallo, ruiné dans sa patrie par
ses dissipations, et cherchant à reconquérir une fortune
par le prix de sa patrie vendue aux Turcs; l'autre était Démétrius Sofian, Grec de Négrepont, employé comme négociateur et comme espion par le fils de Mahomet II, le
prince *Djem*, gouverneur de la Cilicie, chargé par son
père de traiter avec les chevaliers; le troisième était un de
ces aventuriers allemands sans conscience et sans patrie,
nommé *maître Georges*, ingénieur consommé dans l'attaque et dans la défense des places, qui trafiquent indifféremment de leur métier avec tous ceux qui les payent, et
qui reçoivent souvent deux soldes à la fois. Georges avait
habité l'île, et ses plans furent adoptés par le sultan.

XIX

Un renégat aussi d'un nom plus illustre avait été choisi
par Mahomet II pour général de l'armée de mer et de
terre contre Rhodes; on l'appelait Mesih-Pacha. C'était
un Paléologue, prince de cette maison impériale dont
Mahomet venait de détrôner la famille. Cousin du dernier
empereur, Constantin Paléologue, homme que ni la religion, ni le sang, ni la patrie, ni l'honneur, n'avaient pu
retenir dans le parti des vaincus, Paléologue, devenu
pacha pour prix de son abjuration, rachetait par un
zèle abject mais habile, et par un courage digne d'un
autre caractère, le tort de n'être pas né mahométan. Le
sultan jugea que les chrétiens de Rhodes n'auraient pas
d'ennemi plus acharné à leur perte que l'homme qui avait

trahi à la fois le christianisme, la famille et la patrie.

Les deux cents voiles de Mesih ou *Paléologue*-Pacha parurent le 24 mai 1480 sur la mer de Rhodes, entre l'île de Cos et le continent. Elles portaient cent mille combattants, les canons qui avaient foudroyé Constantinople et Scutari, des machines formidables pour ébranler les murailles, et des artilleurs serviens, albanais, hongrois, pour lancer des bombes à d'énormes distances.

Les chevaliers et les habitants couvrirent les remparts pour contempler sans effroi ce nuage que le vent du nord chassait sur leur île. Réunis de tous les points de l'Europe dans cette Carthage de la chrétienté, encouragés par les vœux du monde, soutenus par les promesses de la religion, alliés avec le sultan d'Égypte, qui leur fournissait des vivres et des matelots, en paix avec le sultan de Tunis, qui s'était ligué avec eux contre Mahomet, d'intelligence avec les princes turcomans de la Cilicie, leurs voisins et leurs protégés, qui disputaient encore la Caramanie au prince Djem, et qui harcelaient la côte et la mer, les chevaliers se sentaient capables de se mesurer avec un empire. Leur trésor, composé des revenus immenses de leurs possessions ou commanderies dans les divers États de l'Europe, et des dépouilles de leur piraterie obligatoire sur toutes les côtes d'Afrique et d'Asie, était inépuisable. Plusieurs de leurs grands maîtres ou de leurs princes électifs avaient employé ce trésor à des fortifications qui défiaient les flottes sur mer, les armées sur terre. D'Aubusson les avait complétées par la construction de môles et de bastions qui fermaient le port comme une première ville, et par la construction dans la campagne de châteaux inaccessibles, où les habitants des villages pouvaient se retirer en sûreté à l'approche des Ottomans. Des batteries dont les feux se croisaient sur les rades avaient été armées de canons sur tous les rivages de l'île où la profondeur de l'eau permettait l'approche et le débarquement des navires. Une cavalerie légère montée sur des chevaux arabes et turcomans pouvait se porter aussi rapidement que les signaux du centre de l'île sur tous les points de la circonférence ; enfin, dans le cas où le nombre des Ottomans submergerait la côte et s'emparerait de l'île, la capitale, dans sa vaste et solide enceinte, offrirait à la population entière de Rhodes, qui ne dépassait pas trente mille habitants, un asile à l'abri de la faim, de l'esclavage ou de la mort.

La ville de Rhodes est construite sur les flancs en pente d'une colline qui regarde la mer de Chypre et de Caramanie. Les hauteurs de cette colline, à laquelle la ville est adossée, dominent de leurs murailles, de leurs bastions, de leurs tours, la campagne nue qui redescend vers l'intérieur de l'île.

Du côté de la mer, deux langues de terre basse se recourbent l'une vers l'autre à leur extrémité pour embrasser le port. Ces deux promontoires naturels, chargés d'abord par les Phéniciens et les Grecs, puis par les Arabes et les chrétiens, de constructions surajoutées de siècle en siècle à d'autres constructions, flanqués de bastions, surmontés de tours, dentelés de créneaux, présentent sur toutes leurs faces extérieures à la mer des murailles de rochers contre lesquelles se brisent vainement les flots. Leur masse, leur élévation, leur épaisseur, ne permettent pas de brèches ; deux tours carrées, l'une construite par les Arabes, l'autre par les chrétiens, plongent sur l'entrée étroite et tortueuse du port, que ferme une chaîne de fer, et qu'un môle intérieur, fortifié aussi d'une tour à son extrémité, sépare en port militaire et en port de commerce. Des quais étroits circulent autour de ces deux ports. Les murailles de la ville, aussi solides et aussi hautes que celles du port, s'élèvent encore entre ces quais et les rues. Des voûtes étroites et sinueuses, creusées sous ces murailles comme des antres sous le rocher, donnent seules accès aux quartiers intérieurs de Rhodes. Ces quartiers, d'abord rétrécis et assombris par l'ombre des murs, s'élèvent insensiblement en pente douce par une plus large rue vers le sommet de la ville. A droite et à gauche, les façades vermoulues des maisons des chevaliers des différentes nations ou langues laissent voir sur leurs portes sculptées les écussons et les devises de leurs possesseurs. C'est le monument héraldique de toute la noblesse de l'Europe étalé en pierres sur ce cloître de chevalerie. En montant davantage, une vaste et haute plate-forme du sol porte le palais du grand maître et des principaux dignitaires de l'ordre, qui domine d'un côté la ville, de l'autre l'immense horizon de la mer de Chypre et des montagnes de Telmissus sur le continent.

En dehors de cette enceinte, dont les murs et les fossés étaient doubles, deux faubourgs, l'un pour les Juifs, l'autre pour les Grecs, s'abritaient en plaine sous le canon de Rhodes d'un côté, de l'autre sous le fort de l'église de Philérémos, bâti sur une seconde colline rapprochée de la ville, et qu'on appelle la colline de *Sunbullu* ou la colline des *Hyacinthes*, du nom de ces fleurs, dont elle est encore tapissée.

XX

A trois mille pas de distance de la colline des Hyacinthes, le mont Saint-Étienne s'arrondit en croupes boisées de myrtes, et forme, en déclinant vers la mer, une plage fraîche, ombreuse et humide, où les débris de marbre d'un temple des Muses jonchent, au bord d'une abondante source, les racines des platanes et des cyprès.

C'est sur cette plage sans défense que Paléologue-Pacha dirigea ses voiles par les conseils des transfuges, et fit prendre terre à ses cent mille combattants. Les paysans s'enfuirent dans les faubourgs et dans la ville. L'armée ottomane planta ses tentes sur les trois flancs et sur la croupe du mont Saint-Étienne, hors de portée des canons de la ville, et rapprocha peu à peu elle-même ses batteries de l'église de Philérémos, d'où les boulets et les bombes pouvaient pleuvoir au delà des murailles. La flotte, après ce débarquement, remonta les rivages de l'île vers l'est, contourna les ports et vint jeter l'ancre dans une large rade extérieure où la mer de Syrie déroule ses vagues amorties sur un fond de sable sans profondeur et sans écueil.

XXI

Les premières attaques, dirigées par Paléologue-Pacha contre les deux tours qui flanquaient l'entrée du port, ébréchèrent à peine les blocs de granit dont elles sont construites. Des trois renégats qui dirigeaient les coups, deux périrent sous les premiers boulets de la place, Sofian de Négrepont et Méligallo de Rhodes. L'ingénieur allemand Georges, jugeant, par l'inutilité de ses attaques sur différents bastions de la muraille du côté de terre, que les ouvrages avaient été rectifiés depuis son départ de l'île, et voulant indiquer lui-même par des signaux convenus aux Ottomans les côtés où leurs boulets saperaient mieux les murs, se jeta une nuit dans une barque et se présenta aux chevaliers comme un transfuge repentant qui venait racheter son apostasie par ses services aux chrétiens. D'Aubusson le reçut avec défiance; mais son immense renommée dans l'art de diriger l'artillerie et d'inventer des machines de guerre fit néanmoins accepter son repentir et son secours comme un bienfait inespéré de la Providence. On se borna à lui donner six chevaliers pour surveillants de ses manœuvres. Après quelques jours d'épreuve, on crut s'apercevoir que ses batteries portaient à vide sur les Ottomans et que les batteries des Ottomans portaient en plein sur les enceintes les plus faibles de la place. On le condamna sur ces indices peut-être avec autant de légèreté qu'on l'avait reçu. Le conseil des chevaliers le fit pendre sur une des tours du port pour punir sa trahison présumée et pour renvoyer à Paléologue-Pacha la terreur de la fin des traîtres.

XXII

Paléologue, n'espérant plus rien de la ruse ou de l'art, s'en fia seulement au nombre et à l'impétuosité des troupes, le seul art des siéges à tout prix.

La terre et la mer devinrent jour et nuit pendant un mois deux volcans qui vomirent dix mille boulets contre les murs et trois mille bombes dans la place. Rhodes, ses murs, ses églises, ses palais, n'étaient plus qu'un monceau de décombres labouré et nivelé par les trois cents pièces d'artillerie de Mahomet II. Les onze canons de calibre monstrueux dressés en batterie sur la colline de Philérémos ouvrirent les flancs des bastions, ébréchèrent les tours, comblèrent les fossés. Les rentissements de ces canons faisaient, disent les témoins, frissonner la mer jusqu'à Cos et à Chypre, et résonner les gorges du mont Taurus jusqu'au fond du golfe de Satalie.

Ces foudres, au lieu d'atterrer les chevaliers, semblaient évoquer de terre de nouveaux défenseurs dans Rhodes : grand maître, chevaliers, soldats, habitants, femmes, enfants, vieillards, couraient à toute heure du jour et de la nuit couvrir de leurs corps ou de leurs travaux les brèches bientôt réparées; de nouveaux murs, de nouveaux fossés s'élevaient, se creusaient, s'armaient dans une nuit derrière ceux qui venaient de s'écrouler ou de se combler.

« Rhodes, du côté du mont Philérémos, ressemblait, disent encore les récits du siége, à une tortue immense qui aurait sans cesse renouvelé ses écailles. »

Les Turcs s'épuisaient de munitions, d'inventions, de machines, d'explosions de mines, sans avancer d'un pas au delà du pied de ses remparts. Ils y tombaient par milliers sous les pierres que les assiégés roulaient sur leurs corps. Un pont tournant, qu'ils construisaient sur la mer pour joindre la proue de leurs vaisseaux au môle de la tour Saint-Nicolas, et pour combattre ainsi de plain-pied et corps à corps avec la garnison de la tour, fut coupé de ses câbles, arraché à ses ancres, poussé à la dérive pendant la nuit par un plongeur anglais nommé Roger. Ramené le lendemain contre les flancs du môle et couvert de deux mille janissaires qui plantaient les échelles contre la tour, le pont, fracassé par les rochers lancés du sommet des plates-formes, se rompit et noya sous ses débris toute une colonne des assiégeants.

Trois mille Turcs périrent dans cet assaut de six heures sous les yeux du pacha. Après une trêve de quelques jours et de vaines sommations au grand maître, un dernier assaut, donné par cent mille hommes sur terre et sur mer à la fois, couvrit enfin les brèches et les quais d'Ottomans, qui n'avaient plus qu'à descendre dans la ville ouverte de toutes parts.

C'était le vendredi 28 juillet 1480, le jour même où une flotte ottomane, sous le commandement de Kéduk-Ahmed-Pacha, débarquait à Otrante, qui devait être mise à feu et à sang. Mésih ou *Paléologue-Pacha*, se croyant déjà maître de sa proie, fit imprudemment proclamer dans son camp que les dépouilles et les esclaves de Rhodes appartenaient au sultan et devaient être réservés par les vainqueurs. Ses soldats, qui combattaient pour le pillage plus que pour la gloire, jetèrent leurs armes et refusèrent de monter sur les brèches pour soutenir ceux qui les occupaient déjà; cette hésitation ébranla les janissaires eux-mêmes, ainsi abandonnés sur les brèches : ils en redescendirent en maudissant l'avarice du pacha. Les chevaliers y remontèrent à leur place, et, tirant à eux les échelles des Turcs dans la ville, rétablirent les escarpements aplanis.

Le découragement, la lassitude, le murmure, les séditions impunies, forcèrent enfin Paléologue-Pacha à rembarquer son armée, qui laissa douze mille cadavres sous les murailles. Pendant qu'il levait l'ancre et dépliait ses deux cents voiles aux cris de victoire des chrétiens, la fumée des vastes bûchers où d'Aubusson faisait brûler les corps de ces douze mille janissaires s'élevait du mont Philérémos dans le ciel, et les processions triomphales sortaient de toutes les portes de la ville en chantant les cantiques de délivrance pour remercier Dieu de la défaite de ses ennemis. D'Aubusson, criblé des blessures qu'il avait reçues aux assauts en combattant le premier, comme Constantin sur les brèches de Constantinople, était porté par ses chevaliers sur un brancard formé des armes brisées et des flèches émoussées des Turcs. Tous les noms de la noblesse des différentes nations de l'Occident avaient laissé des morts ou conquis une nouvelle illustration dans leur sang à ce mémorable siége. C'était le dernier soupir de la chevalerie. Leur chef, d'Aubusson, avait été le héros parmi ces héros de la croix. Heureux si la politique déloyale de son ordre n'eût pas terni, quelques jours après, sous son nom, la gloire dont l'Europe couronna son intrépidité!

XXIII

Mahomet II, indigné d'un revers qu'il attribua à Paléologue, reçut sa flotte avec des reproches sévères ; il destitua son général du rang de pacha, et l'envoya expier dans l'humble poste de *sandjak-beg* de Gallipoli sa faute ou son revers. Paléologue s'attendait à mourir. Soit indulgence, soit dédain, Mahomet le laissa vivre pour une autre fortune qui devait plus tard le relever de sa disgrâce.

Le sultan se prépara à effacer sous des victoires les deux humiliations que ses armes venaient de subir à Scutari et à Rhodes. Aux premiers jours du printemps de l'année suivante (1481), il fit planter les queues de cheval sur la rive d'Asie, entre Scutari et Gébissé, en face de son sérail. C'était le signe de ralliement de l'armée autour des tentes de son maître. Mahomet avait résolu d'aller conquérir la Syrie et peut-être l'Égypte sur le sultan du Caire, qui avait prêté secours à ses ennemis, en Caramanie, en Perse et à Rhodes. Ainsi l'empire, à qui il avait donné une base profonde en deçà et au delà du Danube, une capitale centrale à Constantinople, un corps robuste et épais en Caramanie, allait étendre ses deux bras immenses sous un seul règne, l'un aussi loin que la chaîne des montagnes de l'Illyrie, pour embrasser l'Adriatique et l'Italie, l'autre aussi loin que les montagnes du Liban, pour embrasser la mer de Chypre et l'Égypte. Jamais, en si peu d'années, une tribu conquérante n'avait incorporé ainsi trente nations dans un seul empire.

La mort seule arrêta Mahomet II dans l'accomplissement de ce plan, réservé à ses successeurs (1481). Une maladie, violente et prompte comme son sang, le saisit sous ses tentes, à la première marche de son armée, campée dans un site qu'on nomme la *Prairie du sultan*. L'armée ignora plusieurs jours sa mort. Les eunuques et les médecins affidés au grand vizir motivèrent seulement la halte des troupes sur une maladie légère du sultan qui le forçait à retourner prendre des bains à Constantinople.

XXIV

Pendant cette halte, le grand vizir, Mohammed-Nischani, préparait l'empire au second fils de Mahomet. Djem ou Zizim, le favori de son père et l'espérance du vizir, au détriment de Bajazet, à qui le trône appartenait par droit d'aînesse, mais dont on redoutait justement le règne. Cependant, pour paraître irréprochable à tout événement, le vizir envoya un chambellan, Keklik-Mustafa, à Bajazet, gouverneur d'Amasie, pour lui annoncer la mort de son père, et pour l'inviter à se rendre à Constantinople. Keklik-Mustafa avait ordre de perdre du temps en route et de laisser le bénéfice des heures à une astucieuse combinaison d'événements. Cette combinaison, qui devait assurer le trône à Djem et la mort de Bajazet, était d'autant plus sûre du succès qu'Amasie, résidence de Bajazet, était à neuf jours de route de Constantinople, et que Magnésie, où résidait en ce moment Djem, n'était qu'à quatre journées du camp. Djem, en se présentant le premier aux pachas, aux troupes et au peuple, sous les auspices du grand vizir, emporterait d'acclamation le trône avant que Bajazet fût averti de la mort de Mahomet II. Un courrier rapide et confidentiel porta à Djem, à Magnésie, le plan du vizir.

Un excès de prudence perdit Djem et son protecteur. Dans la crainte que Bajazet, arrivé le premier à Constantinople, n'enlevât par sa présence le cœur des janissaires qui y étaient restés en garnison, le grand vizir Mohammed leur envoya l'ordre de passer le Bosphore et de se rendre immédiatement au camp de la Prairie impériale. Pendant qu'ils exécutaient cet ordre inusité, une litière fermée de grilles et de rideaux, et escortée d'eunuques et de gardes, sortait du camp et s'avançait vers Scutari. C'était, disait-on, le sultan malade qui se faisait transporter pour le bain dans son sérail de Constantinople. Le camp et le peuple ne soupçonnaient rien; mais cette litière impériale ayant été rencontrée à moitié chemin du camp à la mer par les janissaires mécontents qui marchaient vers la Prairie impériale, la rumeur d'une supercherie perfide se répandit tout à coup parmi les soldats. Ils s'attroupèrent autour du cortége, et demandèrent à grands cris qu'on leur montrât leur empereur. Les rideaux ouverts ne leur montrèrent que le cadavre de Mahomet II. A cet aspect, ils soupçonnèrent un crime d'État, arrêtèrent la litière, coururent au camp appeler leurs camarades à la vengeance, revinrent en tumulte au bord de la mer, s'y embarquèrent de force dans toutes les petites rades de la côte d'Asie, arrivèrent en pleine sédition à Constantinople, pillèrent le quartier des Juifs, les palais des pachas suspects de prédilection pour Djem, entrèrent d'assaut dans le sérail et tranchèrent la tête au grand vizir, qu'ils accusaient d'avoir prémédité l'usurpation du trône et la mort du sultan légitime, au profit de son frère. Le cadavre à peine refroidi de Mahomet II assista ainsi à l'anarchie causée par sa mort. Un interrègne sanglant consterna pendant quelques jours Constantinople sans empereur et sans vizir.

XXV

Cependant le divan, les pachas, les vizirs et l'armée, revenus au bruit de ces séditions et de ces meurtres dans la capitale, s'assemblent au sérail pour sauver l'empire en proie à l'anarchie de la soldatesque. Ils chargent d'une dictature unanime Ishak-Pacha, homme intègre et ferme respecté des soldats. Ishak rassemble une poignée de janissaires et de tchaouschs ou chiaoux fidèles, affronte courageusement avec l'autorité de la loi et le sabre des bourreaux les séditieux. Secondé par les citoyens et les mollas, il les réprime, les intimide et les force à rentrer dans l'ordre. Pressé de terminer un interrègne que la dictature seule ne pourrait pas longtemps dominer, il court au sérail où Mahomet II avait retenu en otage deux enfants de ses fils, l'un appelé Korkoud, fils de Bajazet, âgé de huit ans, l'autre nommé Ogouz-Khan, fils de Djem, encore au berceau. Il présente Korkoud à l'armée, qui le proclame sultan provisoire en attendant l'arrivée de son père, et qui se prosterne devant lui. Le peuple ottoman, qui ne voit le droit de la nation que dans le droit de famille, obéit sans murmure à ce droit couronné dans un enfant.

XXVI

Cependant, comme si la fortune avait voulu couper un à un tous les fils de la trame tendue par le grand vizir décapité, le confident envoyé par ce vizir à Djem pour l'appeler à la Prairie impériale n'était pas arrivé jusqu'à Magnésie : rencontré en route par Sinan-Pacha, gouverneur d'Anatolie, qui avait ouvert ses dépêches, Sinan-Pacha, partisan intéressé de Bajazet, dont il avait épousé la sœur, avait fait étrangler ce confident par ses chiaoux, pour étouffer le message avec la vie du messager. Djem avait ignoré ainsi longtemps la mort de son père et les événements de Constantinople.

Bajazet les avait connus, quoique tardivement, par l'arrivée de Keklik-Mustafa. Pressé de saisir le trône et craignant d'être devancé par son frère, Bajazet était parti le soir même d'Amasie, à la tête de quatre mille cavaliers d'élite de son gouvernement. Le douzième jour, grâce à la rapidité de sa cavalerie turcomane, il était entré à Scutari, faubourg asiatique de Constantinople, séparé seulement du sérail par l'embouchure du Bosphore. Il était accompagné de son vizir favori, Mustafa-Pacha, fils d'Hamza-Beg, qu'il destinait à exercer sous lui, à Constantinople, la toute-puissance que ce vizir habile avait exercée à Amasie.

Les vizirs, les généraux, les agas, les janissaires, la ville entière, s'embarquent sur les galères et sur les *caïques* de Constantinople pour aller faire cortége au nouveau sultan, et traverser en flotte triomphale le détroit qui le séparait du sérail. Mais les intrigues n'avaient pas attendu son entrée dans sa capitale pour éclater autour de lui. Un dictateur populaire, des pachas ambitieux, une ville agitée, des janissaires indisciplinés, ne pouvaient se plier sans conditions au joug d'un jeune prince inconnu, à qui ils venaient de décerner l'empire. Tous voulaient des gages de sa reconnaissance.

Ishak-Pacha, qui exerçait depuis douze jours les fonctions de grand vizir et qui craignait d'en être dépossédé par Mustafa, vizir d'Amasie, sema habilement parmi les janissaires le bruit que ce favori conseillait à son maître de briser le joug de cette milice, de réformer la discipline, de réduire la solde. Le sultan, intimidé par ces rumeurs, éloigna son ministre Mustafa avant de monter sur sa galère. Le favori fut renvoyé à Amasie. Ce n'était pas assez pour les janissaires. A peine le sultan touchait-il à la terre d'Europe, que cette milice, rangée en bataille sur la pointe du sérail, lui demanda par ses cris d'amnistier par un serment solennel ceux d'entre eux qui avaient décapité le grand vizir de son père et pillé les maisons de Constantinople. Encouragés par la parole forcée du sultan, ils exigèrent aussi tumultuairement une libéralité impériale, à titre d'avénement à l'empire, semblable à celle que les empereurs romains proclamés par les prétoriens distribuaient à ceux qui les avaient couronnés, s'arrogeant ainsi le droit de vendre le trône.

Bajazet entouré de séditieux n'avait que le choix de la condescendance ou de la révolte. Il ratifia le vœu de l'armée, et convertit ainsi en usage ruineux pour le trésor public l'avidité des soldats. A ce prix on lui permit d'entrer dans le palais.

XXVII

Le lendemain, changeant son turban blanc contre un turban noir, en signe de deuil, il conduisit les funérailles de son père et déposa le corps de Mahomet II au tombeau que ce prince s'était préparé dans un magnifique *turbé* construit sous les murs de la mosquée qui porte son nom.

Ishak-Pacha fut nommé grand vizir; un camp se forma précipitamment par ses ordres à Scutari pour prévenir, s'il était nécessaire, la compétition de Djem à l'empire.

Quelques jours s'écoulèrent dans les fêtes de l'avénement au trône et dans l'incertitude des événements que la soumission ou la résistance des troupes d'Asie au gouvernement de Bajazet II préparait à la capitale. Ils furent employés dans les lieux publics à exalter ou à maudire la mémoire de Mahomet II.

« Il a conquis deux empires, disaient les partisans de ce prince, celui de Byzance et celui de Trébizonde; il a subjugué deux cents villes fortes; il a annexé à l'héritage des Ottomans quatorze royaumes ou principautés souveraines; il a fondé des écoles, des bibliothèques, des mosquées, des hôpitaux sans nombre, pour la sanctification, l'instruction, le soulagement de son peuple; la mosquée rivale de Sainte-Sophie porte son nom et garde sa tombe; ses routes, ses aqueducs, ses bains publics, couvrent les provinces administrées par ses vizirs; il a honoré et cultivé lui-même les lettres; la poésie, l'astronomie, les mathématiques, encouragées par ses munificences et par celles de Mahmoud, son grand vizir, ont appelé à Constantinople les esprits les plus policés et les plus érudits de l'Orient et de l'Occident ; il correspondait lui-même de sa propre main et dans leurs diverses langues avec les princes ou avec les hommes éminents par leur renommée de tous les pays ; sa cour était une académie de philosophes et de poëtes dont l'entretien le délassait des fatigues de la guerre et des soucis de l'ambition ; le dernier de ses grands vizirs, tué le lendemain de sa mort par les janissaires, était le premier écrivain de son temps ; quatre autres de ses vizirs cultivaient comme lui la poésie ; son divan rassemblait toutes les célébrités de l'empire ; trente des poëtes lyriques ottomans, parmi lesquels une femme, la fameuse *Séineb*, de Brousse, recevaient de lui des pensions et des honneurs ; un de ses guerriers, Ahmed-Pacha, est plus illustre par ses chants religieux que par ses victoires ; Djémali, l'historien en vers de l'empire, interrompu par la mort dans son épopée nationale, a été continué par le cheik Gulscheni. Son respect pour la science théologique du Coran lui fit récompenser, quand il fut monté sur le trône, les coups de baguette que son précepteur Kourani lui avait donnés à Magnésie par les ordres de son père pour le contraindre à orner sa mémoire des passages du livre sacré ; il supportait humblement la contradiction des savants et les leçons des sages.

« — Oses-tu bien discuter contre moi? dit-il un jour avec colère à Khodja-Zadé, qui lui enseignait la jurisprudence nécessaire à un fondateur d'institutions.

» — Comme ton esclave, non, lui répondit le légiste ; comme ton professeur, oui, je l'ose ; car si tu es mon souverain ailleurs, ici tu es mon disciple. »

« Dans Mahomet II, répondaient les sages, le règne est grand, mais l'homme est pervers. Il aima la science, la poésie, les lettres, comme un élément de gloire, mais non comme un élément de vertu. Il n'estimait la civilisation que comme un moyen de consolider ses conquêtes. Le juste et l'injuste n'existaient pas pour lui; l'ambition seule était l'âme de sa politique. Sans doute, il a agrandi l'empire, mais il a déshonoré le nom des Ottomans. Ses mœurs dépravées ont affiché dans le palais les infâmes amours réprouvées par la nature comme par la religion; un des sexes ne suffisait pas à ses débauches; sa violence punissait de mort la résistance des enfants et des vierges à ses lubricités. Il a égorgé le fils du grand-duc Notaras et la fille du gouverneur vénitien de Négrepont, Erizzo, pour avoir préféré la mort à l'infamie. Il a déshonoré le harem de son père en forçant sa veuve à épouser un esclave du palais. Il a noyé son frère au berceau pour éteindre avec la vie d'un enfant toute rivalité future avec lui; il a supplicié par jalousie, dans deux grands vizirs innocents, les serviteurs les plus zélés et les hommes les plus vertueux de sa cour. Enfin il a fait étrangler son propre fils, l'héroïque Mustafa, moins pour punir en lui son crime que sa gloire. Son seul monument est Constantinople; son seul nom, c'est le *Conquérant*. Mais sa mémoire, qu'il sera désormais défendu d'oublier en foulant le sol de Byzance, sera à la fois l'orgueil et l'humiliation du trône des Ottomans. »

Ainsi parlaient le lendemain de sa mort les écrivains grecs, italiens, persans et mêmes turcs contemporains de Mahomet II le Conquérant: et ces jugements, différents selon les patries diverses, sont encore aujourd'hui le jugement de la postérité. Grand règne, homme immoral et sanguinaire qui fait quelquefois admirer l'histoire, mais qui fait plus souvent rougir et frémir l'humanité.

LIVRE QUINZIÈME

1

Les deux frères qui allaient se disputer l'empire ne se connaissaient que par la haine qu'ils se portaient dès le berceau. Ils étaient également inconnus à la capitale. Mahomet II, leur père, ne croyait pas à la nature parce qu'il l'avait si souvent outragée lui-même par ses meurtres de famille. Il avait tenu constamment ses deux fils à distance de son trône et de sa résidence, dans la crainte des intrigues de palais ou des mouvements de caserne qui pouvaient se rattacher à leurs noms. Il les avait également relégués, l'un à Magnésie, l'autre à Amasie, aux deux extrémités de l'Asie Mineure, pour prévenir entre eux ou des ligues ou des rivalités également fatales au repos de l'empire. Le sentiment fraternel ne pouvait donc contre-balancer en eux l'ambition, née de leur sang et cultivée dans leurs âmes par leurs mères différentes, de se devancer l'un l'autre au trône de leur père.

Le couronnement de Bajazet II fit entrevoir à Djem ou *Zizim* le sort qui l'attendait, d'après la loi de meurtre portée par Mahomet II qui autorisait le frère à tuer ses frères et qui ne laissait d'arbitre entre eux que la mort. Si Djem ne s'était pas insurgé pour le trône, il se serait insurgé pour la vie ; il fallait régner ou mourir.

II

Ce jeune prince, infiniment mieux doué par la nature que Bajazet II, n'avait pas encore vingt ans. Les portraits des historiens de Rhodes, de Rome et de France, pays qu'il émut de ses malheurs, le représentent comme étant d'une taille élevée, d'une pose majestueuse, d'une figure grecque ou italienne comme sa mère, esclave vénitienne enlevée à une île de l'Archipel, d'un regard triste, d'une bouche gracieuse, d'un geste affable, d'une élocution facile et imagée où l'on retrouvait la poésie orientale de son berceau sous l'éloquence mâle de son rang et sous la dignité de ses revers. On a vu qu'il excellait dans les trois exercices d'esprit et de corps qui constituaient alors la chevalerie des Persans ou des Turcs : faire des vers, manier le sabre, et lutter de force et de souplesse, les membres nus et huilés, avec les plus célèbres lutteurs de l'Albanie ou de la Perse. Le courage plus sérieux qu'il avait montré dans sa vice-royauté de Cilicie en combattant contre les fils de Caraman-Oghli, l'attrait de sa jeunesse, la douceur indulgente de son gouvernement, l'avaient rendu cher à toute la Caramanie, où il adoucissait, quoique vainqueur, le joug de son père. Les soldats et le peuple de Magnésie étaient vendus d'avance à sa cause par l'amour qu'il avait su leur inspirer. La renommée ingrate et le caractère sauvage de Bajazet ajoutaient dans le cœur des Asiatiques à leur prédilection pour Djem. Dans une telle disposition des populations et des troupes d'Asie, la proclamation spontanée de Djem à l'empire devait répondre unanimement depuis Erzeroum jusqu'à Brousse à la proclamation de Bajazet. La Caramanie entière se leva pour soutenir les droits de son favori. Djem n'eut qu'à consentir à la rébellion contre le candidat des janissaires. Ses troupes coururent aux armes d'elles-mêmes. Elles l'entourèrent en peu de jours à Magnésie d'une armée égale en nombre et plus dévouée en attachement que celle de Scutari. Il s'avança sur Brousse, capitale de l'Asie ottomane, avec l'avant-garde de son armée; il espérait y entrer sans obstacle, et y élever trône contre trône. Le temps et sa popularité feraient le reste.

III

Mais les Turcs ont un sentiment du droit dans la famille et dans la possession héréditaire du gouvernement qui prévaut même sur leurs entraînements et sur leur préférence. Chez eux la légitimité est divine, le caprice des prédilections populaires n'est qu'humain. La légitimité était pour Bajazet II.

Le sultan de Constantinople, en apprenant la proclamation du sultan de Magnésie et sa marche sur Brousse, se hâta de faire embarquer un corps de quelques milliers de janissaires et de les faire cingler vers le petit port de Moudania, voisin du mont Olympe, pour couper la route de Brousse à son frère et pour lui disputer la possession de cette capitale de leur père. Les deux armées arrivèrent en même temps aux portes opposées de la ville. Brousse, sommée au nom de deux sultans d'ouvrir ses portes, trembla de se tromper de cause et de fortune. Elle hésita quelques jours, elle ajourna son obéissance sous divers prétextes; mais pendant que les autorités de Brousse négociaient ainsi pour gagner du temps, le peuple, ivre de faveur pour Djem, lui faisait passer par-dessus les murs les encouragements, les vivres, les subsides, les combattants même dont il avait besoin. Soutenu par ces ovations populaires, Djem attaqua les janissaires de Bajazet sous les murs, les précipita dans la mer, fit prisonnier leur général Ayas-Pacha, et, rentré vainqueur à Brousse, y fut conduit en triomphe au palais de ses aïeux. On le proclama une seconde fois sultan, on frappa les monnaies, on dit les prières dans les mosquées en son nom; on lui livra le trésor; il gouverna pendant dix-huit jours l'Asie, envoya ses firmans à l'Europe du haut de cette capitale de la Bithynie.

IV

Cependant, soit qu'il ne se fît pas illusion sur l'inégalité de ses forces comparées à celles du sultan qui possédait Constantinople, les vizirs, les pachas, les janissaires, la flotte, les tributs de la mer Noire et de l'Europe, soit qu'il hésitât devant cette guerre fratricide qui allait faire combattre le sang d'Othman contre lui-même, Djem tenta de rétablir la concorde à des conditions équitables entre son frère et lui.

Il y avait alors à Brousse une sultane nommée Seldjou-Khatoun, tante de Mahomet II, grand' tante de Djem et de Bajazet. Elle vivait honorée et estimée pour son mérite dans le vieux palais. Djem la supplia d'aller à Constantinople interposer sa sagesse et son intercession entre son frère et lui. Il l'autorisa à offrir à Bajazet le partage inégal de l'empire, partage par lequel Bajazet posséderait l'Europe, les îles, l'Archipel, la mer Noire, la Servie, la Valachie, l'Adriatique, et qui ne lui laisserait à lui que la souveraineté de l'Asie. Seldjou-Kathoun, suivie d'un nombreux cortége de femmes, d'eunuques, de gardes et d'envoyés inférieurs, se rendit à Constantinople. Elle s'acquitta de sa mission avec la double autorité de sa tendresse de tante et de son caractère d'ambassadrice. Accueillie avec respect par Bajazet, elle lui représenta éloquemment les dangers de l'empire et les droits du sang.

Bajazet sourit : « Les rois n'ont pas de parents, » lui répondit-il.

V

Cette négociation avortée remit l'empire au sort des armes. Djem, dont la destinée était d'éprouver tour à tour la trahison de ses amis et de ses ennemis, des musulmans et des chrétiens, était déjà vendu à Bajazet II par son premier chambellan Yacoub. Bajazet avait promis à ce conseiller intime de son frère le gouvernement de l'Anatolie, s'il concourait à étouffer la guerre civile dans son germe en conseillant à Djem sa propre perte. Yacoub conseilla, en effet, au sultan de Brousse de diviser son armée en deux corps. L'un de ces corps, commandé par un général inhabile, devait affronter à Nicée l'armée de Bajazet, qui s'avançait dans la plaine; l'autre, commandé par Djem en personne, couvrirait Brousse et le mont Olympe. Cette séparation de l'armée en deux, en affaiblissant chaque aile, donna la victoire à Bajazet.

Une bataille, livrée sous les murs de Nicée auprès de l'obélisque de Constantin, fit replier les partisans de Djem jusqu'à Iénischyr. Bajazet s'avança vers cette ville. Il y fut rejoint par Kéduk-Ahmed-Pacha, le premier général de Mahomet II, son père, qui revenait d'Italie couvert de gloire, et qu'on croyait animé d'un implacable ressentiment contre Bajazet en souvenir d'offenses passées.

Djem, accouru de Brousse et fortifié sous Iénischyr par une nuée de Turcomans et de Caramaniens, combattit en vain en héros. La présence de Bajazet, la discipline aguerrie des janissaires, le nom et les conseils de Kéduk-Ahmed, enfin la trahison d'Yacoub, qui fit passer la rivière à la cavalerie de Djem, et qui lui ferma le retour, achevèrent la déroute du sultan de Brousse. La nuit seule protégea la fuite des Turcomans et des Caramaniens. Les ténèbres laissèrent encore quelque espérance de les rallier à Djem. Caché dans une forêt voisine du champ de bataille avec une poignée de ses partisans, il espérait, le lendemain, retrouver ses troupes et tenter de nouveau la fortune. Le soleil, en se levant, lui montra le néant de ses espérances. La déroute avait tout emporté; il n'eut que le temps de s'enfuir lui-même, escorté de soixante cavaliers, jusqu'aux gorges sauvages d'Erméni, à deux marches au delà d'Iénischyr. Il s'y arrêta pour reposer ses cavaliers et pour panser une blessure qu'il avait reçue dans la fuite d'un coup de pied de cheval à la jambe. Il avait quitté ses tentes d'Iénischyr après la bataille dans un tel dénûment, que son grand vizir fut obligé de lui prêter son propre manteau pour le couvrir, pendant son sommeil sur la terre, du froid et de l'humidité des nuits.

Parvenu à Koniah, où il trouva la sultane, veuve de Mahomet II, sa mère, et son harem, il prit, avec sa famille, ses trésors et trois cents de ses serviteurs, la route de Tarsous, pour aller demander asile en Syrie au sultan d'Égypte. Alep et Damas le reçurent en sultan dépossédé qui reconquerrait bientôt un trône. Le sultan d'Égypte lui donna au Caire l'hospitalité dans le palais de son vizir et une cour digne de son rang. Lassé de son inaction, et voulant reconquérir aux yeux des Ottomans un titre de sainteté qui accrût le nombre et le fanatisme des partisans qu'il avait laissés en Asie, il fit, en croyant plus qu'en prince, le pèlerinage de Jérusalem et de la Mecque (1482). Ses voyages pieux firent perdre un moment sa trace dans les déserts de l'Arabie.

Revenons à Bajazet II.

VI

Le lendemain de sa victoire, les Turcomans d'Erméni, qui avaient insulté et pillé Djem après sa défaite, étant venus lui demander le prix de leur défection et de leur lâcheté, Bajazet leur répondit qu'il allait leur donner la récompense dont ils étaient dignes. Il les fit cerner par ses gardes et les fit crucifier sur les arbres de la forêt : « Voilà, dit-il aux paysans turcs de ses provinces, le salaire des esclaves qui s'immiscent dans les querelles des sultans entre eux. Comment cette misérable vermine a-t-elle osé lever la main contre la tête sacrée de mon frère? »

Les janissaires, à son retour à Brousse, demandèrent à grands cris qu'on leur livrât la ville à piller pour la punir de sa félonie. Bajazet, qui rougissait de rentrer en dévastateur dans sa seconde capitale, descendit jusqu'aux prières et jusqu'aux larmes pour fléchir ses prétoriens : « Accordez-moi à moi-même et à moi seul, leur dit-il, la ville de mes pères. » Mais, encouragés par l'impunité du pillage de Constantinople, les janissaires éludèrent les supplications de leur sultan. Bajazet ne put racheter la ville du pillage qu'en payant la rançon de Brousse à ses soldats. Chaque janissaire reçut mille aspres en compensation de sa part de dépouilles.

Kéduk-Ahmed, que les historiens italiens et français

nomment improprement Acomat, erreur que le poëte Racine a consacrée, lui ramena l'armée victorieuse de Caramanie à Constantinople. Le service que Kéduk-Ahmed venait de lui rendre à Iénischyr avait mal effacé les premières impressions de Bajazet contre ce *Bélisaire* des Ottomans. Une vieille haine vivait dans sa mémoire. Un jour que Bajazet, dans sa jeunesse, accompagnait Mahomet II, son père, dans une de ses campagnes, Kéduk-Ahmed, en inspectant l'armée, avait apostrophé rudement le fils du sultan sur l'indiscipline qui régnait dans son corps d'armée.

« Tu te repentiras de ton insolence quand je serai ton maître, lui dit Bajazet humilié.

— » Et moi, repartit le vieux guerrier, je jure ici, par la tête de mon père, que si tu es jamais sultan, je ne porterai jamais mon sabre pour un maître tel que toi. »

A la revue des troupes dans la prairie de Scutari, Kéduk-Ahmed parut, en effet, devant le sultan à la tête de la cavalerie des spahis sans armes et son sabre suspendu au pommeau de la selle de son cheval.

« Que veut dire ce costume? » lui demanda le sultan étonné.

Kéduk-Ahmed lui rappela fièrement son serment de ne jamais porter le sabre à son service.

» Je te délie de ta promesse, lui dit Bajazet; c'est se souvenir de trop loin; oublie les fautes de ma jeunesse, et sers-moi comme tu as servi mon père. »

VII

Cependant, à peine rentré à Constantinople (vers 1483), Kéduk-Ahmed, fier de sa renommée et de son ascendant sur les janissaires, murmura trop haut contre les lâchetés du grand vizir et du sultan qui, au lieu de combattre, négociaient avec les chevaliers de Rhodes et avec les Turcomans toujours révoltés de Koniah. Ancien grand vizir sous Mahomet II, il regardait comme au-dessous de lui toute autorité qui n'était pas la première; c'était un de ces hommes qui ne reconnaissent un maître qu'à la condition de le dominer.

Un souvenir plus amer et plus domestique empoisonnait l'âme de Kéduk-Ahmed contre le grand vizir Ishak-Pacha. La jeune femme de Kéduk-Ahmed, enlevée autrefois à son harem par le prince Mustafa, supplicié pour ce crime par son père, était fille d'Ishak le grand vizir. Kéduk-Ahmed, après la mort du ravisseur, avait jugé cette femme trop coupable ou trop flétrie pour sa couche; il l'avait répudiée et renvoyée à son père. Le père n'oubliait pas cet outrage. Les murmures et les mécontentements de Kéduk-Ahmed l'auraient forcé seuls à s'en souvenir.

Bajazet supportait impatiemment la nécessité d'un général trop cher aux troupes, qui mettait à trop haut prix la récompense de ses services et qui s'imposait à son maître. Sa colère, qui n'osait éclater dans le calme et la réflexion, éclata dans l'ivresse.

Kéduk-Ahmed, invité avec les vizirs et les pachas du

sérail à un festin dans le palais, s'y rendit par déférence à son maître. Bajazet, contre les règles de la religion et de l'usage, y fit couler les vins de Chypre et de Schiraz, et força, par son exemple et par ses provocations, ses convives à en boire. Kéduk-Pacha, austère observateur de la loi du Coran, céda avec répugnance aux instances du sultan et trempa à regret ses lèvres dans la coupe. Bajazet but jusqu'à l'ivresse. Dans la chaleur du vin, qui délie les secrets de l'âme, le sultan, soulevant le poids de l'oppression que faisaient peser sur lui l'orgueil et les exigences de ses généraux, dit imprudemment qu'un règne pacifique comme le sien n'avait pas besoin de faire payer à ses peuples la gloire et la cupidité d'ambitieux soldats qui se faisaient une proie de l'empire et qu'il saurait bien, en réduisant le nombre et la solde de ces séditieux janissaires, réduire l'orgueil de leurs chefs à la modestie et à l'obéissance des esclaves du sultan.

Kéduk, désigné par ces paroles et emporté lui-même par l'audace du vin, demanda au sultan qui donc l'avait affermi sur ce trône, et éclata en reproches violents contre l'ingratitude des souverains et des vizirs qui cimentent leur puissance avec le sang des soldats et qui le trouvent ensuite trop cher quand il faut honorer et entretenir de vieux serviteurs. Il représenta à Bajazet, encore trop mal affermi pour être si superbe et si oublieux, le danger de mécontenter par de telles révélations, si elles venaient à transpirer, des janissaires qui pouvaient retirer le trône puisqu'ils l'avaient donné. Un silence de terreur suivit ces paroles.

Bajazet, à ces mots, oublia toute prudence; il rougit, fit un signe à un de ses chambellans et lui dit quelques paroles à voix basse. A la fin du festin, on apporta, suivant l'usage des princes d'Orient, quand ils veulent témoigner leur munificence, un vêtement d'honneur à chacun des convives. Celui qu'on apporta devant Kéduk-Ahmed était noir, signe sinistre de réprobation et de deuil. Kéduk le comprit et se leva pour se retirer du sérail et pour se préparer à la mort.

« Reste ici, » lui dit d'un accent où grondait d'avance son arrêt le sultan, dont le vin accroissait la fureur; et, du geste, il ordonna aux chiaoux de dépouiller l'ancien grand vizir de ses vêtements, de le frapper de bâtons et de l'étrangler après l'avoir déshonoré de leurs coups.

« Lâche et ingrat tyran, s'écria alors le vizir, qui n'avait plus rien à retenir de ses ressentiments, puisque tu méditais de me faire mourir, pourquoi, par un raffinement impie de vengeance, m'as-tu forcé de souiller mon âme en buvant du vin avec toi? »

Les bourreaux avaient déjà déchiré les habits de Kéduk-Ahmed sur son corps et frappé de leurs bâtons ses épaules nues; ils apportaient le cordon pour l'étrangler, quand le kislar-aga, ou chef des eunuques, ami secret de Kéduk, se jeta aux pieds du sultan; il le conjura de suspendre l'exécution afin de s'assurer, avant le dernier supplice, si les janissaires ne se soulèveraient pas à la nouvelle de la disgrâce et de l'emprisonnement de leur général. Le sultan, frappé de cette prudence, fit jeter Kéduk-Ahmed, sanglant et demi-nu, dans la prison du sérail.

VIII

Cependant la nuit s'écoulait sans que le fils de Kéduk-Ahmed, qui adorait son père et qui veillait pour l'attendre, le vît revenir dans sa maison. Inquiet de ce retard, il court chez un des vizirs convives du festin, et il en apprend quelques circonstances qui lui font présumer le reste. Tremblant pour les jours de son père s'il respire encore, ou pressé de le venger s'il est mort, le fils, dont la tendresse anime l'éloquence, court à la caserne des janissaires, les réveille, les harangue, leur montre leur général et leur père victime de son dévouement à leurs intérêts, tombé sous les coups déshonorants d'un ivrogne ou près d'expier dans la nuit sa vertu par son supplice.

A ces larmes, à ces gestes, à ces discours, dix mille janissaires, tous outragés dans leur chef, se répandent dans les rues, appellent leurs camarades aux armes, les provoquent à marcher au palais, à incendier le sérail afin d'arracher leur défenseur aux coups d'un ingrat sultan, s'il en est temps encore, ou de venger sa mort en jetant sur son cadavre le cadavre de son assassin. Bientôt trente mille janissaires, des torches et les sabres nus à la main, se pressent aux portes extérieures du sérail, les enfoncent à coups de hache, et se précipitent, à travers les cours, contre les secondes portes pour pénétrer dans le palais.

Bajazet II, averti par le tumulte, par les torches, par les cris de ses soldats, fait barricader les portes par le chef des eunuques, et, se présentant lui-même à travers le grillage d'un balcon élevé, demande d'une voix tremblante aux assaillants le motif de leur attroupement.

« Misérable ivrogne, crient mille voix irritées, rends-nous notre général, ou nous allons te brûler toi-même dans ton sérail incendié.

» — On vous a trompés, répond le sultan, votre général n'est point mort.

» — Qu'on nous le montre, qu'on nous l'amène ! » reprennent les troupes.

Kéduk-Ahmed, tiré précipitamment de son cachot, avant qu'on eût le temps de lui rendre ses habits, paraît à côté de son maître à la lueur des torches, la tête, les épaules, les jambes, les pieds nus, couvert seulement d'une chemise de grosse toile déchirée et souillée de taches de sang par le bâton des esclaves. A cette nudité, plus déshonorante que la mort même aux yeux des soldats, l'indignation et l'horreur redoublent. Bajazet était déchiré en lambeaux si la victime avait laissé parler seulement son silence. Mais le héros fut aussi magnanime que le sultan avait été ingrat. Il demanda par ses gestes le respect pour leur souverain aux soldats.

« Oui, on vous a trompés, leur dit-il, le sultan (que Dieu le protége !) n'a point médité ma mort. Dans les égarements d'un festin, j'ai manqué moi-même au respect que tout Ottoman doit à son maître ; il m'a puni, trop sévèrement peut-être, mais je méritais une peine et je lui dois grâce de la vie. Ne soyez pas pour moi plus indulgents ou plus irrités que je ne le suis moi-même. Rentrez dans l'ordre, demandez pardon à votre maître d'avoir cru à la calomnie, et d'avoir violé le seuil de son sérail sacré ; je vais lui demander pour vous le pardon qu'il m'accorde pour moi-même. Rentrez en paix dans vos casernes, et perdons tous la mémoire de cette nuit d'erreur et de crime. Celui qui ne sait pas obéir jusqu'à la mort à son souverain ne serait pas digne d'être obéi par vous ! »

IX

La générosité de ce grand homme calma la fureur des janissaires. Ils le revêtirent à l'instant des vêtements et des armes dont il avait été dépouillé, et le reconduisirent en triomphe dans sa maison. Il rentra le lendemain au divan avec le simple titre de vizir, mais avec l'autorité d'un serviteur imposé à son maître par la faveur du peuple et des soldats.

Bajazet II parut avoir rendu sa confiance entière à Kéduk-Ahmed; mais sa dissimulation couvait sa vengeance. Il feignit, pour séparer le pacha de ses partisans, la nécessité d'un voyage à Brousse. Kéduk, par ses fonctions au divan, devait y suivre son maître. Les janissaires, laissés à Constantinople ou dispersés, sous divers prétextes, dans les garnisons d'Europe, étaient dans l'impuissance de se concerter pour le salut de leur général. Quelques jours après l'arrivée du sultan à Brousse, Kéduk-Ahmed fut étranglé dans l'intérieur du sérail (vers 1487). On répandit le bruit d'une mort soudaine et naturelle. Son crime était d'avoir trop bien mérité de son maître, et d'avoir trop le sentiment de son mérite et de sa vertu.

Ainsi périt le plus grand général de Mahomet II. Sa mort laissa les janissaires sans idole, mais aussi sans modérateur. Bajazet ne tarda pas à le regretter.

X

Au retour du sultan à Constantinople, les janissaires, soupçonnant, à la disparition subite de leur général et à la dissémination de leurs *ortas*, le dessein mal déguisé de les anéantir, rentrèrent d'eux-mêmes dans la capitale. Ils se communiquèrent leurs craintes et se concertèrent pour prévenir la ruine du corps. Toutefois le vieux respect pour la maison d'Othman et les exhortations de leurs agas leur firent masquer la sédition sous la discipline. Craignant de soulever une seconde fois contre eux la capitale encore indignée du pillage de Constantinople à la mort de Mahomet II et de perdre ainsi toute popularité dans l'empire, ils résolurent de borner leur insurrection à l'absence et à l'immobilité. Ils se retirèrent en ordre et en armes de la ville, et allèrent camper, sous leurs tentes, hors des murs de Constantinople, dans la vaste plaine de Daoud-Pacha, sur la route d'Andrinople. Là, leur nombre, leur silence, leur attitude, provoquaient le sultan à la crainte, la capitale à l'insurrection.

Ils élevèrent des retranchements autour de leur camp et se gardèrent comme des troupes en présence de l'ennemi. Des négociations s'ouvrirent entre eux et les vizirs pour la satisfaction de leurs griefs et pour la garantie de leurs priviléges. Les souverains ottomans reconnurent une fois de plus le danger de ces corporations armées qui ne soutiennent les monarchies qu'à la condition de les asservir. Bajazet II, après de vaines concessions à leurs exigences, fut forcé de demander lui-même à ses prétoriens l'entrée de leur camp et d'y paraître en suppliant plus qu'en empereur. Il les conjura, par le salut de la nation, d'oublier leurs griefs ; il leur jura, par l'âme de son père, qu'il ne voulait ni réduire leur nombre, ni diminuer leur solde, ni attenter à leurs priviléges ; il leur promit de ne régner que par eux et pour eux.

Sa présence, ses adjurations, ses serments ; leur orgueil, exalté de l'humiliation de leur maître devant eux ; leur sédition, récompensée au lieu d'être punie, les ramenèrent à l'obéissance. Ils rentrèrent calmes, mais toujours menaçants, dans la ville. Bajazet, quoique pacifique par ses mœurs qui ne demandaient que des voluptés, sentit que cette milice dévorerait l'empire s'il ne lui donnait d'autres dépouilles à dévorer. Il déclara la guerre au soudan d'Égypte et de Syrie (vers 1490).

XI

L'Égypte et la Syrie, colonies religieuses des califes arabes depuis Mahomet, avaient formé une souveraineté indépendante et souvent conquérante sous les successeurs des califes. Selah-Eddin ou Saladin, le plus héroïque de ces souverains, y avait fondé (vers 1180) la dynastie des Aïoubites sur les ruines des Fathimites du Caire et des croisés qu'il avait balayés de l'Orient. Ses successeurs, las de la mollesse et de l'immobilité des Égyptiens et des Syriens, races alors énervées par de longues servitudes, plus propres aux arts et à l'agriculture qu'à la guerre, avaient cherché leur force, contre leurs sujets et contre les croisés, dans une race militaire pour qui la guerre était un métier. Cette race était celle des Circassiens, peuplade belliqueuse qui vit sur les flancs du Caucase, entre la mer Caspienne et la mer Noire.

Les Circassiens, Scythes ou Tartares d'origine, indépendants de mœurs, héroïques de bras, aventuriers d'habitude, ambitieux de caractère, sont les Albanais de l'Asie. Indifférents aux religions et aux dynasties, amoureux seulement de la guerre pour la guerre, ils prennent parti pour la solde et pour la gloire dans les querelles des grands empires, arabes, persans, syriens, égyptiens, turcs, russes, dont leurs montagnes sont confinées. C'est ainsi que dans l'Occident les montagnards de l'Helvétie louent leur fidélité ou vendent leur sang aux monarchies voisines sans s'informer où est la justice, mais où est la solde. Les peuples de cette nature, quoique libres chez eux, sont d'admirables instruments de tyrannie chez les autres peuples.

Mais les Circassiens ont de plus que les Suisses le génie aventureux et l'imagination chevaleresque qui font rêver, aux simples guerriers, des trônes et des empires pour prix de leurs exploits. Avec un sabre et un cheval, les Circassiens qui descendent de leurs montagnes ont devant eux des horizons sans limite de fortune et de puissance. Leurs conquêtes deviennent leur patrie; ils s'acclimatent partout où ils dominent. Ils sont tous nobles comme le fer qui tue ou qui asservit dans leur main. Doués par la nature, par le climat et par l'éducation d'une intelligence supérieure, d'une élocution passionnée, d'un orgueil aristocratique, d'une intrépidité qui justifie leur ambition, d'un mépris pour les autres races qui semblent les opprimer par droit de naissance, d'un corps robuste, d'une taille élevée, d'un visage mâle, d'une férocité qui ne s'amollit que devant les femmes ou les enfants, les Circassiens, sous le nom de *Mameluks* ou *Mamlouks* qu'ils ont conservé jusqu'à nos jours, recrutaient, depuis Saladin, l'armée des sultans d'Égypte. Ils étaient les janissaires du Caire comme les Épirotes étaient ceux de Constantinople. C'est par leur cavalerie, montée sur les chevaux du désert, que Touran-Schah avait jeté dans le Nil les croisés de saint Louis et fait ce roi de France prisonnier des musulmans (en 1249). Cette victoire donna aux Mameluks l'audace de déposer les successeurs des *califes* et de créer en Égypte un gouvernement étranger. Leur chef électif, appelé *soudan* ou *sultan*, régnait aussi longtemps que le permettait leur caprice. Séditieux contre les souverains, oppresseurs contre leurs sujets égyptiens, rebelles et tyrans à la fois, cet empire d'une soldatesque étrangère se maintenait par un perpétuel recrutement d'aventuriers descendus du Caucase. Par un phénomène qui semblait défendre à la terre d'Égypte de perpétuer la race de ses tyrans, les Mameluks, malgré leurs nombreux harems, ne purent jamais multiplier sous le ciel d'Égypte. Leurs enfants mouraient en naissant.

Tel était l'empire que Bajazet II allait attaquer (1490). Cent cinquante mille hommes marchèrent avec lui vers les frontières de Syrie. Soixante mille Mameluks l'attendaient aux confins de la Caramanie, près du mont Amanus, contrefort du Taurus, dans la même plaine où Darius avait attendu Alexandre.

La tactique qui avait fait vaincre les cavaliers persans par les piétons macédoniens d'Alexandre, et qui fit vaincre de nos jours les Mameluks égyptiens par l'infanterie de Bonaparte, le carré, hérissé de lances ou de baïonnettes et de feu, était encore inconnu des Ottomans. Les Mameluks, fondant sur les Turcs comme un ouragan de chevaux et de fer, les dispersèrent en tronçons épais, dont les débris ne purent se reformer à la voix du sultan que derrière le fleuve profond dont les janissaires couvrirent les ponts pendant la déroute.

Le lendemain, Bajazet ayant repassé les ponts pour venger cet échec, toute son armée fut précipitée de nouveau dans le fleuve. Vingt mille morts ou blessés, trente mille prisonniers, une retraite prompte, une paix honteuse, furent le seul fruit de la campagne. Depuis l'apparition de Timour-Lenk en Asie Mineure, le sang et l'honneur des Turcs n'avaient pas coulé avec une telle profusion sur la terre ottomane.

XII

La guerre contre Venise vengea Bajazet II de ce revers. Deux cent cinquante bâtiments chargés de troupes et de canons, sous le commandement de son vizir, Mustafa-Pacha, rencontrèrent la flotte vénitienne de cent vingt vaisseaux, commandée par l'amiral Grimani, dans le golfe de Lépante. Mustafa, inférieur en tactique et en évolutions navales, couvrit la flotte de Grimani d'une nuée de flèches enflammées, qui, en s'attachant aux voiles et aux agrès, incendièrent en une heure les vaisseaux de Venise. Dix mille hommes périrent dans les flots, en se précipitant à la mer pour échapper aux flammes. Bajazet, qui suivait la côte avec son armée de terre, assiégea Lépante, Coron,

Modon, et reconquit tout le littoral de la Grèce insurgée par les Vénitiens (1499).

L'infortuné amiral Grimani, n'osant affronter de nouveau les Ottomans, pour secourir les alliés de Venise, rentra vaincu, avec les débris de sa flotte, dans le port. Le sénat de Venise, humilié, rejeta sa honte sur son amiral. Bien que Grimani, amiral et provéditeur de Venise, eût construit et équipé lui-même, avec ses propres trésors, la flotte qu'il avait perdue, il fut accusé de lâcheté, d'impéritie ou de trahison par les patriotes de Venise. Emprisonné, enchaîné, il comparut, chargé d'opprobres et de fers, devant toute l'aristocratie de sa nation formée en tribunal pour le juger.

Son fils, le cardinal Grimani, parut à côté de lui devant les nobles, soutenant de ses mains pieuses le poids des chaînes de son malheureux père. Les accusateurs de Grimani demandaient son supplice. Les supplications de son fils ne lui obtinrent que la vie. Il fut dégradé de toutes ses dignités, dépouillé de toute sa fortune, et relégué dans une île obscure de l'Adriatique. L'orgueil de la république voyait des crimes dans les revers de ses meilleurs citoyens.

Gonzalve de Cordoue, surnommé le *grand capitaine*, et digne de ce surnom par la grandeur de ses aventures, sauva Venise (1500) en lui amenant de Naples trente vaisseaux et des soldats aguerris sous lui.

Les deux flottes combinées sous son commandement poursuivirent la flotte ottomane de rade en rade, entrèrent dans les Dardanelles, bloquèrent Lesbos, firent craindre pour Constantinople. Une nouvelle paix rétablit, pour les deux nations, dont l'une possédait la terre, l'autre les mers du Levant, l'harmonie nécessaire à leur commerce.

XIII

Les prédications fanatiques d'un derviche de Begbazari, dans l'Asie Mineure, nommé Scheitankouli, troublèrent un moment la paix rétablie. Ce derviche, fourbe et crédule à la fois, comme les novateurs religieux, vivait depuis dix ans dans une caverne des environs d'Antalia. Il prêchait un Coran réformé, et la légitimité du califat d'Ali contre l'usurpation d'Aboubekre et d'Omar. L'extermination de tous les musulmans rebelles à ses oracles était le premier article de sa foi.

Le peuple, dont l'ignorance nourrissait le mysticisme dans ces montagnes, prit pour les ennemis de Dieu tous les incrédules au nouveau prophète. Il massacra et écartela, à la voix de Scheitankouli, le gouverneur et les magistrats d'Antalia. Le pacha de la ville de Kutaïah fut empalé sur la place publique. Engagés dans la révolte par ces premiers crimes, les sectateurs du derviche n'eurent de salut que dans l'obstination; les uns par la terreur du supplice, les autres par le délire de leur foi, le plus grand nombre par l'esprit de sédition contre les Ottomans, qui couvait toujours dans ces provinces de la haute Asie, se levèrent en armée de la réforme religieuse, proclamèrent le schisme des Persans, et s'avancèrent, sous le drapeau de leur agitateur, jusqu'aux environs de Magnésie.

Korkoud, fils aîné de Bajazet II, qui gouvernait cette ville, rassembla précipitamment autour de lui les janissaires de sa province. Vaincu par l'armée populaire du derviche, Korkoud n'échappa à la mort que par la rapidité de son cheval. Le sultan envoya à son fils une nouvelle armée, commandée par le grand vizir lui-même. Les bandes du rebelle, vaincues à leur tour, se dispersèrent sous le sabre des janissaires. Le prophète s'enfuit en Perse (vers 1503); le peuple et le roi le reçurent en martyr de leur foi nationale. Ses miracles puérils, astucieusement combinés pour subjuguer l'imagination avide de surnaturel des Persans, firent de Scheitankouli l'arbitre de la Perse. Le roi fanatisé lui prêta ses armées pour contraindre ses bourreaux à supplicier les sectateurs d'Omar.

Le principal texte de la dissidence consistait à affirmer ou à nier qu'il fallait, dans les ablutions commandées par le Coran, laver ses pieds avec de l'eau, ou les frotter avec du sable. Des milliers d'hommes périrent pour cette argutie. La haine entre les Persans et les Turcs, fondée, indépendamment de la *sunnah*, sur des dissentiments futiles, devint aussi nationale que métaphysique. Un derviche de la secte de Scheitankouli voulut venger la défaite de ce révélateur à Kutaïah. Il vint à Constantinople, s'approcha à la faveur de son costume du sultan, au moment où Bajazet, à cheval, se rendait à la mosquée pour la prière, et lui demanda l'aumône. Le sultan s'étant incliné pour donner une pièce de monnaie au derviche, le faux mendiant lui porta un coup de poignard dans la poitrine. Le coup ne fut pas mortel; mais le danger qu'avait couru Bajazet, accessible jusque-là au dernier de ses sujets, fit adopter des mesures de prudence sévères envers tous les Ottomans qui approcheraient du sultan dans ses audiences; deux chiaoux durent leur tenir la main sur l'épaule, pour s'assurer qu'ils ne lèveraient pas le bras contre le sultan. Cette étiquette ombrageuse, tombée en désuétude par le temps et par la familiarité confiante des derniers empereurs, n'humilie plus ni les étrangers ni les musulmans.

XIV

Le caractère de Bajazet II, jusque-là plus enclin à la débauche qu'au mysticisme, parut transformé par ce coup de poignard d'un fanatique; il y vit un avertissement du ciel. Ses nombreux revers, les dissensions naissantes entre ses fils, l'affaiblissement de ses forces, usées par le harem et par l'ivresse fréquente, le plongèrent pour le reste de son règne dans une mélancolie rêveuse et mystique. C'est la maladie de l'âme habituelle aux princes de sa race qui ont savouré jeunes les délices, l'orgueil et le néant de la toute-puissance.

Bajazet détourna ses regards de la terre et s'abîma dans les contemplations mystiques de la philosophie et de la religion. Il se corrigea du vin et des voluptés de ses harems. Il prescrivit la répression rigoureuse des désordres et des scandales qui déshonoraient l'islamisme dans la capitale. La vente du vin dans les bazars fut interdite. Mais les janissaires, corrompus par l'exemple de son propre vice, se soulevèrent contre ces sévérités. Ils forcèrent le sultan de fléchir devant des habitudes qu'il avait lui-même encouragées dans sa jeunesse.

La prière, les entretiens pieux avec les cheiks, la poésie, dans laquelle il excellait presque autant que son frère Djem, devinrent ses seules diversions aux soucis importuns du trône. Son visage même, que les ambassadeurs de Venise retracent en traits énergiques et colorés au commencement de son règne, prit la maigreur, la pâleur et le recueillement ascétiques de la vie contemplative. Son front pensif, son nez allongé et recourbé sur la lèvre, sa barbe rare, ses cheveux noirs collés aux tempes, sa bouche scellée par une tristesse silencieuse, contrastaient avec le rang suprême et avec le titre de chef d'une dynastie de conquérants. Il avait réformé par humilité son costume comme sa vie. Il répudia les couleurs éclatantes, les broderies dorées, les bonnets persans et les aigrettes qui décoraient les habits et les turbans de Mahomet II, son père. Il y substitua le cafetan de laine et le châle de mousseline roulé sans ornement autour du front. Les Ottomans ne l'appelaient plus le sultan, mais le *cheik*, le *sophi*, le *philosophe*, le *poëte*, le *saint*. Il régnait peu par lui-même, il laissait flotter l'empire entre les séditions incessantes de ses janissaires, les conseils du divan et la main de ses grands vizirs.

Daoud-Pacha, qui venait de vaincre les sectaires de Scheitankouli, avait succédé dans ce poste suprême à Ishak-Pacha, disgracié par les janissaires depuis le meurtre de Kéduk-Ahmed, leur favori. Daoud, longtemps beglerbeg ou général de l'armée d'Asie, plaisait à son maître par sa piété, aux troupes par son énergie militaire. Les soldats voyaient en lui un vétéran des armées conquérantes de Mahomet, les peuples un administrateur paternel, le sultan un ministre intègre et sûr. Il donna son nom à un grand nombre d'institutions charitables, à des mosquées et surtout à une plaine hors des murs de Constantinople où il fit dessiner un camp (ou champ de Mars) pour les rassemblements et les exercices des troupes au moment où l'armée s'y réunissait pour les expéditions d'Europe.

XV

Daoud conduisit lui-même une seconde fois en Asie l'armée du sultan pour contenir les soulèvements des Turcomans. Revenu à Constantinople, il assoupit, dans une suite de négociations modérées et fermes avec les ambassadeurs des puissances occidentales, les germes de guerre que le pacifique Bajazet II était toujours pressé d'étouffer. Ces guerres locales et ces négociations secondaires avec l'Égypte, les tribus turcomanes, les Hongrois, les Maures d'Espagne, les Maures de Tunis, la cour de Naples, le pape, les Vénitiens, l'Autriche et même les Russes, encombrent l'histoire sans l'intéresser. Les dissensions des princes dans la famille du sultan, germes des crimes qui ensanglantèrent le règne de Bajazet et le règne futur, commençaient à agiter le sérail, le peuple, l'armée.

Daoud-Pacha se retira chargé d'honneurs et enrichi d'une pension de trois cent mille aspres après son long ministère de dix-sept ans. Un petit-fils des Tschendereli, quatre fois grands vizirs, Ibrahim Tschendereli, succéda à Daoud vers (1504).

XVI

L'empire venait d'être délivré de la compétition de Djem par une suite d'aventures, de revers et de trahisons. Nous les raconterons d'une seule haleine pour ne pas disséminer l'attention qui s'attache aux étranges vicissitudes de ce malheureux héritier de Mahomet II.

Bajazet, tranquille enfin sur la possession incontestée du sceptre des Ottomans, n'avait plus d'ennemis que ses enfants.

Huit fils lui étaient nés de plusieurs mères, également chers à sa tendresse. Trois étaient morts avant l'âge des ambitions. Il avait, selon l'habitude des sultans régnants, dispersé les cinq fils qui lui restaient dans les différentes provinces de la domination ottomane. Sultan Ahmed ou Achmet gouvernait Amasie; sultan Schéhin-Schah, la Caramanie; sultan Alem-Schah, la ville et la province de Mentesché; sultan Korkoud, Saroukhan; sultan Sélim, Trébizonde. Ses trois filles avaient été mariées dès leur première adolescence, l'une à un prince turcoman, petit-fils du conquérant de la Perse, Ouzoun-Hassan; l'autre à un fils de Daoud-Pacha le grand vizir; la troisième à Nassouh-Beg, gouverneur de la Dalmatie turque. Une fille de Djem, que ce prince avait fiancée au berceau avec le sultan d'Égypte, son hôte, et que la mort de ce sultan avait laissée veuve avant l'âge du mariage, avait été mariée par Bazajet à son favori Sinan-Pacha, beglerbeg ou commandant général de l'armée d'Asie. Ainsi, dit Hammer, la fille d'un empereur et la veuve d'un soudan était esclave d'un simple pacha dans un harem d'Anatolie.

XVII

La mésintelligence qui existait entre ces différentes branches de la maison de Bajazet II éclata pour la première fois aux yeux des Ottomans par un murmure et par une témérité presque séditieuse de Korkoud, son fils aîné, contre les ministres de son père. Un eunuque aussi viril à la tête des armées qu'éloquent au conseil, Ali-Pacha, avait remplacé le grand vizir Tschendereli. Ali préférait secrètement sultan Ahmed à Korkoud, et lui préparait dans sa pensée le trône.

Pour humilier Korkoud, l'eunuque détacha de son gouvernement de Caramanie une province dont les revenus avaient été autrefois affectés au traitement des grands vizirs. Korkoud, indigné de cette atteinte à son autorité, tolérée sinon commandée par son père, s'embarqua à Satalie avec quatre-vingts serviteurs de sa maison et se réfugia à la cour du soudan d'Égypte, ennemi à peine réconcilié de son père.

A l'exemple de son oncle Djem, Korkoud colora sa désertion des États paternels en demandant passage aux Mameluks pour aller à la Mecque faire le pèlerinage au tombeau du prophète. Le soudan reçut le fugitif au Caire en héritier de Bazajet et non en rebelle à son père. Il envoya à Korkoud le présent royal des Tartares.

« Neuf chevaux de race, neuf rangs de neuf chameaux, trois de dromadaires de course, deux autres rangs de dix-huit chameaux couverts de housses de brocart pour son usage personnel, soixante-dix rangs de chameaux pour sa suite, quarante rangs de chameaux pour sa cuisine, neuf mille ducats d'or, neuf pièces de drap d'or et neuf jeunes pages d'une merveilleuse beauté. Quarante tambours battaient en marchant devant lui. Les vizirs et les officiers de l'étrier du sultan du Caire vinrent aux portes de la ville le complimenter. Cinquante moutons par jour, cinquante quintaux de sucre, cinquante sacs de riz, deux mille poulets, deux mille oies, cent cinquante quintaux de miel et cinq bourses d'or lui furent alloués par semaine pour la nourriture de sa maison. Le soudan d'Égypte, à son approche, descendit de cheval avant lui, le baisa sur les yeux, comme on baise un fils, tandis que Korkoud baisa le cou à son hôte comme on fait à un père. »

Mais le soudan s'étant loyalement refusé à prêter au fils des secours contre le père, et à le laisser sortir de ses États pour aller en chercher en Perse, Korkoud, déjà repentant, ne trouva d'issue que dans la résipiscence et la soumission ; il écrivit au grand vizir pour le prier d'excuser sa faute auprès de son père. Il attribua au seul désir de visiter la Mecque l'abandon de son gouvernement. Ce prétexte pouvait d'autant plus naturellement colorer son imprudence, que Korkoud était, comme son père, un prince pieux, philosophe, contemplatif, exclusivement voué à la théologie, aux lettres, à la poésie, entouré à Magnésie d'une cour de lettrés et de poëtes, impopulaire à ce titre parmi les janissaires comme un prince qui perpétuerait un règne de paix.

Le vizir intercéda pour le fils, et donna satisfaction à ses plaintes par l'annexion de nouvelles provinces à son gouvernement.

XVIII

L'insubordination impunie de Korkoud encouragea les autres fils de Bajazet II à oser davantage. La loi fatale de Mahomet II, qui autorisait et qui commandait presque le fratricide par raison d'État, avait décrété d'avance la haine et les dissensions éternelles entre les frères. Chacun des fils d'un sultan voyait de loin à la mort du père des meurtriers dans ses frères, s'il ne les prévenait pas en en faisant ses victimes ; cette loi sanguinaire et dénaturée ne laissait aux fils du souverain régnant que le choix entre la mort et le crime. Le crime, en devenant nécessaire, devait devenir fréquent dans cette maison condamnée à régner ou à mourir. Bajazet ne tarda pas à éprouver cette conséquence atroce de la législation dynastique de Mahomet II.

XIX

Ahmed ou Achmet, alors gouverneur d'Amasie (vers 1507), bien qu'il ne fût que le second des enfants de Bajazet, était prédestiné secrètement au trône par son père. Le sultan, les vizirs, les janissaires, défiants de la mollesse contemplative de Korkoud, trouvaient dans Achmet la vigueur et la maturité d'esprit propres au gouvernement. L'indolent Korkoud, attendant tout de la fatalité qui s'était prononcée pour lui en le faisant naître le premier, ne se prémunissait pas contre cette prédilection de son père. Mais Sélim, le troisième fils du sultan, prince d'un bras prompt, d'un esprit ombrageux, d'une ambition capable de tout prétendre et de tout oser, supportait impatiemment au fond de son gouvernement de Crimée la faveur de Bajazet pour Achmet. Il tremblait que le voisinage d'Amasie de la capitale ne fût pour Achmet, en cas de mort du sultan, une occasion d'y venir avant lui saisir le règne ; il avait un fils de seize ans, nommé Soliman-Sultan ; il exigea des vizirs, pour ce fils, le gouvernement d'une province interposée entre Amasie et Constantinople, afin que Soliman pût devancer Achmet et Korkoud dans cette compétition éventuelle du trône. Les vizirs lui accordèrent ce gage par faiblesse. Achmet s'en indigna ; Bajazet revint sur sa concession, et, rappelant Soliman de son gouvernement, il l'envoya gouverner Caffa, au fond de la mer Noire.

Cette nouvelle distribution des provinces révolta à son tour Sélim. Il se plaignit d'un ton où la menace envenimait la plainte. Il abandonna, sans autorisation des vizirs, son gouvernement de Trébizonde, trop éloigné de la scène des ambitions, pour venir résider à Caffa, dans le sérail de son fils Soliman. Bajazet, offensé de cette audace et des préparatifs militaires de son fils, lui envoya l'ordre de retourner dans sa résidence. Sélim répliqua en exigeant des ministres un gouvernement en Europe, pour surveiller de plus près les événements.

La résistance des ministres à cette insolente injonction du prince lui fit afficher enfin la révolte mal déguisée sous le prétexte de la tendresse filiale. Il équipa une flotte à Caffa, la chargea de ses troupes, traversa la mer Noire, et débarqua à Varna, près des bouches du Danube. Il prétendait que, absent depuis vingt-six ans de la cour de son père, le Coran, qui fait un devoir pieux et obligatoire aux enfants de visiter leurs parents, lui imposait la loi de rendre une visite solennelle à son père, qui résidait alors à Andrinople. Sa suite était une armée; la terreur le devançait dans cette capitale.

Les vizirs, consultés dans cette extrémité des circonstances, encouragèrent Bajazet à la fermeté. Ils lui représentèrent le texte des décrets de Mahomet II et la sagesse des traditions qui interdisent à tout héritier éventuel du trône de gouverner une province d'Europe, dans la crainte qu'il ne se fît de ce gouvernement rapproché un marchepied pour monter, contre le droit de ses frères, au trône.

Bajazet, convaincu mais indulgent, envoya le molla d'Andrinople, Noureddin-Sarigurz, le plus consommé de ses négociateurs, à l'armée de Sélim, pour lui persuader l'obéissance et l'ajournement de son ambition. Sélim ne répondit à l'indulgence et aux sollicitations de son père qu'en grossissant son armée et en marchant plus rapidement vers la capitale. Hassan-Pacha, beglerbeg de Roumélie, lui opposa les vingt mille janissaires, azabs et spahis de l'armée d'Europe. Mais, soit hésitation des Ottomans devant la guerre civile, soit indécision des janissaires, déjà secrètement travaillés par Sélim, Hassan-Pacha se replia sans combattre sous les murs d'Andrinople, suivi pas à pas par Sélim, qui campa aux portes de la ville dans la large vallée de Tschoukourowa. Les forces étaient égales, la faveur du peuple balancée, la fortune en suspens. Bajazet, quoique malade et le cœur déchiré entre ses enfants, ajourna la décision par sa présence au camp de Hassan-

Pacha. Porté en litière entre les deux camps, il pleura sur le sort de ces deux armées qui allaient l'inonder d'un sang également cher à son cœur. Ces larmes, l'aspect du père et du fils près de donner l'ordre du carnage et de se rencontrer peut-être dans la mêlée, attendrirent les Ottomans, et firent tomber les armes des mains des deux partis.

Le beglerbeg Hassan-Pacha, secrètement favorable au fils, alla lui-même au camp de Sélim négocier un accommodement qui, tout en écartant la guerre, assurait cependant la victoire à Sélim. Par ce traité le fils licenciait ses troupes, mais le père accordait au fils les deux gouvernements de Widdin et de Semendria en Europe. C'était accorder les préliminaires de l'empire. Sélim, sans voir son père, s'éloigna pour aller se saisir de ses deux avant-postes du règne.

XX

Cependant une émulation de révolte s'était à son tour emparée de Korkoud. Il voyait ses propres droits compromis dans l'indépendance de son père. Sans attendre le consentement des vizirs, Korkoud s'avança de sa résidence d'Antalia sur Saroukhan, que Bajazet avait refusé de joindre à son gouvernement d'Antalia. Sélim, en route pour Semendria, apprenant la marche de son frère aîné, s'arrêta dans une attitude menaçante pour attendre, disait-il, le dénoûment des troubles d'Asie.

Bajazet II, lui ordonnant en vain de s'éloigner davantage, trembla pour l'empire menacé ainsi de deux côtés et courut prévenir l'un ou l'autre des deux compétiteurs à Constantinople.

Sélim, profitant de l'éloignement de son père, reflua rapidement sur Andrinople, entra en maître dans le palais, délivra les prisonniers, pilla le trésor, destitua les autorités fidèles au sultan, et nomma à leur place ses plus audacieux partisans.

Le grand vizir Ali-Pacha, qui répugnait à la fois à l'ambition criminelle de Sélim et à la molle compétition de Korkoud, surveillait les intérêts d'Achmet, le favori du divan et de son père. Il décida son maître à réunir une armée, vendue à la cause d'Achmet, et à marcher lui-même à Andrinople pour y réprimer les attentats de Sélim.

Sélim prévint le sultan en s'avançant dans la Thrace contre l'armée de son père (1510). Au sommet d'une colline voisine de la ville de Tschorli (l'antique Tzurulum), Ali-Pacha, s'approchant de la litière de Bajazet, que ses infirmités empêchaient de monter à cheval, lui montra du geste les hordes de Tartares et de Circassiens ennemis de l'empire enrôlés par Sélim qui couvraient la plaine de leurs tentes, de leurs chevaux, de leurs armées.

« Est-ce ainsi, dit-il au sultan pour écarter de son cœur tout pardon, qu'un fils respectueux vient baiser la main de son père? N'est-ce pas plutôt dans un semblable appareil qu'un parricide vient le précipiter du trône au sépulcre? »

L'infortuné sultan semblait hésiter encore; les instances unanimes de ses vizirs et de ses pachas, vendus à Achmet, l'emportèrent enfin. Il se releva sur le coude du coussin où il gisait étendu dans la litière, et, d'une voix tremblante de colère :

« Vous, mes vizirs et mes agas! vous, mes esclaves! vous tous, mes soldats qui mangez mon pain, marchez sur ce rebelle! »

XXI

A ces mots, répétés de rangs en rangs par les pachas et les agas à leurs troupes, les vingt mille janissaires fondirent comme des héros sur ce troupeau de barbares au cri d'*Allah kérim!* (Dieu est grand!) et ne leur donnèrent pas même le temps de disputer la plaine. Le combat ne fut qu'une fuite. Sélim montait un cheval célèbre dans l'histoire de cette race équestre, à qui la vigueur de sa course et le bruit retentissant de ses pieds avaient fait donner le nom de *Kara-boulut* (le nuage noir). Ce cheval l'emporta hors du champ de bataille. Son page Ferrahd, qui devint plus tard l'époux de sa fille et son grand vizir, voyant son maître près d'être enveloppé par une poignée de spahis montés sur des chevaux turcomans de la même race que Kara-boulut, se jeta volontairement en travers entre leurs sabres et la croupe du coursier de Sélim. Il roula dans la poussière sous leurs lances et sous les pieds de leurs chevaux; mais son dévouement donna de l'espace à Sélim. Ce prince, fuyant nuit et jour, à travers les forêts des rives de la mer Noire, alla demander un asile au khan des Tartares de Crimée, dont il avait épousé la fille, mère de Soliman.

XXII

Le grand vizir Ali-Pacha, après avoir ramené son maître vainqueur à Constantinople, passa en Asie pour y combattre les tronçons de la secte fanatique de Scheitankouli, qui s'étaient rejoints et qui menaçaient Brousse. Ce vizir avait assigné une entrevue secrète au prince Achmet, en Asie, près de Kermian, au village de la Pierre-d'Or. L'objet de cette entrevue était de convenir avec Achmet des mesures à prendre de concert pour lui assurer le trône en persuadant l'abdication au sultan, et en captant la faveur des janissaires. Mais cet eunuque, consommé dans la guerre, dans la politique et dans le manége des cours, tomba quelques jours après dans une mêlée contre les hordes du sectaire. Ses desseins périrent avec lui. La mort de ce grand homme d'État consterna Achmet et Bajazet II. On peut le comparer à un Richelieu des Ottomans, mais sous un prince moins asservi que Louis XIII. C'était le premier des grands vizirs mort sur le champ du martyre, le sabre à la main, en combattant pour l'empire. Les poëtes turcs, dont il était l'émule et l'idole, remplirent l'Asie et l'Europe d'élégies martiales de sa gloire. L'historien persan Idris, qu'il avait appelé d'Ispahan pour écrire d'une main immortelle les annales des Turcs, éternisa sa vie et sa mort dans son livre. L'empire perdit en lui le seul modérateur de ses agitations, sous un règne qui dégénérait en anarchie.

XXIII

Le schah de Perse, chez qui les rebelles avaient encore une fois cherché un refuge, fit jeter leurs deux chefs dans une chaudière d'eau bouillante, et envoya leurs crânes décharnés, montés en coupe pour y boire *l'eau de la vengeance.*

Cependant Sélim, encouragé par la mort de l'eunuque qui seul contenait son audace, s'avançait de nouveau vers Constantinople (1511) pour contraindre son père à déshériter Achmet et Korkoud en sa faveur. Sultan Achmet, de son côté, était à Scutari, en face du sérail, avec une armée de ses partisans asiatiques. Ahmed-Pacha, nommé une seconde fois grand vizir après la mort de l'eunuque Ali, s'efforçait vainement d'incliner les janissaires au parti d'Achmet-Sultan. Cette milice, fanatisée par l'or et par les séductions de Sélim, en qui elle aimait les vices de Mahomet II, son grand-père, s'insurgea à l'approche du sultan Achmet, saccagea les palais du grand vizir, de Mustafa-Pacha, de Hassan-Pacha, du grand juge de l'armée d'Asie et de tous les vizirs suspects d'adhésion au parti de Sélim.

Le grand vizir, concédé aux révoltés par le sultan, fut remplacé par Mustafa-Pacha, ancien négociateur de Bajazet avec le pape Alexandre Borgia quand il lui marchandait la tête de Djem. Mustafa, pour apaiser les janissaires, relégua Achmet dans son gouvernement d'Asie.

Achmet, indigné de cet exil qui lui signifiait la perte de ses espérances, s'éloigna en effet, mais pour s'emparer de Koniah, où il fit couper le nez et les oreilles à l'envoyé de son père qui lui redemandait la province. La tête du fidèle beg qui défendait pour le sultan la citadelle de Koniah fut envoyée outrageusement à Bajazet. Ces insultes sanglantes achevèrent de dépopulariser Achmet à Constantinople.

Korkoud, croyant son père désormais irréconciliable avec ses deux frères, entra dans Constantinople sous un déguisement et suivi seulement de deux serviteurs; il se constitua, avec une courageuse confiance, l'hôte des janissaires, ses ennemis, dans leur principale caserne. Il espérait par sa séduction, son éloquence et son courage, les détacher de Sélim et les enrôler dans sa faction.

Les janissaires, flattés de cette confiance, mais inébranlables dans leur stupide prévention pour Sélim, lui rendirent les honneurs dus au fils d'un sultan, et lui firent cortége quand il alla, après trente ans d'absence, baiser la main de son père au sérail. Korkoud ne gagna à son audace qu'une insignifiante hospitalité.

Pendant qu'Achmet mendiait des secours aux Tartares, Sélim s'avançait une troisième fois à la conquête de l'empire par la sédition et peut-être par le parricide. A la tête de six mille cavaliers tartares, il avait franchi sur la glace le Danube au commencement de février (1512). Son approche agita, dans la capitale, les ortas des janissaires. Ces soldats turbulents semblaient pressentir leur règne dans le sien. Leur cœur se précipitait à lui, non comme au plus digne, mais comme au plus féroce des fils du sultan.

XXIV

Ils demandèrent à grands cris à Bajazet de leur donner Sélim pour général et de les faire marcher sous lui contre Achmet. Bajazet n'avait que le choix entre trois révoltes : celle de Sélim, celle d'Achmet, celle de ses janissaires. Il accorda tout à la plus menaçante. L'aga des janissaires courut à la rencontre de Sélim, qui n'était plus qu'à quelques heures de la capitale. Il y ramena le prince en triomphe à ses soldats. Les vizirs, les pachas, l'armée, le peuple, reçurent Sélim à son débarquement dans le jardin du nouveau sérail; Korkoud lui-même assistait humilié à ce triomphe de son rival préféré.

Bajazet entendait de son palais les clameurs qui le détrônaient pour son fils. Il tenta de racheter à prix d'or le règne qui lui échappait. Il avait entassé pendant trente ans de paix un trésor personnel capable de payer un empire. Il envoya son trésorier (ou kesnadar) offrir à Sélim trois cent mille ducats d'or, payés le jour-même, et une pension annuelle de deux cent mille ducats pour prix de sa retraite dans son gouvernement. Sélim éluda tout : il voulait le trône. Bajazet le désigna pour son successeur, à condition qu'il attendrait sa mort pour prendre le titre de sultan; qu'on lui laisserait le trésor, et que ses fils, réconciliés sous son arbitrage, se pardonneraient entre eux d'être nés du même sang. Sélim, de peur d'offenser l'opinion du peuple, feignit de tout accepter, laissant faire le reste à sa faction, pressée d'exploiter son règne.

XXV

Six jours après (le 25 avril 1512), au lever du soleil, le vizir, dévoué à Sélim, les janissaires, les spahis, la foule ameutée au souffle des partisans de Sélim inonda sans opposition les cours du palais. Leur silence énigmatique ou respectueux voulait être compris sans paroles. Bajazet essaya de leur opposer la majesté du droit de la paternité, du titre et de l'âge. Il s'assit sur son trône, fit ouvrir les portes et leur demanda d'une voix sévère et résignée ce qu'ils venaient exiger encore de lui.

« Notre *padischah* est vieux, il est infirme, lui répondirent quelques voix qui déguisaient mal l'insolence sous la compassion ; le poids de l'empire l'accable ; l'empire s'affaisse avec lui.

» — Oui, ajoutèrent d'un ton plus impérieux les soldats répandus dans les salles, nous voulons à sa place sultan Sélim. »

Douze mille voix des janissaires et des spahis attroupés dans les cours répétèrent d'un accent forcené le nom et l'acclamation de Sélim.

« Eh bien, dit avec résignation le sultan abandonné même de ses gardes, de ses enfants et de ses vizirs, je remets l'empire à mon fils Sélim. Que Dieu bénisse son règne sur les Ottomans ! »

Le nom de Sélim et le cri de « Dieu est grand ! » s'élevèrent à la fois de la salle du trône, des cours du palais et des sept collines de Constantinople. Nul n'osait protester contre la fortune d'un usurpateur et contre la volonté de l'armée. Les janissaires apprenaient une seconde fois à enlever et à donner le trône. Il n'y a plus de constitution partout où des prétoriens soutiennent ou ébranlent à leur gré la couronne; l'esprit de corps devient le seul droit de la nation, le soldat est juge de la légitimité du prince et de la liberté du peuple. Tout le temps que régna cette milice, les Ottomans eurent un maître, mais ils n'eurent plus d'empereurs.

XXVI

Cependant Sélim, sous l'apparence de la pudeur de son ambition, avait eu l'audace de son crime. Il se tenait debout sous la voûte de la porte qui sépare la première cour de la seconde cour du sérail, entouré de ses officiers et de ses vizirs les plus affidés. C'est sous cette voûte que s'arrêtent, pour attendre respectueusement l'audience des empereurs, les pachas et les ambassadeurs qui doivent être introduits dans le palais. C'est là aussi que débouche, sous la même voûte, l'escalier sombre par lequel descend le bourreau du palais pour exécuter ses victimes; vestibule sinistre de la faveur ou du supplice, où le vizir tremblant, qui revient d'une victoire ou d'une défaite, ignore si on l'appelle au palais pour la fortune ou pour la mort.

Sélim semblait y attendre dans un hypocrite respect que son père, humilié, l'appelât de lui-même au trône dont ses complices le faisaient descendre. Les vizirs vinrent se prosterner devant lui et le conduisirent en présence de Bajazet II, encore assis sur le *musnad*. Sélim baisa la main d'où il venait d'arracher le sceptre. Bajazet, en se dépouillant des signes du pouvoir suprême, eut l'air de déposer avec joie un fardeau. Il demanda à se retirer avec son harem, ses serviteurs et son trésorier dans le vieux palais, où sa présence n'offusquerait pas le nouveau règne, mais où son âge et ses infirmités trouveraient le calme et le silence de ses habitudes.

Les janissaires et le peuple ne lui laissèrent pas longtemps cette illusion des princes déchus. La même capitale ne peut pas porter deux trônes. Les clameurs soldatesques qui élevaient jusqu'au ciel à ses oreilles les bénédictions pour le règne de Sélim étaient des malédictions pour le sien. L'importunité de ces cris, de ces fêtes qui étaient des insultes pour lui, le forcèrent à demander à son fils un asile plus éloigné du palais qui lui rappelait si insolemment sa déchéance. Il désigna la petite ville grecque de Démotica, sorte de retraite où s'exilaient habituellement dans un climat doux et dans une solitude morne les pachas, les princes, les vizirs, les veuves de sultans déshérités de leur puissance.

Sélim, empressé de s'affranchir du reproche de la présence de son père, lui fit aussi splendides que douces les conditions de cet éloignement.

Vingt jours après avoir conduit Bajazet II au vieux sérail, Sélim escorta lui-même, avec une pompe impériale, le cortége qui accompagnait l'empereur dépossédé, sur la route de Démotica, à cheval à côté de la litière de son père; il semblait écouter et recueillir avec une déférence filiale les conseils que Bajazet lui donnait à voix basse sur les affaires de l'État. Les deux souverains s'embrassèrent et se séparèrent à une demi-journée de Constantinople, l'un pour revenir dans la capitale, l'autre pour continuer sa route vers l'exil.

XXVII

Cependant, comme Dioclétien, comme Charles-Quint, comme Napoléon, comme tous les souverains après leur abdication volontaire ou contrainte, qui ne s'éloignent pas assez vite au gré de leur successeur, Bajazet II semblait ralentir sa marche, pour attendre quelque repentir et quelque retour de la fortune. On dit que cette lenteur, motivée sur une maladie, parut un calcul inquiétant à Sélim, et que, sous prétexte d'envoyer un médecin grec à son père, il lui envoya un empoisonneur. Un page italien, familier de Bajazet, et qui le suivait à Démotica, affirme le crime dans ses mémoires. L'impatiente ambition d'un fils qui avait trois fois levé la main contre son père ne le dément pas; mais rien ne le prouve. Bajazet, depuis longtemps malade, le cœur brisé par l'ingratitude de son fils, l'esprit altéré par le contre-coup de sa chute d'un trône, le corps torturé par les douleurs de la goutte et par les vicissitudes d'une route funèbre, pouvait mourir sans parricide. L'opportunité de l'heure de sa mort accuse seule la main de son fils. Il disparut quand il fallait disparaître; c'est là le seul soupçon légitime de l'histoire, mais on n'inscrit pas le nom de parricide sur un soupçon.

XXVIII

Son règne avait pacifié mais amolli les Ottomans ; il ne laissait pour traces que des revers ; ses vertus personnelles étaient des vertus domestiques plus que des vertus souveraines. Elles avaient enfanté cette anarchie de prétentions anticipées au trône entre les princes de sa maison, qui font ressembler cette époque de la monarchie ottomane à l'époque de la Fronde en France. Mais cette Fronde française, adoucie par le génie d'une nation policée et par la main de Mazarin, allait se résoudre en meurtres et en fratricides dans les mœurs encore sanguinaires des Turcs.

Un ministre diplomate, habile et corrupteur, avait suffi aux Français pour pacifier le royaume ; il fallait un Tibère aux Ottomans. Il était né avec Sélim.

Avant d'entrer dans le récit de ce règne tragique, il faut remonter de quelques années celui de Bajazet II, pour suivre dans un des plus dramatiques épisodes le règne, les aventures et les malheurs du frère qui lui avait disputé l'empire.

L'histoire de Djem, frère et compétiteur de Bajazet II, fait corps avec l'histoire des Ottomans. Mais, après le désastre de ce prince à Iényschir, la scène de ses malheurs n'est plus en Turquie ; elle est en France ou en Italie. Le récit des événements de Turquie et des aventures de Djem en Europe aurait, en s'entre-croisant parallèlement, compliqué et obscurci l'histoire des deux frères : nous avons préféré, pour la clarté comme pour l'intérêt du drame, raconter sans confusion et sans interruption le règne de l'un et la vie de l'autre. Pour l'intelligence comme pour les sens, c'est de la séparation des objets que naît l'ordre, c'est de l'ordre que naît la clarté, cette lumière de l'intelligence; c'est de la clarté que naît l'intérêt, cette chaleur de la mémoire.

Nous remettons donc au livre suivant l'histoire de Djem, ce grand proscrit des Ottomans, ce jouet du sort, et cette victime de la politique de l'Europe.

LIVRE SEIZIÈME

I

L'empire avait eu un moment deux empereurs (1481). On se souvient qu'après la victoire d'Iényschir remportée par Bajazet II sur son frère et son rival (1482), le jeune empereur d'Asie, Djem, s'était réfugié avec sa mère, sa femme et ses enfants à la cour du soudan d'Égypte. On se souvient qu'accueilli en sultan par ce souverain, Djem, soit par découragement, soit par piété, soit par politique, avait laissé sa famille au Caire, pour aller accomplir, presque seul, à travers les déserts, le pèlerinage de Jérusalem, de la Mecque et de Médine, les trois villes saintes des Arabes et des Ottomans. Ce sultan et une sultane, fille de Mahomet, sont les seuls membres de la famille impériale de Turquie qui aient fait, selon Mouradgea, le pèlerinage au tombeau du prophète.

Ses amis et ses ennemis le perdirent de vue pendant près de deux ans dans ces pérégrinations lointaines où le chameau d'un pèlerin portait, sous un costume de Bédouin, le fils de Mahomet II, le second empereur des Ottomans.

II

Sa mère et sa jeune épouse, fille d'un prince turcoman de la Caramanie, le virent revenir, le 4 février 1483, au Caire sous ce costume qui le dérobait aux piéges de ses ennemis. Il paraissait avoir accepté religieusement et philosophiquement sa défaite; il se résignait à vivre en Égypte dans une contemplative obscurité. Ses trésors suffisants pour une vie privée sur la terre étrangère, les respects dont l'environnaient les mameluks, sa tendresse pour sa mère et pour sa femme, la fidélité de quelques amis, compagnons de son enfance, de sa grandeur, de ses revers, et surtout son goût et son talent pour la poésie, qui enlève l'homme malheureux au sentiment des réalités pour le transporter dans les régions imaginaires, lui rendaient l'exil et l'oubli du trône plus faciles et plus doux qu'aux ambitieux sans génie et sans vertu. Quoique à peine âgé de vingt-quatre ans, Djem avait déjà en Turquie, en Perse et en Arabie la renommée d'un héros et la célébrité d'un des poëtes les plus accomplis de l'islamisme. Le sang de Mahomet II, sa beauté et son adresse de corps, ses pèlerinages, ses exploits et ses revers ajoutaient encore à la dignité de son malheur. Il se condamnait lui-même à l'inaction ; mais ses amis, ses partisans en Caramanie et les ennemis de son frère ne se résignaient pas à son absence ; leur fortune était la sienne ; ils n'hésitèrent pas à la jouer de nouveau sur sa vie et à le perdre pour se sauver.

III

Kasim-Beg, ce fils proscrit d'Ibrahim Caraman-Oghli qui s'était dévoué à la cause de Djem contre Bajazet II, pour recouvrer ses États, par ce service rendu au plus populaire des deux prétendants au trône, était resté après la défaite d'Iényschir errant mais toujours armé parmi ses anciens sujets dans les rochers inaccessibles du mont Taurus. Il agitait de là les vallées, les plaines, les villes ; il envoyait par toutes les barques des affidés à Djem, pour le conjurer de venir rallumer par sa présence une cause plus chère que jamais à ses fidèles Caramaniens. Un autre partisan de Djem, aussi considérable que Kasim, Mahmoud-Beg, gouverneur d'Angora ou Ancyre et ancien généralissime des janissaires sous Mahomet II, prêt à trahir Bajazet II par ressentiment de sa disgrâce, promettait également à Djem de lui livrer Angora et une partie de l'armée de son frère au moment où il débarquerait sur la côte de Caramanie.

Ces sollicitations et ces assurances confirmées par des

noms si prépondérants en Asie, la certitude des secours que les mameluks de Syrie prêteraient à son entreprise, décidèrent enfin Djem à tenter encore une fois le sort. Il confia sa famille aux soins du Soudan son allié, et, suivi de ses plus braves compagnons, il quitta le Caire le 6 mai 1483 pour s'aboucher à Alep avec ses partisans de Caramanie. Kasim-Beg, Mahmoud-Beg, un grand nombre d'émirs, de begs et de généraux mécontents de l'armée de Bajazet II étaient accourus à Alep au-devant du jeune sultan. Ils rentrèrent ensemble les armes à la main à travers les *Portes de Fer*, défilé du Taurus sur la Syrie, dans la Cilicie, soulevant, au nom de Djem, toutes les populations et toutes les troupes disséminées sur leur passage. La popularité de Djem, la légitimité de Kasim, la renommée militaire de Mahmoud-Beg, cher aux janissaires, donnèrent eu peu de semaines au prétendant des provinces et une armée supérieure à celle de Bajazet II. L'Asie entière allait échapper au sultan. Ahmed-Pacha, son général en Caramanie, abandonné d'une partie de ses troupes, battu deux fois par Mahmoud-Beg dans la plaine de Koniah, avait jeté à la hâte dans cette capitale une garnison commandée par Ali-Pacha, depuis grand vizir; lui-même se repliait devant les populations soulevées, il cherchait à gagner du temps plus que des victoires. Djem, Mahmoud-Beg et Kasim, réunis sous les murs de Koniah, assiégeaient la ville, qui ne se soutenait plus que par l'obstination d'Ali-Pacha. Un hasard la sauva.

Mahmoud-Beg, en passant à la cause de Djem, avait eu l'imprévoyance de laisser sa femme et ses enfants otages des Turcs à Angora au cœur de l'Anatolie. Il quitta le camp de Djem avec un détachement de son armée pour aller jusqu'à Angora enlever sa famille aux vengeances de Bajazet. Rencontré en route par un corps plus considérable de troupes du sultan, il tomba dans la mêlée, et sa tête envoyée à Bajazet ranima la confiance abattue de ce prince. Il s'avançait par toutes les vallées avec les trois armées de Constantinople, de Brousse et d'Amasie sur Angora. Djem, affaibli mais non découragé par la perte de Mahmoud-Beg, son meilleur général, se replia en combattant avec Kasim dans les montagnes. Ce champ de bataille, fortifié par la nature, le rendait égal aux forces croissantes de son frère. Bajazet II, avant d'engager ses troupes dans ces défilés du Taurus, envoya à Érégli le second aga des janissaires à Djem pour parlementer avec lui. Le jeune prince consentit à des conférences. Son premier écuyer Sinan-Beg et son defterdar Mohammed-Beg descendirent avec des sauf-conduits à Érégli pour traiter des conditions de la paix entre les deux frères. Djem ou ses ambassadeurs exigeaient la pleine souveraineté de plusieurs provinces d'Asie. Bajazet II vit dans ces conditions le démembrement de l'empire. « Dites à mon frère, répondit-il à Sinan-Beg, que l'empire est une fiancée qui ne peut être à la fois à deux maris ; que je mourrai pour la défendre, et que celui qui veut vraiment me la disputer cesse de souiller les pieds de son cheval et les manches de son cafetan du sang innocent des Ottomans ; qu'il se retire à Jérusalem. Je m'engage, s'il veut résider hors de mes frontières, de lui donner une rente de deux cent mille ducats d'or et vingt pages choisis, les plus beaux enfants de mes esclaves. »

Ces propositions furent rejetées avec indignation par Djem. « Ce n'est pas de l'or qu'il faut à un prince, s'écriat-il, c'est un empire. » Ahmed-Pacha, renforcé par la nombreuse cavalerie européenne et asiatique de Bajazet II, escalada alors les montagnes par toutes les gorges de la Cilicie. Il ne resta à Kasim-Beg et à Djem que quelques châteaux inabordables et quelques grèves des pieds du mont Taurus sur la mer, entre le golfe de Satalie en face de Chypre, et la rade de Telmissus (Macri) vis-à-vis de Rhodes. Kasim-Beg, qui ne craignait rien pour lui-même dans les crêtes du Taurus défendues par leurs frimas où li s'abritait après les revers, conjura Djem de chercher un asile et des alliances chez les princes chrétiens en passant à Rhodes.

IV

Ces conseils, quoique inspirés par un sincère attachement, perdirent Djem en le détournant de se fier à la foi des Syriens, des Égyptiens et des Persans qu'il avait éprouvée, pour tenter la foi suspecte des chevaliers de Rhodes et des princes chrétiens.

Pendant le règne de son père Mahomet II, ce jeune prince, qui gouvernait alors la Caramanie, avait été chargé de négocier la paix avec Rhodes. Des ambassadeurs de l'ordre de Saint-Jean de Jérusalem et des ambassadeurs de Djem avaient eu souvent des conférences sur la côte de Cilicie en présence de Djem. Le fils du sultan était connu des principaux chevaliers, et des rapports fréquents avaient appris à Djem à honorer dans cette noblesse chrétienne la valeur et la grâce des guerriers européens. Il en appréciait l'héroïsme, il n'en soupçonnait pas la perfidie. L'expérience allait lui apprendre que la barbarie et la politique des corps corrompt jusqu'à l'héroïsme, la religion et la vertu.

Le prince, abrité, après le licenciement de ses troupes, dans une caverne des rochers de la Cilicie, en vue de l'écueil d'Arsinoé, envoya à Rhodes Souléiman-Pacha, un de ses derniers et de ses plus fidèles compagnons de disgrâce, pour demander au grand maître de Rhodes si les chevaliers voulaient recevoir dans leur île le fils de Mahomet II, le sultan vaincu mais légitime des Ottomans, et s'ils s'engageraient à lui assurer pendant son séjour la vie, la sûreté et la liberté qu'on doit dans toutes les religions à des hôtes illustres et volontaires.

Souléiman, en cherchant à gagner la côte pour s'embarquer à Telmissus, fut atteint par les cavaliers de Bajazet II. Ses lettres, ouvertes par Ahmed, apprirent à ce général que Djem était encore caché dans les montagnes, et qu'il songeait à fuir par mer chez les ennemis du sultan. Ahmed répandit sa cavalerie entre les rochers et la mer pour épier le fugitif.

V

Cependant Djem ne voyant pas revenir son émissaire Souléiman, et pressentant quelque catastrophe, fit partir pour Rhodes deux autres émissaires déguisés pour négocier son asile dans l'île, et pour demander aux chevaliers s'ils consentaient à le recevoir libre, à lui envoyer une galère de l'Ordre près d'un rocher de la côte de Cilicie qu'il leur désignait.

Les chevaliers de Rhodes n'hésitèrent pas à accorder à ces négociateurs toutes les conditions de salut, de sûreté, de liberté et de dignité d'asile demandées par Djem. Un fils de leur implacable ennemi Mahomet II à recevoir flattait leur générosité ; un sultan à protéger caressait leur orgueil ; l'espoir de relever par leur concours la fortune de ce prétendant momentanément éclipsée, de lui rendre le trône par la main des chrétiens, et de mettre à ce service un prix digne de l'empire pour les intérêts de leur Ordre, souriait à leur politique. Le grand conseil de l'Ordre convoqué par le grand maître, ce même Pierre d'Aubusson vainqueur de Mahomet II et sauveur de l'île, ratifia d'acclamation les conditions demandées par les envoyés de Djem. Le sauf-conduit de Djem fut signé et remis entre leurs mains ; une escadre de galères de l'Ordre, commandée par l'amiral de Castille Zuniga, sortit à toutes voiles du port de Rhodes avant le jour, pour aller explorer la côte voisine de Cilicie, et ramener dans l'île l'hôte illustre des chevaliers. Le peuple entier de Rhodes monta sur les tours et sur les collines pour assister à cette vicissitude de la fortune des chrétiens et des Ottomans.

VI

Cependant Djem et ses trente compagnons de fuite, pourchassés par les cavaliers de Bajazet II et impatients de plus longs délais qui compromettaient leur vie, étaient descendus la nuit de leur caverne et rôdaient sur la plage de la mer pour découvrir les voiles attendues. Le cap avancé de Macri, interposé entre la plage où ils étaient et le canal de Rhodes leur cachait encore, au lever du soleil, l'escadre de Zuniga. Djem, au bruit du galop d'un détachement de spahis près de l'atteindre, se jeta avec ses amis dans une barque de pêcheurs cachée derrière un rocher par les soins de Kasim, et s'abandonna aux vagues pour voguer vers l'île. Mais, avant de faire déployer la voile, il écrivit sur son genou un adieu terrible à son frère et à son persécuteur Bajazet II, et, attachant cette lettre à la pointe d'une flèche, il monta sur le banc des rameurs, tendit son arc et lança la flèche qui vint tomber sur la grève aux pieds des spahis.

Les spahis ramassèrent la flèche et la lettre, et lurent :

LE SULTAN DJEM AU SULTAN BAJAZET II,
SON FRÈRE INHUMAIN.

« Dieu et notre grand prophète sont témoins de la honteuse nécessité où tu me réduis de me réfugier chez les chrétiens. Après m'avoir privé des justes droits que j'avais à l'empire, tu me poursuis encore de contrée en contrée, et tu n'as point eu de repos que tu ne m'aies forcé, pour sauver ma vie, à chercher un asile chez les chevaliers de Rhodes, les ennemis irréconciliables de notre auguste maison. Si le sultan notre père eût pu prévoir que tu profanerais ainsi le nom si respectable des Ottomans, il t'aurait étranglé de ses propres mains; mais j'espère qu'à son défaut le ciel sera le vengeur de ta cruauté, et je ne souhaite de vivre que pour être le témoin de ton supplice. »

Bajazet II, en recevant cette lettre, se souvint qu'il était frère, et répandit des larmes. « Pourquoi, dit-il, s'est-il fié aux chrétiens plutôt qu'à moi ? »

VII

A peine Djem avait-il lancé cet adieu mortel à la terre ottomane, qu'il aperçut les voiles de l'escadre de Zuniga débouchant voile à voile de l'ombre du cap avancé de Macri. Craignant que ce ne fût une escadre de Bajazet II qui cinglait pour lui couper la route de Rhodes, il fit ramer de nouveau vers la terre. Mais bientôt une chaloupe rapide, envoyée par l'amiral vers son bateau, lui apprit que c'était l'escadre de d'Aubusson envoyée pour recueillir sa détresse, et lui remit les sauf-conduits et la foi jurée des chevaliers.

La galère de l'amiral le reçut quelques moments après avec tous les honneurs et tous les respects attribués à un souverain, et l'escadre, chargée de ce glorieux dépôt, rentra au milieu du jour dans le port de Rhodes. Jamais, depuis le jour où Paléologue-Pacha avait replié ses trois cents voiles devant les décombres victorieux de l'île, la ville de Rhodes n'avait frémi de plus d'orgueil et de plus de joie. Le grand maître d'Aubusson, suivi de tous les commandeurs et de tous les chevaliers des différentes langues de l'Ordre, était descendu sur la dernière marche du quai pour recevoir l'hôte de l'île et de la chrétienté. Le peuple entier suivait ses traces; le palais de France, le plus vaste et le plus splendide de Rhodes, avait été approprié et décoré rapidement à l'usage d'un prince d'Orient. Djem refusa un moment d'y entrer pour ne pas déplacer les chevaliers de France : « Il ne convient pas, dit-il au grand maître, à un proscrit tel que je suis, d'expulser de leur palais les souverains de l'île.

» — Des proscrits de votre nom, lui répondit avec un faux respect le grand maître, tiennent le premier rang partout, et plaise à Dieu que vous soyez bientôt aussi maître à Constantinople que vous l'êtes ici. » Les chevaliers de toutes les nations parurent rivaliser de générosité et de déférence pour lui faire oublier ses infortunes. Les fêtes, les tournois, les chasses, les spectacles, laissèrent admirer pendant quelques jours aux Rhodiens la grâce, l'adresse, la vigueur dans les exercices équestres, l'éloquence et la poésie de ce barbare. Djem effaçait, par la splendeur orientale de son costume, par l'élégance de ses habitudes et par la convenance de ses paroles, les chevaliers les plus policés des cours de France, d'Espagne et d'Italie. Il parlait la langue italienne qu'il avait apprise à la cour de Mahomet II comme un Vénitien, et la langue grecque comme un lettré d'Athènes. Quoiqu'il découvrît du haut de la terrasse du palais de France les neiges des montagnes rapprochées de la Lycie et les voiles des flottes de son frère qui le cherchaient de rade en rade sur les écueils de Macri, rien ne lui rappelait autour de lui sa déchéance, ses revers ou sa captivité. Il se préparait à passer en Europe, où il voulait aller implorer les armes des Hongrois et des Serviens pour attaquer d'un autre côté l'empire.

Djem se confiait avec d'autant plus de sécurité à la bonne foi et à l'intérêt des chevaliers de Rhodes, que le grand maître d'Aubusson venait de conclure avec lui un traité secret aussi favorable au sultan qu'à l'Ordre. Par ce traité, dont les archives de Malte constatent l'existence et la signature, Djem, dans l'éventualité de son règne futur, s'engageait à ouvrir tous les ports de la Turquie aux flottes des chevaliers, à rendre chaque année la liberté sans rançon à trois cents esclaves chrétiens, et à payer cent cinquante mille ducats d'or pour indemnité de l'hospitalité et des secours qu'il recevait de l'Ordre.

Mais au même moment où d'Aubusson signait ce traité avec son hôte, il en négociait plus secrètement un autre avec Bajazet II.

Aussitôt que ce prince avait appris la retraite de son frère à Rhodes, il y avait envoyé deux émissaires grecs, agents corrompus des crimes d'État qu'on avoue ou qu'on désavoue selon l'événement. Les Grecs de la cour de Byzance, tâchant de reconquérir l'importance par la servilité, remplissaient le sérail des Turcs de ces instruments d'intrigues. Ils avaient pour mission, disent les historiens de l'Ordre, d'empoisonner à Rhodes le frère de Bajazet II. La suite des événements fait présumer avec plus de vraisemblance que leur véritable mission était de faire les premières ouvertures de trahison à d'Aubusson et au conseil souverain de l'Ordre, de paraître ensuite expulsés de l'île par la sollicitude du grand maître pour la vie de son hôte, mais, en réalité, d'aller reporter à Constantinople les préliminaires acceptés d'une honteuse négociation entre l'Ordre et les ministres de Bajazet.

VIII

Les faits ne justifièrent que trop, pour l'honneur du grand maître de l'ordre de Malte, ces soupçons; car, à peine les deux émissaires grecs étaient-ils expulsés de Rhodes, que le grand maître d'Aubusson envoya à Constantinople les ambassadeurs de l'Ordre, Guy de Mont, Arnaud et Duprat, pour traiter d'une paix permanente avec la cour ottomane.

Les conférences mal dissimulées s'ouvrirent à Constantinople entre ces chevaliers et les deux plénipotentiaires de Bajazet II, Paléologue-Pacha, ce même renégat grec qui avait échoué autrefois devant Rhodes, et Kéduk-Ahmed-Pacha, ce vizir intègre mais insolent qui faisait trembler son maître en le servant. Kéduk-Ahmed, absolu et d'un seul mot, comme un soldat accoutumé à trancher tous les nœuds avec le sabre, demandait ouvertement l'extradition de Djem et le tribut. Les chevaliers, qui avaient déjà vendu leur hôte et composé avec leur conscience, ne pouvaient pas livrer en ces termes leur honneur sans s'avilir aux yeux de la chrétienté. Les négociations allaient se rompre, quand Paléologue-Pacha, plus insinuant et plus habile que son rude collègue, le pria de s'écarter un moment des conférences, et de le laisser seul composer avec les scrupules hypocrites des envoyés de d'Aubusson. Kéduk-Ahmed comprit Paléologue-Pacha; il parut avoir renoncé, en Ottoman inflexible, à traiter avec des chrétiens à d'autres conditions que la servitude.

Mais aussitôt que la négociation remise à Paléologue-Pacha eut déguisé, sous des apparences moins déshonorantes, les bassesses que les Turcs exigeaient des chevaliers, le traité ignominieux fut signé entre Rhodes et Bajazet II. Ce traité stipulait ouvertement qu'une paix éternelle régnerait sous le nom de trêve entre les deux États, qu'on se livrerait réciproquement les esclaves évadés de l'une ou de l'autre religion; il stipulait dans un article secret que le frère du sultan, Djem le prétendant à l'empire, serait retenu jusqu'à sa mort prisonnier dans un des châteaux de l'Ordre; que, pour prix de cette perfidie et de ce service, le sultan payerait chaque année une somme de quarante-cinq mille ducats d'or aux geôliers de son frère : tel était le prix infâme non du sang mais de la vie et de la liberté d'un hôte qui était venu se confier librement et sous un sauf-conduit sacré à la bonne foi et à l'honneur d'un ordre de chevalerie chrétienne ! La déloyauté de ce trafic déshonorait à la fois dans Pierre d'Aubusson la religion et l'héroïsme.

IX

L'exécution de ce traité secret exigeait les plus abjectes hypocrisies pour en déguiser la honte à l'Europe et l'accomplissement à l'infortuné Djem. Il fallait persuader à l'Europe que ce prince était libre et honoré entre les mains des chevaliers; il fallait lui persuader à lui-même que son éloignement de sa patrie était une condition de salut et de retour au trône, et qu'en le conduisant par mer en Occident de cour en cour, l'Ordre ne voulait présenter en lui aux souverains de la chrétienté qu'un client et non un captif. Le Conseil et les chevaliers de Rhodes se prêtèrent avec une déplorable astuce à ces manœuvres de la politique du corps d'autant plus impudentes, que tout le monde en recueillait le fruit et que personne n'en portait la responsabilité. Les plus grands crimes de l'histoire n'ont pas été accomplis par des tyrans, mais par des institutions anonymes.

Le grand maître Pierre d'Aubusson et ses complices colorèrent donc aux yeux du prince la nécessité de son départ de Rhodes de tous les prétextes de l'intérêt qu'ils prenaient à sa vie et à sa cause. Ils lui représentèrent que le voisinage de la Lycie et de la Caramanie permettrait constamment d'entretenir à Rhodes des assassins ou des empoisonneurs qui ne leur permettraient jamais de répondre de sa vie ; que l'empire, trop surveillé de ce côté par l'armée de Kéduk-Pacha, lui refuserait à jamais tout rivage et toute occasion de débarquement ; que la Hongrie et les rives du Danube, habitées par les plus redoutables ennemis de l'islamisme, étaient le côté vulnérable des possessions de son frère ; que les princes chrétiens d'Italie, de France, d'Espagne et surtout le pape n'attendaient qu'un prétexte pour renouveler les grandes coalitions autrefois religieuses, maintenant politiques, qui pouvaient seules lui fournir une armée contre son frère ; que sa présence à la cour de ces princes et ses engagements envers eux en faveur des chrétiens lui assuraient l'alliance unanime de l'Europe, et qu'un sultan restauré par la chrétienté à Constantinople serait le gage de la solidité de sa maison et de la paix du monde.

X

Djem, persuadé par ces insinuations, pressait lui-même le grand maître de le transporter par mer à Venise, d'où il pourrait passer par l'Allemagne en Hongrie pour y rallier autour de ses droits et de son épée la coalition des cours chrétiennes pour sa cause. Sa confiance dans la sincérité de ses perfides amis était si entière qu'il donna de sa main au grand maître d'Aubusson des pleins pouvoirs pour traiter en son absence, selon les événements, de ses intérêts avec les vizirs ou les généraux de son frère.

Pendant ces pourparlers, le grand maître faisait équiper une galère de l'Ordre pour porter Djem en Europe. Ne s'en fiant à personne mieux qu'à son propre sang de la trahison méditée contre son hôte, il chargeait son propre neveu, le chevalier de Blanchefort, de ses instructions secrètes sur le véritable but de la navigation, et sur les ruses à continuer pour masquer jusqu'au terme du voyage, sous l'apparence de services rendus à Djem, la captivité promise à Bazajet II. Les honneurs impériaux déguisèrent au départ de Rhodes la trahison sous le respect. Djem s'embarqua avec trente de ses fidèles Ottomans sur la galère de Blanchefort. Le récit minutieux des témoins oculaires, chrétiens et ottomans, de sa traversée et de ses vicissitudes en mer ou dans ses différentes relâches, ne laisse plus aucune ombre sur les ténébreuses machinations de ses geôliers. On le suit pas à pas jusqu'au piége.

XI

Il s'embarqua le 1ᵉʳ septembre 1483 pour l'Europe. Les vents contraires ou les artifices des chevaliers qui montaient sa galère le retinrent plus d'un mois dans l'archipel en vue de Rhodes et des côtes de Cilicie. On le fit relâcher dans l'île voisine de *Cos*, dépendance de Rhodes, qui appartenait encore aux chevaliers. Après un séjour destiné sans doute à user du temps, la galère qui portait l'héritier de Mahomet II fit voile vers la Sicile. Le port de Messine ravitailla le vaisseau. Djem en longeant l'île admirait en poëte, disent ses annalistes, les dauphins qui jouaient autour de la proue en lançant de leurs narines des jets d'eau étincelant au soleil. Le spectacle inconnu pour lui du volcan de l'Etna éclairant l'île, la mer et le ciel, le retenait la nuit sur le pont.

Les chevaliers, pour se réserver à eux seuls le mérite et le prix de la captivité du sultan des Ottomans, prenaient un soin jaloux de dérober aux ports et aux vaisseaux étrangers la connaissance du dépôt qu'ils portaient à bord. Une nuit que Djem et ses amis groupés sur le pont soupaient éclairés par une multitude de lampes, et jouissaient de cette illumination des flots, l'équipage força les passagers à éteindre les feux et à descendre invisibles sous le pont, de peur de tomber entre les mains des amiraux de Naples ou de France. Sept navires rencontrés le lendemain sur la côte de Calabre furent éludés ainsi par la reclusion des passagers. On n'alluma plus de feux sur le pont.

Après six semaines de mystérieuse navigation, Blanchefort débarqua son prisonnier dans le port de Nice. Djem, qui se croyait libre sous la garde en apparence honorifique de ses amis de Rhodes et dans un de leurs châteaux d'Europe, jouit avec délices du ciel et des rivages de Nice, qui lui rappelaient la mer de Cilicie. Il écrivit sur les charmants paysages de Nice des vers mélancoliques où respirait le souvenir de la patrie retrouvée sous un autre ciel. Cependant, impatient de poursuivre sa route vers la Hongrie, il s'étonna de la longueur de la relâche à Nice, et il exprima à Blanchefort l'ordre de le conduire selon sa promesse à Venise. Blanchefort et les chevaliers, confidents des ruses de d'Aubusson, alléguèrent l'impossibilité de quitter, sans l'autorisation du roi de France à qui le pays de Nice appartenait alors, une terre française. Ils engagèrent dérisoirement Djem à envoyer un de ses serviteurs à ce prince pour solliciter l'autorisation de sortir de ses terres. On lui assura que cet envoyé reviendrait en peu de jours à Nice lui rapporter la réponse et peut-être l'alliance de ce souverain. Djem choisit pour cette ambassade le plus lettré et le plus politique de ses vizirs, Nassouh-Tchélébi, compagnon de ses études et de ses exploits en Asie. Les chevaliers qui accompagnaient Nassouh-Tchélébi dans son ambassade le firent arrêter à trois journées de marche et disparaître dans une de leurs commanderies de Provence. Quatre mois d'attente et d'incertitude s'écoulèrent sans que Djem pût recevoir aucune nouvelle de son envoyé. Il le croyait à la cour de France retenu par les lenteurs d'une négociation.

XII

Cependant la peste qui éclatait à Nice servit de prétexte aux chevaliers pour éloigner davantage leur hôte de la mer. Ils le conduisirent par la Savoie dans une gorge étroite et sombre des montagnes du Bugey nommée Roussillon. L'Ordre y possédait une commanderie. On y voit encore aujourd'hui les pans de murailles collées au rocher dont elles semblent être un écroulement naturel. Djem, à cet aspect, ne put se dissimuler une prison. On lui permit cependant d'envoyer de là deux autres de ses compagnons déguisés vers le roi de Hongrie pour s'assurer si la route à travers la Suisse et l'Allemagne était libre. Ses deux émissaires, interceptés sans doute en chemin, ne reparurent jamais. Quelques jours après leur départ, une centaine de chevaliers couverts de cuirasse entourèrent tout à coup le donjon de Roussillon, enlevèrent à Djem les trente compagnons de sa captivité et ne lui laissèrent que deux ou trois Ottomans de sa suite. Ces trente exilés furent embarqués à Nice et renvoyés à Rhodes à la merci de leur sort.

Tous les paysans des villages voisins de Roussillon accouraient, disent les chroniques, pour apercevoir aux fenêtres du donjon l'empereur des Turcs, hôte ou prisonnier des chevaliers de Jérusalem. Le duc de Savoie, en revenant de la cour de France où il était allé saluer le nouveau roi Charles VIII, s'arrêta au château de Roussillon. Djem, charmé de la beauté de ce prince de quatorze ans, lui fit présent d'un sabre de Damas incrusté d'or. Il conjura ce jeune souverain de le délivrer des mains des chevaliers. Le duc de Savoie lui promit ses secours ; mais l'Ordre, qui avait ses immunités et ses alliés partout, était plus puissant qu'un duc de Savoie. Les chevaliers cependant, inquiets de ce voisinage et de cette amitié, firent embarquer quelques jours après Djem sur l'Isère, puis sur le Rhône pour le conduire, sans traverser de villes ni de villages, dans une autre commanderie plus forte et plus isolée sur un rocher presque inaccessible de la vallée du Puy en Velay. On ignore combien de mois ou d'années Djem y languit ignoré du monde.

XIII

Bajazet II, informé par d'Aubusson des tentatives de son frère pour intéresser le duc de Savoie et le roi de France, avait envoyé un ambassadeur, Hussein-Beg, à ces cours pour les prévenir contre toute alliance avec Djem. Le sultan, pour entretenir le zèle des chevaliers de Rhodes à son service, leur députa peu de temps après ce même Hussein-Beg avec un présent de reliques recueillies à Constantinople dans le trésor de Sainte-Sophie. C'était un coffre de bois de cyprès contenant, selon les traditions grecques, une main de saint Jean-Baptiste. La relique, passée du monastère de Pétréion dans le trésor du sérail turc de Mahomet II, repassa comme prix d'une trahison sur l'autel de la cathédrale de Saint-Jean à Rhodes. Ce ribut pieux du sultan et les quarante mille ducats d'or qui l'accompagnaient stimulèrent la fidélité de d'Aubusson à l'accomplissement des promesses de l'Ordre. La politique des chevaliers voyait de plus dans la possession exclusive de Djem une menace permanente entre leurs mains contre la sécurité de Bajazet II. Ils redoublèrent de vigilance autour de ses prisons.

Soit que le roi de France, informé enfin par Nassouh-Tchelébi de la captivité de son maître, eût fait quelques tentatives pour favoriser son évasion, soit que le château du Puy ne leur parût pas inaccessible à la corruption des Ottomans, amis du captif, ils le transportèrent de la vallée du Puy dans la vallée de l'Isère au château de Sassenage. Ce château, limitrophe entre la France et la Savoie, leur parut plus propice à leurs desseins qu'une demeure située dans l'intérieur des terres. Dans le cas où l'un des souverains aurait tenté de leur arracher leur victime par la force, ils pouvaient à leur gré la faire passer d'une frontière à l'autre. Le séjour de l'infortuné sultan au château de Sassenage est plein de mystères et d'amours romanesques que l'histoire avait relégués jusqu'ici au rang des fables, et que des témoignages, aujourd'hui irrécusables, tant des écrivains turcs que des écrivains chrétiens, ont rétablis au rang de vérités historiques.

XIV

Djem, malgré ses longues adversités, était à l'âge où le cœur des hommes cherche involontairement dans l'amour les oublis ou les compensations de l'ambition déçue : il n'avait pas encore vingt-sept ans. Le sang ardent de son père qui coulait dans ses veines et qui colorait ses joues, sa figure à la fois pensive et héroïque, sa stature martiale, son adresse à tous les exercices de la chevalerie orientale, ses exils, ses malheurs, sa mélancolie, la grandeur et les rigueurs de cette destinée qui l'avaient jeté, à travers tant d'aventures, d'un trône d'Orient dans un donjon des montagnes du Dauphiné, touchèrent le cœur de Philippine de Sassenage, fille du seigneur du château à qui les chevaliers de Rhodes avaient confié la garde de leur prisonnier. La jeunesse, la beauté, la tendre compassion peinte sur les traits de la jeune fille, toujours présente, de son geôlier, avaient fait naître dans le cœur de Djem un de ces attraits lents mais invincibles auxquels l'infortune prédispose l'âme, et qui, en se produisant comme une simple consolation de l'exil, finissent par devenir l'occupation de toute la vie. Les amours de Djem et de Philippine, soit qu'ils fussent dérobés par le mystère à la vigilance des gardiens du prisonnier, soit qu'une union secrète et la promesse d'élever sa maîtresse chrétienne au trône des Ottomans, à l'exemple de tant de ses ancêtres, eussent apaisé les scrupules du père, charmèrent pendant plusieurs années la captivité du prince. Les chroniques de la province du Dauphiné assurent qu'un fruit naquit de ses amours clandestins au château de Sassenage, que cet enfant, élevé par la belle Philippine, sous l'apparence d'un page, épousa à son tour une parente de cette noble maison, et que le sang d'Othman coule peut-être encore dans les veines d'une obscure famille chrétienne.

Quelques tentatives d'évasion, ourdies par les Turcs serviteurs de Djem et favorisées par Philippine, ont laissé également leurs traces dans l'histoire et leurs traditions autour des ruines de ce château.

Ce fut dans ces loisirs embellis par l'amour que Djem écrivit, dans le style du poëte persan Hafiz, quelques-unes de ses odes moitié philosophiques, moitié amoureuses. Le poëte se console, en savourant des voluptés réelles, de la perte des grandeurs imaginaires qui manquaient au prince déchu. Une de ces odes ou *Ghazel*, consacrée par les historiens italiens de sa vie, rappelle à la fois la philosophie de Dioclétien et la poésie de Salomon et d'Anacréon.

« Prends ta coupe, ô Djem, se chante-t-il à lui-même ; prends ta coupe et remplis-la de la liqueur qui donne les songes, bien que nous soyons ici sur la terre d'exil qu'habitent les Francs ! C'est au sort à décider de nous ! A quoi sert de se roidir ou de verser des larmes ? Nul ne peut éviter le destin qui l'attend !

» Pèlerin de la sainte Kaaba (la Mecque), j'ai visité naguère les déserts de sable, j'ai habité les vallées et les cavernes de la Caramanie ; quelques pas d'un fidèle dans l'enceinte sacrée où le pèlerin fait ses stations autour du tombeau du Prophète valent mieux que toute l'étendue de l'empire d'Othman !

» Gloire et grâces à Allah ! Je suis maintenant jeune, beau et sain encore, quoique exilé dans le pays des Francs ! Celui qui sent en lui la santé, la vigueur et la jeunesse est partout le sultan de l'univers !

» Dix-huit pages aux cheveux blonds comme leurs sœurs ; dix-huit pages, tous fils des begs d'Albanie, nous tendent d'une main gracieuse le verre au bord doré rempli d'un vin aussi transparent que leur mince cristal.

» Ah ! demandez à Bajazet, le sultan, si le trône qu'il

occupe peut rendre plus heureux que moi un sultan? Non, non, l'empire ne reste longtemps à personne! Et si Bajazet vous dit que les grandeurs des maîtres du monde sont permanentes, il ment! »

Enfin, une de ses tentatives d'évasion fut déjouée au moment où le prince, descendu par une corde du donjon dans le fossé du château de Sassenage, allait fuir à la cour de France sur un cheval aposté par ses amis. L'infortunée Philippine fut arrachée de ses bras comme la complice de ses aspirations à la liberté.

Un château isolé des bords du Rhône reçut pour la cinquième fois la victime des chevaliers de Rhodes. L'amour parvint cependant encore à renouer par des messages rares et secrets entre Djem et Philippine une correspondance par lettres, dont quelques fragments subsistent encore aujourd'hui dans les archives de l'Orient.

XV

Ainsi finirent ces tristes amours qui avaient fait trouver pendant deux ans (1485-86), dans un seul cœur, l'oubli de la captivité et la consolation de la patrie.

D'Aubusson, comme s'il eût envié à son prisonnier jusqu'aux douceurs de cette pitié de femme, ordonna à son neveu d'arracher Djem au château de Sassenage, et de le dépayser de prison en prison dans les commanderies les plus isolées de l'Ordre comme pour faire perdre sa trace aux princes qui s'intéresseraient à son sort. Ces nouvelles captivités durèrent trois autres années (1487-89). La politique ombrageuse du grand maître de l'Ordre craignait toujours que la compassion ou la corruption n'ouvrissent à cet otage de son ambition les portes de ces donjons. Pour sceller d'une main plus sûre ses verrous, d'Aubusson chargea son neveu de conduire son prisonnier au cœur de la province montueuse et ombragée de chênes de Limousin, dans le château de Bourgneuf, fief des d'Aubusson, où ce grand maître était né lui-même. Ce château était habité par sa sœur, Souveraine d'Aubusson. Les chevaliers y firent construire au sommet d'un rocher une tour carrée de huit étages pour loger dans la même enceinte le prince, ses serviteurs et ses geôliers. Sveadeddin, d'après un des compagnons de captivité du sultan, décrit ainsi cette tour : « Au-dessus des souterrains creusés dans le roc, étaient les cuisines; au premier, les logements des gardes; au deuxième, les serviteurs ottomans du sultan ; au troisième et au quatrième, les appartements de Djem ; aux deux derniers étages, les chevaliers chargés de veiller sur lui et de le distraire dans sa solitude.

XVI

L'horreur et le désespoir d'un tel séjour, qui n'était plus même illuminé par les apparitions de la belle Philippine ou par ses lettres, poussa Djem à tous les subterfuges de nature à préparer son évasion. Husseïn-Beg, un de ses confidents, parvint à franchir l'enceinte extérieure et à porter au prince de Bourbon les indices nécessaires à la délivrance de son maître. Djélal-Beg, un autre de ses vizirs, longtemps séparé de lui depuis les violences du château de Roussillon, et qui avait parcouru les cours d'Italie pour lui chercher des libérateurs, revint volontairement partager sa captivité. Il lui apporta des nouvelles du monde et des espérances. Le roi de France, le roi de Naples, le duc de Savoie, le roi de Hongrie et le pape négociaient de sa rançon avec l'Ordre de Jérusalem. D'Aubusson leur donnait de fausses espérances; mais un tel gage était trop précieux dans ses mains pour ne pas le marchander à de hauts prix. Les chevaliers bénéficiaient également sous toutes les formes de la haine ou de l'amour qu'on portait à leur otage. Indépendamment des reliques, des présents, des quarante-cinq mille ducats d'or que le conseil des chevaliers recevait annuellement de Bajazet II pour les complaisantes rigueurs de l'Ordre, d'Aubusson, par une royale cupidité qui trompait jusqu'au cœur d'une mère et d'une épouse, « extorqua *vingt-six mille ducats d'or* de la mère et de la femme de Djem réfugiées au Caire, sous prétexte d'employer ces sommes à acheter la protection et la faveur des cours de l'Europe à l'objet de leur tendresse. On corrompit jusqu'au vizir dépositaire du sceau du prince, et on remplit d'assurances perfides de liberté, de prétendues lettres que Djem était censé adresser ainsi sous ce sceau menteur à sa mère, à sa femme, à différents souverains de l'Occident. » Le faux et l'escroquerie s'appelaient la politique du grand maître; le héros du siége de Rhodes prêtait sa main sans scrupule à ces crimes d'État.

XVII

Pendant ces ignominies et ces sévices, d'Aubusson, pressé par les murmures des princes de la chrétienté qui réclamaient Djem comme un instrument de ruine contre Bajazet II, négociait cependant par pudeur la liberté de son prisonnier avec ces cours. Il espérait obtenir en échange, du pape, de nouveaux priviléges souverains pour l'Ordre, et la dignité de cardinal pour lui-même. Mais plus il irritait par l'attente les désirs de la cour de Rome, plus le prix de sa victime s'élevait à son bénéfice et au bénéfice de ses chevaliers. Ce fut dans ces circonstances, qu'affectant un intérêt plus paternel pour Djem, il lui envoya, de Rhodes à Bourgneuf, Sinan-Beg et Ayas-Beg, deux partisans du prince, retenus jusque-là par le grand maître dans les cachots de Rhodes, et rendus à la liberté pour aller négocier auprès du sultan captif le pardon de sa captivité. L'Ordre, prêt à trafiquer de Djem pour en faire un prétendant contre Bajazet II, sentait la nécessité de se réconcilier enfin avec un prince qui pouvait remonter sur le trône de Constantinople, afin de n'avoir pas en lui un vengeur irréconciliable de ses perfidies.

Bajazet II, de son côté, informé de ces négociations entre l'Ordre et le roi de France, employa, pour les faire échouer, les moyens qui lui avaient réussi avec les chevaliers de Jérusalem. Il envoya à Charles VIII par un ambassadeur des coffrets de cèdre et d'or remplis de reliques vraies ou fausses que la conquête de Constantinople avait livrées au sérail de Mahomet II. Mais ces reliques, souvent apocryphes, baptisées des noms les plus saints par la superstition souvent frauduleuse des Grecs, et dont le prix était inestimable pour les premiers croisés, étaient tombées dans le discrédit et dans la dérision des cours politiques de l'Europe. Charles VIII ne voulut pas même donner audience à l'ambassadeur de Bajazet II, qui repartit avec ses reliques dédaignées pour l'Orient.

XVIII

Le roi, que le fidèle émissaire de Djem, Nassouh-Tchélébi, avait pénétré de compassion et de tendresse pour ce déplorable jouet de l'ambition égoïste de d'Aubusson, insista avec plus de force pour qu'il relâchât enfin son captif entre les mains du pape. Charles VIII suivait en cela non-seulement les inspirations généreuses de son cœur, mais les conseils de sa politique. Méditant une expédition en Italie contre le roi de Naples, il lui importait de caresser le pape en concourant à son désir de posséder le prince ottoman.

Pierre d'Aubusson n'osa résister plus longtemps aux désirs de deux cours aussi puissantes. Le scandale de la détention du prétendant ottoman criait dans toute l'Europe contre l'Ordre. Le contrat entre le pape et le grand maître était ratifié; les priviléges et les possessions accordés par la cour de Rome à l'ordre de Jérusalem compensaient au delà les quarante-cinq mille ducats payés par Bajazet II pour le prix de la captivité de son frère. Djem, conduit à Marseille, puis à Toulon, fut remis aux légats du pape, et Charles VIII lui donna une escorte d'honneur jusqu'à Rome de cinquante chevaliers. Par un traité secret avec le pape, le roi stipula que, dans le cas où la cour de Rome revendrait ce prince dont on trafiquait, à une autre puissance, la cour de Rome payerait à la France une amende de dix mille ducats d'or.

Pierre d'Aubusson, quoique soldat et non prêtre de l'Église, obtint dans le chapeau de pourpre de cardinal le prix de sa honte et de ses perfidies, récompense qui déshonorait en lui l'homme et la dignité.

XIX

Après sept ans de captivité, de 1483 à 1490, Djem sortit en souverain, suivi d'un pompeux cortége d'amis et de chevaliers français, de la tour qui lui avait servi de prison, et s'embarqua à Toulon avec sa suite sur deux galères de Rhodes. Le fils du pape Innocent VIII, Francesco Cibo, était allé l'attendre à Civita-Vecchia, pour faire une entrée triomphale à Rome. Le sultan de Brousse, monté sur un cheval richement caparaçonné, s'avançait, revêtu de son costume et de ses armes orientales, à côté du fils d'Innocent VIII, suivi des chevaliers de France et d'Auvergne, de ses amis, de ses vizirs, de ses begs, des ambassadeurs de toutes les cours chrétiennes, des cardinaux, des chambellans, des prélats, des princes, des officiers de la cour de Rome. Logé en souverain au Vatican, et présenté au pape par son fils, Djem, se souvenant qu'il était prince et musulman, témoigna sa reconnaissance à son hôte, mais refusa fièrement d'ôter son turban et de fléchir le genou devant le pontife d'un autre culte. Il s'avança avec une mâle dignité vers Innocent VIII, et lui baisa l'épaule selon l'usage des Turcs envers leurs égaux. Après cette réception publique, il entretint tête à tête le pape, dans une entrevue intime, de son histoire, de ses malheurs, de ses prisons, de sa séparation cruelle de sa femme, de sa mère, de ses enfants, et de son désir d'aller promptement rejoindre en Égypte tout ce que l'exil lui avait laissé de cher ici-bas.

Son éloquence et sa douleur émurent jusqu'aux larmes le cœur compatissant d'Innocent VIII. Cependant, il représenta amicalement à Djem que son retour précipité en Égypte ruinerait à la fois sa fortune et les espérances que les princes chrétiens fondaient sur son élévation au trône des sultans. Il lui promit l'intervention du roi de Hongrie prêt à lui fournir une armée pour relever sa cause au delà du Danube; il lui insinua que sa conversion à la foi chrétienne, en ralliant la chrétienté entière derrière lui, lui assurerait à la fois le ciel et le trône. Djem, qui n'avait pas appris jusque-là à honorer dans la déloyauté des chrétiens les vertus de leur religion souillées par l'ambition des chevaliers de Rhodes, répondit au pape que « la souveraineté du monde entier ne lui ferait pas abjurer la foi de ses pères, et que cette abjuration, s'il avait la faiblesse d'y consentir, justifierait la déposition du trône et la condamnation à mort portées injustement contre lui par les légistes ottomans. » Le pape, aussi tolérant que politique, changea de conversation, et combla le jeune prince de protection et de magnificence.

XX

Djem vécut trois ans au Vatican dans un splendide exil, en attendant que la ligue des princes chrétiens le rappelât en Hongrie, pour enlever le trône des Ottomans à son frère. Un envoyé du soudan d'Égypte, arrivé alors à Rome, baisa la poussière des pieds du cheval de Djem, comme s'il eût salué le sultan des Turcs lui-même à Constantinople. Cet ambassadeur égyptien apportait à Djem des lettres de sa mère et de sa femme. Ces lettres lui révélèrent l'indigne subterfuge du grand maître d'Aubusson pour leur extorquer les vingt mille ducats arrachés par un faux à leur tendresse. Le pape s'indigna et fit restituer une partie de la somme par les chevaliers.

Mustafa-Pacha, négociateur habituel du sultan Bajazet II dans ses transactions épineuses avec les chrétiens, suivit de près l'arrivée de Djem à Rome. Il avait pour mission d'obtenir du pape la réclusion perpétuelle de son frère dans les États pontificaux, au prix de cinquante mille ducats d'or par an, payés par le trésor ottoman.

Les espérances de Bajazet II allaient au delà de la captivité; le caractère d'Innocent VIII, souverain doux et bon, empêcha Mustafa de les insinuer à ce pontife. On crut apercevoir la main de Bajazet dans une tentative d'assassinat commise sur Djem et punie de mort par le pape. Un des complices du crime, Macrino del Castagno, confessa dans les tortures les suggestions et l'or du sultan.

XXI

Mais, à la mort d'Innocent VIII (1492) et à l'avénement de Borgia connu sous le nom d'Alexandre VI, Bajazet II, affranchi de toute pudeur envers un pontife affranchi de tout scrupule, osa davantage.

Les agents grecs et italiens que Bajazet II entretenait en Europe pour l'instruire du caractère et des dispositions des princes chrétiens, et surtout du souverain pontife, moteur naturel de toutes les ligues contre l'islamisme, lui écrivirent la vénalité du conclave, la simonie du pontificat, le scandale de la chrétienté au nom de Borgia sorti de l'urne du conclave. Gentilhomme espagnol, neveu du pape Calixte III, vivant à Valence dans une union occulte avec une beauté célèbre, la fameuse Venozza, père d'une fille plus belle et plus licencieuse encore que sa mère, et de deux fils dont l'un devait assassiner l'autre par jalousie autant que par rivalité d'ambition, Borgia, appelé à Rome par son oncle et nommé cardinal, avait caché ses amours et affecté la piété comme candidature obligée au gouvernement de l'Église. Retiré dans l'ombre pendant le règne de trois ans qui avait succédé à celui de son oncle, Borgia avait appelé la mère de ses enfants à Rome sous des apparences irréprochables. Le mystère enveloppait ses désordres et ceux de sa famille. Une maison isolée sur les bords du Tibre, dans un quartier désert de Rome, couvrait ses scandales d'une hypocrisie d'abnégation et de vertu. Quelques cardinaux y avaient été trompés; les trésors hérités de son oncle et la corruption des promesses avaient acheté le reste. Il avait été élu pape sans oser croire lui-même à cet excès inespéré de fortune, d'audace et d'illusion faite à l'Église. La perversité était son génie. Le règne d'un des plus habiles scélérats qui aient jamais déshonoré le trône et la chaire avait commencé sous ses auspices; il allait continuer par le meurtre et finir par le poison.

XXII

Un tel pontife pouvait aussi bien vendre la tête d'un proscrit qu'il avait acheté l'Église. Bajazet II renvoya Mustafa-Pacha à Rome avec une lettre.

Cette lettre, que les archives du Vatican conservent, dit-on, copiée littéralement de la main du protonotaire apostolique Patriarchès, était conçue en ces termes :

« Le sultan Bajazet II, fils du sultan Mahomet, au pape Alexandre, pontife de l'Église de Rome.

» Votre légat m'a rapporté que le roi de France a le dessein de réclamer mon frère Djem qui est entre vos mains. Ce désir de sa part est aussi contraire à mes intérêts que nuisible aux vôtres et à ceux de toute la chrétienté.

» Je pense, et votre légat pense comme moi, qu'il y va de votre tranquillité, de l'accroissement même de votre puissance, comme de ma satisfaction, que mon frère, que vous avez entre les mains, et qui doit mourir un jour, soit amené là sans délai; sa mort devenant l'événement le plus agréable pour moi, deviendra le plus utile pour vous. Qu'il vous plaise donc le plus tôt possible d'aider Djem à être délivré des misères de cette vie ; que son âme, par vos soins, soit transportée dans un autre séjour où elle jouira d'un repos bien plus assuré. Si vous remplissez mon vœu, si vous m'envoyez son corps dans tel lieu au delà de la mer qu'il vous plaira d'indiquer, je vous ferai tenir d'avance, et dans un endroit convenu, la somme de trois cent mille ducats d'or, avec lesquels vous pourrez acheter des domaines à vos enfants. Je promets en outre, tant que je vivrai, d'entretenir vos soins avec bonne et solide amitié, et de ne vous rien refuser de ce que vous pourrez désirer de moi. Je promets qu'il ne sera fait nul tort à aucun chrétien de quelque condition ou qualité qu'il soit, sur terre et sur mer, soit par moi, soit par quelqu'un de mes sujets, à moins de provocation. Et pour que vous ne formiez aucun doute sur mes promesses, je jure de remplir les conditions que je propose, au nom du vrai Dieu qui créa le ciel et la terre et tout ce qu'ils renferment, ce Dieu que nous croyons et que nous adorons vous et moi. »

XXIII

Borgia comprit à de pareilles insinuations le prix de l'otage qu'Innocent VIII avait laissé dans ses mains. Avec l'astuce qui caractérisait alors la politique romaine de sa maison, politique dont son fils César Borgia accomplissait les crimes, pendant que l'historien Machiavel en écrivait la théorie, le pape ne fit ni trop espérer ni trop désespérer Bajazet II. Pour la première fois le souverain pontife, vicaire du Christ à Rome, envoya un ambassadeur au souverain, vicaire de Mahomet. Cet ambassadeur d'Alexandre VI à Constantinople était Georges Bocciardo, grand maître des cérémonies des papes. Les annalistes contemporains ottomans et italiens racontent que Bocciardo offrit à Bajazet II ou l'emprisonnement perpétuel de Djem au prix de quarante-cinq mille ducats d'or par an payés par le sultan au pape pendant la vie du prince, ou la mort immédiate de Djem au prix de trois cent mille ducats d'or payés contre la remise de son cadavre. Malgré l'autorité de Sveadeddin, de Guichardin et de Sismondi, l'histoire impartiale doit révoquer en doute la convention du meurtre pour trois cent mille ducats. Les événements subséquents et la vie même de Djem la démentent. Bajazet II, comme on le voit par sa lettre, n'avait pas marchandé la sécurité de son immense empire contre une parcimonie de quelques milliers de ducats. Mais entre de tels criminels, le sang pèse plus que l'or. Le traité fut conclu aux conditions de quarante-cinq mille ducats d'or que le sultan promit de payer à Alexandre par chaque année de la vie de son frère, que le pape de son côté s'engageait à retenir dans une éternelle captivité. La chevalerie de Rhodes et le gouvernement de l'Église de Rome trafiquèrent avec une honteuse émulation de leurs complaisances intéressées pour le maître de l'empire ottoman. Bajazet II fut si satisfait de ces complaisances soldées d'Alexandre VI, qu'il se crut en droit de solliciter du pape le chapeau de cardinal pour l'ambassadeur romain Bocciardo, négociateur de ce traité entre les deux cours.

Djem, dans la crainte qu'il ne s'évadât de Rome pour aller inquiéter son frère sur les frontières de Hongrie, fut enfermé par le pape au château Saint-Ange à Rome, tombeau de l'empereur Adrien, devenu le Capitole, la citadelle, le palais et la prison des papes de la Rome moderne. Il y languit deux ans (de 1492 jusqu'en 1494) dans une captivité tantôt splendide, tantôt sordide, selon que les Borgia, le pape et ses deux fils, avaient intérêt à décorer ou à dégrader leur otage.

XXIV

Charles VIII s'avançait avec une armée française vers Rome contre le roi de Naples, allié des Borgia. Le pape était incertain si le jeune conquérant français respecterait en lui le pontife suprême de la chrétienté, ou s'il venait réprimer ses ambitions et châtier ses crimes. Dans le doute, il s'enferma avec son fils César Borgia et ses troupes dans le château Saint-Ange, prison de Djem, pour laisser passer le torrent français.

Des négociations s'ouvrirent. Charles VIII exigea que César Borgia, fils et général du pape, changeât de cause et s'unît aux Français contre le roi de Naples. La politique ne lui fit pas oublier la générosité; il exigea de plus que le sultan Djem, prisonnier du pape au château Saint-Ange, lui fût remis pour être traité en souverain et non en captif de sa cour. L'entrevue qui eut lieu pour cette délivrance du prisonnier au château Saint-Ange entre Charles VIII, le pape et le prince ottoman, atteste la noble fierté que le fils de Mahomet II gardait dans ses fers. « Prince, lui dit le pape en le présentant devant le jeune roi, est-il vrai que vous désiriez suivre le roi de France, qui demande à vous conduire à Naples avec lui? — Si je ne suis pas traité en prince, répondit Djem, avec le découragement de sa dignité méconnue, il importe peu que je subisse ici ou ailleurs la captivité qui avilit en moi le rang suprême, et qui avilit en vous la loyauté des chrétiens.

» — A Dieu ne plaise, se hâta de répliquer le pape, honteux de paraître le geôlier d'un hôte libre, que je vous considère comme prisonnier ici; le roi de France et vous, vous êtes tous deux de grands souverains, et je ne suis en ce moment que votre interprète. »

Charles VIII releva le cœur du sultan par des paroles royales, plaignit ses revers, accusa ses persécuteurs, l'arracha du tombeau d'Adrien, le traita en souverain, et le confia pendant la campagne de Naples au grand maréchal de sa cour pour lui rendre les services et les honneurs d'une magnifique hospitalité.

Djem sortit le lendemain de Rome à cheval à la suite du roi et de César Borgia. Il assista à la courte campagne des Français dans le royaume de Naples, s'arrêta cinq jours à Vellétri, quelques jours à Terracine. L'exil, la prison, l'amour, la douleur, la joie inespérée de sa délivrance avaient usé sa vie: la mort l'attendait au seuil de ses cachots. Saisi par la fièvre à Terracine, une galère le transporta mourant à Naples (1495) par les soins de son ami le roi de France.

Les écrivains ottomans, français et italiens de cette époque, où les forfaits étaient si communs en Italie, que toute mort était imputée à meurtre et à crime, s'accordent pour rejeter la maladie et la mort de Djem sur Alexandre VI et sur César Borgia son fils. Ils ne peignent jamais ces deux princes que le poignard ou le poison à la main. Ils affirment que le lendemain de la délivrance forcée de Djem par le pape, son grand maître des cérémonies Bocciardo et Mustafa-Pacha, ambassadeur de Bajazet II, arrivèrent de Constantinople à Sinigaglia, porteurs de quatre-vingt-dix mille ducats d'or, tribut arriéré de deux ans, que Bajazet II envoyait au pape pour payer la détention de son frère ; que Jean de La Rovère, cardinal gouverneur de Sinigaglia, ennemi des Borgia, s'empara des ambassadeurs et du tribut ; que le pape, frustré des quatre-vingt-dix mille ducats dont il avait un pressant besoin dans sa détresse à Rome, se décida à mériter les trois cent mille ducats d'or qui lui avaient été promis pour le meurtre, et qu'il fit empoisonner à Terracine le sultan Djem, déjà dans la main du roi de France, se réservant de réclamer de Bajazet II le prix du service tardif ainsi rendu après coup à l'empire ottoman.

D'autres historiens, aussi mal informés, confondant les noms, les hommes, les dates, forgent le conte d'un barbier de Bajazet II nommé Mustafa, qui, à l'instigation de Bajazet II et avec la complicité du pape, serait entré à Naples dans la domesticité ottomane de Djem et lui aurait donné la mort en le rasant à l'aide d'une lame de rasoir empoisonnée.

Ces deux fables sont aussi démenties l'une que l'autre par les faits et par la saine critique. Ce prétendu barbier Mustafa n'était autre que Mustafa-Pacha, un des négociateurs les plus illustres et les plus considérés des cours de Mahomet II et de Bajazet II, homme employé par ces sultans aux affaires d'État et non aux abjectes trahisons domestiques. Quant à l'empoisonnement prétendu par le pape, les dates et le bon sens le relèguent également dans la catégorie des forfaits chimériques, puisqu'il serait un crime gratuit. On a vu qu'Alexandre VI avait refusé, trois ans auparavant, de mériter la reconnaissance de Bajazet II et trois cent mille ducats d'or, par le meurtre de son prisonnier, pendant qu'il pouvait disposer seul et utilement de sa victime dans l'ombre ou par le fer ou par le poison, et pendant que ce service rendu à Bajazet II ne pouvait être récompensé que dans sa main. Djem cependant avait vécu; c'est peu. Pendant que Charles VIII s'approchait lentement de Rome escorté par la terreur dans le Milanais, dans la Toscane, dans l'État romain, le pape, à qui le roi venait arracher son prisonnier, pouvait se hâter de s'en défaire, et d'envoyer contre le prix du sang le cadavre de son frère à Bajazet II; Djem cependant avait continué à vivre, et avait été remis vivant à Charles VIII. Par quelle démence le pape aurait-il attendu, pour frapper définitivement sa victime, que cette victime fût dans les mains d'un autre souverain? et à quel titre le pape aurait-il demandé à Bajazet II les trois cent mille ducats, prix du crime, quand il ne pouvait plus même avoir aux yeux de Bajazet II ni l'honneur ni la reconnaissance du meurtre? Toutes ces suppositions révoltent le bon sens. Le crime dans les Borgia est quelquefois atroce, mais il n'est jamais stupide. Sans doute ce pontificat pervers n'est pas avare de forfaits; mais Alexandre VI ne fit pas empoisonner Djem. Djem mourait de la mort des princes déchus, de la proscription, ce poison de l'âme. L'histoire doit la vérité même aux scélérats.

XXV

Djem expira à Naples dans la nuit du 24 février 1495, entouré des fidèles compagnons de son exil et du roi de France qui déplorait la fin prématurée du prince qui lui devait la liberté, et qui pouvait, s'il eût vécu, lui devoir un empire. Malgré de vaines rumeurs populaires répandues en Italie sur sa prétendue abjuration de la loi du Prophète, il mourut en fidèle et même en martyr de sa religion. — « O mon Dieu, s'écria-t-il peu d'instants avant son dernier soupir, si les ennemis de la foi veulent se servir de moi pour des desseins funestes aux confesseurs de l'islamisme, retire plutôt à l'instant mon âme à toi! » Ces dernières paroles retenues par les témoins de son agonie démentent assez son abjuration de la foi de ses pères; il la préférait à l'ambition et à la vie.

Charles VIII le pleura; il fit embaumer son corps et déposer son cercueil en plomb et en cyprès à Gaëte, sous la garde de ses deux vizirs favoris, Ayas-Beg et Djélal-Beg. Sinan-Beg, à qui la mort de son ami rendait la liberté de ses sentiments et la patrie, alla à Constantinople annoncer à Bajazet II la mort de son frère. Bajazet II, solidement affermi alors sur le trône, déplora le sort d'un frère qu'il aurait aimé, s'il n'avait pas eu à le craindre. Il envoya à Naples une ambassade et un cortége de deuil pour recevoir le cercueil de Djem, et pour le transporter d'abord à Gallipoli, puis à Brousse au tombeau commun de ses pères, où finissent toutes les rivalités.

XXVI.

Charles VIII recueillit pieusement les trésors, les pierreries, les armes, les vêtements qui formaient la succession du prince exilé. Il chargea Nassouh-Beg, vizir de Djem, de les conduire sur un de ses vaisseaux en Égypte et de les remettre à sa mère et à sa veuve.

Telle fut la fin du fils de Mahomet II, le conquérant de Constantinople. Rival de son frère, jouet des chevaliers de Rhodes, client des chrétiens, prisonnier d'un pape, protégé d'un roi de France, victime de sa destinée, il a laissé en Europe et en Asie une mémoire romanesque et poétique perpétuée chez les Ottomans comme chez les chrétiens par ses aventures, ses amours, ses exploits, ses malheurs et ses poésies. C'est le Charles-Édouard plus accompli des Stuarts d'Angleterre transporté dans la patrie et dans la maison d'Othman. L'histoire, le roman, le poëme se sont disputé son nom; mais il a été à lui-même son propre historien, et les Turcs, qui récitent encore aujourd'hui ses chants, le comptent au nombre des poëtes les plus colorés, les plus amoureux et les plus héroïques de leur langue. On visite avec une pieuse compassion sa tombe sous les platanes de la mosquée de Brousse. « *Fleur coupée de la tige de Mahomet II sur le tombeau du conquérant*; » comme il avait dit de lui-même dans deux de ses vers. Il n'a pas eu l'empire de Bajazet II, mais il a eu l'empire de l'imagination sur les Ottomans.

LIVRE DIX-SEPTIÈME

I

Revenons à Sélim Ier.

Les hommes qui doivent leur souveraineté usurpée à des complices ne peuvent la conserver qu'en rassasiant ou en égorgeant ces auteurs de leur criminelle élévation. Quiconque monte au trône par le crime ne s'y soutient que par le sang.

Telle était la situation de Sélim le lendemain de la mort naturelle ou parricide de son père (1512).

Les ambassadeurs européens qui résidaient alors à Constantinople nous font de ce prince, dans leurs dépêches à leurs cours, un portrait sinistre parfaitement conforme à l'idée que son règne devait imprimer plus tard de lui dans toute l'Europe. Sa figure offrait les traits de son caractère en relief.

« Homme de quarante-six ans, disent-ils, mais à qui sa vigueur de corps, entretenue par l'exercice continuel des armes, retranche au moins dix années, et qui ne paraît âgé que de trente-six ans; d'un *aspect féroce et tout soldatesque*, indifférent à toute autre chose que la guerre; d'un teint coloré, d'une physionomie cruelle, et par cette analogie de mœurs cher aux janissaires; ses jambes étaient arquées, son buste long, son visage rond et plein, ses joues sanguines; ses yeux, proéminents et mobiles, avaient un éclat qu'on ne pouvait fixer; ses sourcils, noirs et touffus, se croisaient sur le front comme une visière; il ne portait point de barbe comme les Arabes, mais l'habitude de vivre avec les Circassiens lui avait fait adopter l'usage de laisser croître de longues moustaches qui, en ombrageant sa lèvre supérieure et en s'effilant sur les coins de la bouche, assombrissaient et endurcissaient sa physionomie. Cet extérieur farouche était cependant relevé dans Sélim par la splendeur du costume et des armes, luxe du soldat. Son cafetan ou sa veste était tissue de pourpre et de fils d'or; les broderies donnaient à l'étoffe la solidité d'un métal; son bonnet écarlate, coiffure d'Amurat et de Mahomet II, ses aïeux, disparaissait entièrement sous les vastes plis du châle tordu et enroulé qui faisait de son turban une couronne. « *Puisque les grands officiers de l'empire et du sé-*
» *rail se présentent devant moi*, disait-il, *avec des bonnets*
» *d'or élevés et arrondis en coupoles, une couronne semblable*

» à celle des rois de Perse est la seule coiffure qui con-
» vienne au sultan des Ottomans. »

11

Cette apparence à la fois farouche et superbe couvrait cependant chez Sélim Ier quelques instincts du gouvernement d'un grand peuple, et même quelque culture d'esprit qu'on était étonné de trouver en lui. Son sens était juste, son génie audacieux; ses colères n'étaient que les impatiences de sa volonté; son despotisme sans réplique n'était que l'ordre à tout prix dans son empire et dans ses armées. Son regard prompt et sûr dévisageait les caractères; il pénétrait les intentions sous les paroles; il choisissait bien ses instruments et il les brisait à l'œuvre aussitôt qu'ils avaient servi; infatigable au conseil comme à cheval, il ne se plaignait jamais du travail avec ses vizirs; sans goût pour les loisirs de la table ou des jardins, sans attrait pour les femmes de son harem, il disputait ses heures au sommeil pour les consacrer à la surveillance de son administration. Il ne se fiait à personne qu'à lui-même de l'exécution de la police et des lois. Semblable aux califes arabes de Bagdad et de Damas, il sortait fréquemment, la nuit ou le jour, de son sérail, sous des déguisements qui ne permettaient pas de soupçonner le sultan, pour aller écouter la voix du peuple dans les cafés, dans les bazars, dans les casernes. Le peuple, les soldats, les magistrats, qui connaissaient sa vigilance, le voyaient présent partout pour observer ou pour punir. Par un étrange contraste entre son caractère féroce et son esprit cultivé, Sélim dérobait, comme son père Bajazet II et son oncle Djem, quelques loisirs au trône et aux camps pour les consacrer à la poésie, ce vestige d'une race pastorale. La sienne était lyrique et belliqueuse comme celle d'Antar, ce poëte guerrier du désert. On en a une trace dans cette magnifique image en deux vers qui caractérisent si éloquemment la brièveté et la grandeur de son règne : « Semblable au soleil couchant, j'ai étendu sur la terre une ombre immense ! »

Job n'a pas de similitude plus frappante entre la rapidité de la vie et la grandeur des souvenirs qu'un nom évanoui laisse ici-bas.

La cruauté était moins en lui une férocité naturelle qu'un système de terreur. D'abord elle s'étendit seulement à sa famille, à ses rivaux et à ses serviteurs. Dès son avénement à l'empire, le peuple regardait les fonctions publiques qui rapprochaient ses courtisans de lui comme si périlleuses, qu'un Turc voulant souhaiter malheur à un autre lui disait pour toute malédiction : « Puisses-tu être vizir de Sélim ! » C'était une formule pour souhaiter la mort à son ennemi. Ses vizirs, en effet, en Crimée comme en Turquie, passaient fréquemment du divan au supplice. « *Aussi*, dit l'historien ottoman Solakzadé, *portaient-ils toujours leur testament sous leurs habits, et quand ils sortaient du conseil, ils se croyaient ressuscités.* »

Le grand vizir Ali-Pacha, deux fois vizir sous Bajazet II, et rappelé au pouvoir par Sélim, lui dit un jour avec la libre ironie d'un homme qui n'affronte un abîme qu'après en avoir mesuré la profondeur : « Mon padischah, je sais que tôt ou tard tu me feras mourir, moi ton fidèle esclave, sous le premier prétexte qui se présentera à ton esprit ;

avant que ce jour se lève, accorde-moi quelques jours de liberté et de loisir pour que je puisse mettre ordre à mes affaires après moi dans ce monde, et me préparer au jugement de Dieu!

» — J'y pense en effet depuis longtemps, lui répondit le sultan avec un éclat de rire où la gaieté ne cherchait pas même à masquer la mort, et la seule chose qui m'empêche de t'accorder dès aujourd'hui ce que tu attends, c'est la difficulté de trouver un grand vizir capable de te remplacer à mon service. »

Il n'avait de délassement que le jeu des échecs et la conversation avec les poëtes; mais ses dégoûts étaient sanglants, même dans ces détentes de sa perpétuelle colère.

Dans les premiers jours de son règne, ayant entendu parler de trois poëtes turcomans venus à Constantinople pour lui réciter des vers à son éloge, il ordonna qu'ils fussent amenés à son audience. Ces trois hommes rustiques, étrangers à l'étiquette des cours, se précipitèrent avec un empressement si maladroit à ses pieds pour baiser sa main, qu'ils le heurtèrent avec les fourreaux de leurs sabres. Le sultan ordonna à ses chiaoux de leur trancher la tête pour cette involontaire profanation de la majesté royale. Il commua, un instant après, ce supplice contre cent coups de bâton distribués à chacun d'eux sur la plante des pieds; enfin, attendri par leurs prières et craignant de profaner à son tour en eux le caractère de lettrés, il les congédia avec indulgence. Le lendemain, les trois poëtes reparurent à son audience, vêtus avec l'indigente simplicité de leurs montagnes, pour réciter leurs poésies, dont la lecture avait été si malheureusement suspendue la veille. Sélim, après les avoir écoutés un instant, choqué de la rusticité et de l'indécence de leurs vers, les fit chasser ignominieusement du sérail : « La poésie, dit-il à ses courtisans, est un vase où l'on ne doit pas jeter ces immondices. »

III

Sélim Ier sortit de Constantinople pour y ramener le deuil de son père. Les janissaires, pressés de prendre avec lui possession du règne, l'attendaient en haie dans les rues qu'il devait traverser pour rentrer au sérail. Selon l'usage de cette milice, quand elle commençait à s'agiter ou à faire sentir son mécontentement, les soldats muets frappaient leurs armes les unes contre les autres pour former un cliquetis de fer significatif aux oreilles de leur sultan. C'était le symptôme d'une exigence de gratification pour l'empire donné par leur sédition, et dont ils attendaient le prix sans délai. Sélim, averti de cette attitude des janissaires, voulut dès le premier jour se soustraire à leur joug. Au lieu de rentrer par les rues où on l'attendait, il tourna la tête de son cheval vers la mer, suivit les murs extérieurs jusqu'aux Sept-Tours, et rentra en caïque au sérail.

Mais les janissaires ne se dispersant pas, et le murmure s'élevant d'heure en heure plus tumultueux par-dessus les murs d'enceinte du sérail, Sélim parut fléchir de lui-même et leur envoya la gratification triple de celle qu'ils avaient obtenue de Mahomet II et de Bajazet II. L'encan de l'empire fut une troisième fois consacré. Seulement, comme pour circonscrire sa libéralité forcée aux seuls janissaires, Sélim abattit de sa propre main la tête d'un chef de sandjak (ou fief) qui demandait insolemment la même gratification pour ses spahis.

IV

La première apparition des Russes dans les affaires des Ottomans date de la fin du règne de Bajazet II et des premiers jours du règne de Sélim Ier. La brutalité sauvage d'un envoyé de ce grand peuple, qui commençait seulement à naître à la politique et qui ignorait encore la politesse des races orientales, a trop d'analogie avec l'attitude du dernier ambassadeur des Russes à Constantinople en 1853 pour n'être pas remarquée par l'histoire.

Jean III, prince de Moscou, envoya Michel Plesttscheïef pour négocier avec la cour de Constantinople un traité de libre commerce dans les États du sultan. Plesttscheïef avait ordre de son souverain de ne fléchir le genou ni devant Bajazet II ni devant Sélim, de ne point conférer avec les vizirs comme organes du gouvernement, mais de ne traiter qu'avec les sultans eux-mêmes, et de ne céder le pas à aucun ambassadeur des puissances d'Europe ou d'Asie. Plesttscheïef dépassa en insolence l'orgueil de sa cour. Il affecta le dédain des usages de la nation chez laquelle il recevait l'hospitalité; il refusa d'assister au festin donné par le vizir pour sa réception; il renvoya les habits et les présents diplomatiques que le divan lui fit offrir. Ses outrages aux mœurs ottomanes et à la majesté du sultan soulevèrent l'indignation des ambassadeurs d'Occident. « Le souverain des Russes, écrivit le sultan, avec lequel je désire vivement contracter amitié, m'a envoyé un homme grossier; je ne puis donc le faire accompagner en Russie par aucun de mes esclaves, dans la crainte qu'il ne lui continue ses insultes. Respecté en Europe et en Orient, je rougirais de soumettre un Ottoman à de tels affronts; qu'il m'envoie un ambassadeur policé, ou qu'il m'envoie une armée pour appuyer ses insolences. ! »

On croit lire deux siècles auparavant l'histoire de nos jours entre les Russes et les Ottomans; le nom de Plesttscheïef est seul changé.

V

Pendant que Sélim Ier escaladait ainsi le trône, Korkoud, préservé par les janissaires seulement à cause de l'hospitalité qu'il avait empruntée dans leur caserne, s'était hâté de sortir de Constantinople et de se réfugier à Magnésie. Celui qui n'avait respecté ni le trône, ni la vieillesse, ni peut-être la vie de son père, ne pouvait respecter la vie d'un frère et d'un rival à l'empire. Korkoud n'avait plus le trône, mais la vie à disputer. Il se prépara mollement plutôt à traiter qu'à combattre. Les fidèles amis de sa jeunesse qu'il avait à Magnésie et parmi les émirs de Caramanie lui composèrent un noyau de partisans suffisants au moins pour couvrir sa tête. Il se tint dans une immobilité irréprochable mais forte, offrant à Sélim Ier de le reconnaître et de le servir, pourvu qu'on lui garantît le gouver-

nement de sa province. Une existence studieuse dans les loisirs de son palais de Magnésie le consolait aisément de la perte du trône. L'abdication est facile aux princes plus jaloux de sagesse que de pouvoir.

Mais l'ambitieux et turbulent Achmet, si longtemps destiné au trône par son père, et tant de fois repoussé du trône par les menaces de son frère, ne pouvait se résigner à l'usurpation de Sélim Ier. L'importance et l'éloignement de son gouvernement d'Amasie et de Saroukhan, les troupes turcomanes qu'il y entretenait pour sa cause plus que pour la sûreté de l'empire, les quatre fils, déjà dans l'âge de la guerre, qu'il avait eus de bonne heure de plusieurs femmes, Alaeddin, Mourad, Soliman et Othman, lui défendaient de céder sans combattre. Pendant qu'il recrutait lui-même une armée nombreuse parmi les tribus belliqueuses des montagnes d'Amasie, l'aîné de ses fils, Alaeddin, traversa rapidement l'Anatolie avec douze mille cavaliers et s'empara de Brousse au nom du sultan son père. La possession de cette capitale asiatique rapprochée de Constantinople pouvait balancer, même en Europe, l'usurpation de son oncle.

Sélim Ier, avec la promptitude de résolution qui lui avait valu l'empire, apaisa rapidement par quelques concessions et quelques supplices les rivalités soulevées entre ses janissaires et ses spahis par les gratifications des premiers jours de règne. Il marcha avec soixante et dix mille hommes sur le mont Olympe pour surprendre Alaeddin dans les murs de Brousse. Il envoya en même temps sa flotte bloquer toutes les côtes de l'Asie Mineure, depuis le golfe d'Alexandrette jusqu'au golfe de Smyrne, pour intercepter la fuite par mer à tous les fugitifs de sa famille qui pourraient, par leur évasion, donner à son règne les soucis que Djem avait donnés à son père, Bajazet II.

Alaeddin, trop faible pour résister dans Brousse à l'armée impériale, se replia rapidement sur Achmet, son père, dans les défilés d'Angora. Achmet, bientôt refoulé lui-même dans les environs d'Amasie, envoya ses deux fils, Othman et Soliman, solliciter les secours du schah de Perse, Ismaël.

VI

Pendant cette campagne, Achmet était sorti d'Amasie avec l'élite de ses troupes pour harceler l'armée disséminée de son frère. Il avait laissé son harem dans la ville. Sélim Ier, informé de son absence, fit marcher sur Amasie une élite de cavaliers, avec ordre de surprendre la ville et de s'emparer du harem et de la famille d'Achmet, otages qu'il brûlait de tenir dans ses mains pour les immoler ou pour les marchander à son frère.

Le grand vizir de Sélim, déjà grand vizir sous Bajazet II, était alors Mustafa-Pacha, ce même négociateur que nous avons vu trafiquer avec Alexandre VI de la mort de Djem. Homme d'État habile mais équivoque, Mustafa-Pacha était un de ces hommes qui, soit par humanité, soit par prévoyance des retours de la fortune, se réservent des reconnaissances dans les deux partis. Il fit avertir Achmet de l'expédition méditée par Sélim Ier contre ses femmes et ses enfants. Achmet, embusqué sur la route de la cavalerie de Sélim, fondit le sabre à la main sur le détachement et vengea dans le sang de ces spahis l'attentat qu'ils allaient accomplir contre sa famille.

Une lettre interceptée fit soupçonner à Sélim Ier la connivence de Mustafa-Pacha dans cette déception et dans cette déroute. Être soupçonné, pour lui c'était être déjà criminel. Il fit convoquer devant sa tente un *divan* à cheval (signe d'urgence et de gravité des résolutions chez les Turcs). A leur apparition devant lui, chacun des vizirs reçut un *cafetan* d'honneur, faveur habituelle et significative de la satisfaction du maître. Le grand vizir reçut seul un *cafetan noir*, signe de réprobation et de préparation à la mort. Les chiaoux, sans attendre d'autre arrêt, se précipitèrent sur Mustafa-Pacha et l'étranglèrent avec une corde d'arc, instrument de supplice emprunté à l'arme nationale des Tartares, qui ne déshonorait pas la mémoire en étouffant la vie.

Hersek-Ahmed-Pacha, vieillard déjà éprouvé quatre fois comme grand vizir par Mahomet II et par Bajazet II, fut investi une cinquième fois d'un poste si périlleux sous un tel maître.

Sélim Ier, après avoir refoulé Achmet jusqu'au delà des frontières de Perse, revint avec la moitié de l'armée à Constantinople. Il voulait y épuiser d'un seul trait tout le sang de Bajazet II qui coulait dans les veines de ses neveux. Cinq fils de ses frères morts avant la fin du règne de Bajazet II vivaient captifs dans le palais de Brousse. Cinq officiers des janissaires furent chargés d'aller les arracher de leur prison et de les amener à Constantinople. On les jeta pêle-mêle dans une chambre du grand sérail, incertains s'ils venaient pour recevoir de leur oncle la liberté ou la mort. Un grillage et un rideau séparaient seuls leur salle de l'appartement du sultan. Il craignait tellement d'être trompé par quelque subterfuge de pitié dans son meurtre, qu'il avait voulu assister lui-même, invisible mais témoin, à cet égorgement.

Cinq chiaoux, tenant à la main des cordes d'arc, entrèrent à un signe de Sélim, présentant la mort à ces enfants. Ils la virent avec horreur, mais sans faiblesse indigne de leur rang. Le plus jeune, seul, âgé de neuf ans, se jeta à genoux devant les bourreaux et implora la vie avec larmes, promettant qu'il servirait fidèlement le sultan comme un simple janissaire au prix du pain qu'on lui laisserait manger et d'une solde d'un *aspre* par jour. Pour toute réponse, on l'étrangla sous les yeux de ses cousins. Les quatre autres, groupés dans un angle de la salle, furent successivement arrachés des bras l'un de l'autre pour expirer sur le tapis. Le dernier, jeune prince de vingt ans, fils d'Alem-Schah, doué d'une intelligence, d'une beauté et d'une vigueur héroïques, voulut venger, du moins, en mourant, sur ses bourreaux le meurtre de sa race. Armé d'un yatagan, qu'il avait caché sous ses habits, il lutta en désespéré contre ses assassins, en terrassa quatre et coupa la main au cinquième. Il allait survivre, faute de bourreaux, quand Sélim Ier, entr'ouvrant au bruit les rideaux qui le séparaient de ses victimes, appela de nouveaux chiaoux au secours de leurs camarades désarmés. Le fils d'Alem-Schah, après une nouvelle lutte, succomba enfin sous le nombre, et son corps fut jeté sur ce monceau de cadavres. Par un hypocrite respect pour le rang, après avoir anéanti la vie, les malheureux princes, rapportés à Brousse par les mêmes janissaires qui les avaient amenés au supplice, furent ensevelis avec honneur au tombeau d'Amurat leur aïeul.

VII

A cette exécution en masse de tout ce qui portait dans son sang une menace éventuelle à l'usurpation du trône, Korkoud comprit trop qu'aucune résignation ne le sauverait du lacet de son frère. Il chercha à rallier promptement autour de lui les émirs et les begs de son gouvernement. Mais Sélim Ier, plus prompt au crime que Korkoud aux armes, parut inopinément, sous prétexte d'une chasse, à la tête de dix mille cavaliers, aux portes de Magnésie. Korkoud, surpris et cerné dans la ville, n'eut que le temps de s'évader sous un déguisement par une porte de ses jardins ouvrant sur la forêt des platanes. Suivi d'un seul de ses amis fidèles, Pialé, il parvint à trouver un refuge dans les montagnes du Tékké, d'où il espérait, comme son oncle Djem, descendre vers la mer et fuir en Syrie. Un reste de son opulence passée le trahit.

Les deux cavaliers fugitifs, cachés sous des cafetans grossiers de feutre, manquaient de nourriture dans la caverne qu'ils habitaient depuis quelques jours. Ils prièrent un chevrier turcoman paissant son troupeau dans le voisinage d'aller leur acheter du pain dans un village de la plaine. Korkoud pour accélérer le retour du berger lui donna son cheval à monter. Les autres pasteurs, étonnés de la race du cheval et de la richesse de la bride, soupçonnèrent des princes ou des émirs dans les deux étrangers. Ils dénoncèrent leur retraite à Kasim-Beg, gouverneur du Tékké pour Sélim. Kasim envoya des soldats pour les amener à son sérail. Il reconnut Korkoud et informa Sélim; le sultan lui ordonna d'amener ses prisonniers à Brouse. A leur approche, il envoya Sinan-Pacha au-devant de son frère, comme pour faire honneur en lui au sang royal. Sinan fit séjourner Korkoud dans un kiosque impérial de la forêt de Brousse, à quelque distance de la capitale. Rien dans cet accueil ne présageait son sort au prince proscrit. Il couchait dans la même chambre que son compagnon d'étude et de fuite, le généreux Pialé. Une nuit, Sinan, sous un prétexte spécieux, éloigna Pialé de la chambre de son ami. Korkoud, endormi sans défiance, fut réveillé pour entendre l'arrêt de sa mort. Il ne demanda qu'une heure de vie pour faire sa prière et pour écrire un dernier adieu à son frère et à son bourreau. Sinan l'accorda. Korkoud, après avoir prié, écrivit avec une liberté complète d'esprit, le cordon sous les yeux, une lettre en vers à son frère. Cette poésie funèbre pleine de calme, de résignation, de piété, attestait la sublime philosophie du prince qui lui laissait jusque dans la mort le goût et le sang-froid de cadencer son dernier soupir. Au dernier vers, il tendit lui-même le cou au cordon.

Sélim Ier, plus sensible à l'élégie de son frère qu'à sa mort, sanglota en lisant ses vers. Il ordonna un deuil de trois jours pour pleurer la victime de la raison d'État, qu'il venait d'étrangler. Il honora la fidélité de Pialé, l'ami inséparable de Korkoud, et le chargea d'être le gardien du tombeau de son ami. Quant aux bergers turcomans du Tekké qui étaient accourus à Brousse pour demander la récompense de leur délation, il en fit mettre quinze en croix sur la route de Brousse à Tékké, pour apprendre aux peuples comment les princes, qui profitent du crime, rémunèrent leurs complices après que le crime est accompli.

VIII

La surveillance de l'Asie, où il craignait une nouvelle invasion de son frère plus belliqueux Achmet, le retenait à Brousse. Achmet, renforcé de trente mille Persans et Turcomans, s'avançait en effet vers le cœur de l'Anatolie. Déjà il contournait les forêts du mont Olympe avec soixante mille cavaliers, refoulant devant lui les avant-gardes et les pachas du sultan. Brousse tremblait dans ses murailles. Sélim Ier, rappelant à lui tous les janissaires d'Europe et tous les Tartares de Seadet-Ghiraï, khan de Crimée, son allié, fondit par les deux flancs du mont Olympe sur Achmet, et, le forçant à étendre son centre, le rompit par une charge de cavalerie qu'il dirigeait lui-même sur les tentes de son frère. La rupture du centre entraîna la déroute des ailes. Le cheval d'Achmet, emporté lui-même par l'irrésistible courant de la fuite, galopait sur une chaussée étroite au bord d'un marais. La terre glissante s'éboulant tout à coup sous le poids du cheval, entraîna Achmet renversé dans le fossé. Pendant qu'il se dégageait sous le poids du cheval et des armes, un émir turcoman, Doukaghinoghli, qui le poursuivait presque seul, descendit de cheval, le désarma et lui lia les mains avec sa ceinture. Achmet offrit en vain à Doukaghinoghli, pour obtenir de lui sa liberté, l'aigrette de diamants qui surmontait son turban. « C'est trop magnifique pour un simple esclave du sultan comme moi, » répondit ironiquement le barbare. Les Turcs accoururent et conduisirent Achmet au sultan. Sélim Ier refusa de le voir. Déposé sous une tente après la bataille, Achmet écrivit à son frère pour lui demander non plus le trône et la liberté, mais la vie. Le sultan fut inflexible. « Dites-lui, répondit-il à celui qui lui avait remis la lettre, qu'un Ottoman qui est resté dans un indigne repos à Amasie dans le temps où nous combattions tous pour sauver la religion et la patrie de la révolte et du schisme de Scheïtankouli et qui, plus femme que les femmes, consumait sa jeunesse dans son harem, n'est pas digne de vivre. » Sélim Ier savait, selon les hommes, trouver un crime à punir dans toutes les victimes qu'il voulait frapper. Il envoya pour toute grâce un cordon d'or à Achmet. Le condamné, pour acheter du moins en mourant les honneurs du tombeau de la faveur de son frère, ôta de son doigt un anneau dans lequel était enchâssée une pierre précieuse qui était estimée par les joailliers génois du temps d'une valeur égale à une année du revenu de toute l'Asie Mineure. C'était un présent de Bajazet II au plus cher de ses enfants. « Remettez, dit-il, cet anneau au sultan comme un souvenir dont je le prie d'excuser le peu de prix! — Et moi je vais lui donner, repartit le féroce vainqueur, le seul *sandjak* (fief) qui convient à un prince ottoman vaincu, le sépulcre. »

Achmet, étranglé quelques heures après, sans avoir revu sa femme ni ses filles tombées aux mains de ses ennemis, fut enseveli avec ses cinq neveux dans le *turbé* ou tombeau d'Amurat II à Brousse.

IX

Les puissances d'Europe et d'Asie, à l'exception du schah de Perse, s'empressèrent de reconnaître par leurs ambassadeurs les droits de l'usurpation, de la victoire et du crime. Venise se signala par la magnificence et par l'adulation de ses ambassades. La Russie répara les inconvenances de son premier ambassadeur par la déférence et les hommages de son second envoyé, Alexeief. Vassili, qui régnait alors à Moscou, rappelant au sultan des Turcs leur origine tartare, disait à Sélim Ier dans sa lettre : « Nos pères ont été frères, pourquoi ne vivrions-nous pas en frères? » Alexeief croisa ses bras sur sa poitrine en paraissant devant le sultan.

Sélim le fit accompagner à Moscou par Kémal-Beg, prince de Menkoub. Kémal remit à Vassili une lettre en arabe et une autre écrite en langue servienne. Les Russes et les Ottomans conclurent un premier traité de commerce dans les termes d'une complète réciprocité de liberté et de sûreté pour leurs sujets. La Russie, qui voyait déjà en perspective la conquête et l'adjonction des Tartares de la Crimée à ses possessions, tenta vainement d'entraîner Sélim dans une ligue contre les Ghiraï, sultans de ce pays. Sélim Ier avait épousé une fille de Menghli-Ghiraï, ami et appui de sa jeunesse, pendant qu'il gouvernait Caffa. Il éluda toute hostilité contre les Tartares de Crimée devenus membres de sa famille et fidèles auxiliaires de l'empire. La guerre de Perse couvait depuis sa jeunesse dans son âme. Il avait à venger sur les Persans trois ressentiments : l'un national, l'humiliation des armes de Bajazet II son père; l'autre religieux, le schisme des Sonnites et des Schiites qui déchirait l'islamisme; le dernier enfin, tout personnel, l'asile que la Perse donnait aux fils d'Achmet, ses neveux et ses compétiteurs au trône des Ottomans.

La Perse, aussi mobile que l'Océan dans ses destinées dynastiques, exige un nouveau regard du narrateur de ces événements, au moment où Sélim Ier méditait contre elle sa formidable expédition de 1514. Elle était alors réunie et gouvernée par un des princes les plus guerriers et les plus politiques de ses nombreuses dynasties, le schah Ismaël Sophi.

La dynastie des Sophis ne devait le trône ni à la conquête, ni à l'usurpation, ni à l'adulation, ni au meurtre, mais à la vertu. Un sage nommé Saffi-el-din (ou l'homme à la foi pure) vivait (vers 1370) dans une condition privée au sein des montagnes habitées par les tribus pastorales de Perse. Ce philosophe solitaire, héritier des traditions du pur déisme qui avait précédé la religion de Zoroastre et celle de Mahomet, n'adorait, disait-il, que le Dieu sans symbole dont la nature est la révélation, dont la conscience est l'oracle, et dont la vertu est le culte. Néanmoins, comme la religion de Mahomet ne professe au fond aucun autre dogme que ce déisme pratique, Saffi-el-din concordait en cela avec le culte national, se bornant à l'épurer, à l'exemple de son fondateur lui-même, de tout ce qui pouvait en souiller le dogme et la morale, par les superstitions ou par le fanatisme populaire. Il la prêchait par ses discours, mais plus encore par sa sainteté, qui lui avait donné pour sectateurs parmi les tribus tous ceux qui cherchent Dieu sous les fables, et la vertu sous les erreurs populaires. La Perse, civilisée par tant de siècles d'existence et par tant de souvenirs des religions primitives qui avaient découlé de l'Inde dans ses premières croyances, était plus mûre qu'aucune autre nation de l'Orient pour le déisme philosophique, pieux et pratique de Saffi-el-din. Sa foi se répandit comme une lueur dans les ténèbres. Ses dogmes simples eurent d'autant plus d'empire sur les esprits qu'ils n'avaient en lui aucun alliage d'ambition, de fanatisme, d'intolérance, et qu'il évitait les grandeurs ou les richesses de la terre avec autant d'abnégation que d'autres les recherchent dans ce qu'ils appellent les intérêts de la vérité. La réputation de sainteté de ce solitaire était tellement établie en Perse, à l'époque de l'invasion de Timour-Lenk (vers 1380), que ce conquérant, à la tête de deux millions d'hommes, ne dédaigna pas de se détourner de sa route pour venir visiter le sage dans ses montagnes. Timour, qui cherchait la vérité et qui honorait la vertu partout et même chez ses ennemis les chrétiens, malgré son mahométisme national, écouta avec un humble ravissement d'esprit le dogme et les maximes de ce chef de pasteurs. « Que me demandez-vous de vous accorder, lui dit-il, en échange des vérités sublimes dont vous avez enrichi mon âme? — Rien pour moi, répondit le sophi au maître du monde, je vous demande seulement la vie et la liberté de tous les prisonniers chrétiens ou turcs que vous ramenez de vos conquêtes. » Timour fit ce sacrifice au sage charitable qu'il était venu consulter.

Ces prisonniers, laissés libres en Perse à la sollicitation du solitaire, s'établirent avec leurs troupeaux dans les montagnes et adoptèrent par reconnaissance les dogmes de leur libérateur. Ce fut, plus tard, à ces tribus de pasteurs préservées des vices et de la servitude du reste de la Perse, que les descendants du sage durent le trône d'Ispahan et de Bagdad.

X

Le fils de Saffi-el-din hérita, comme chez les Hébreux, de la sagesse et de l'autorité morale de son père. Il parcourut, en répandant la parole pure, la Perse, la Syrie, et mourut à la Mecque, où l'on vénère encore son tombeau. Djounéid, son arrière-petit-fils, prit également le manteau sacré du prophète (vers 1470), et continua avec un prosélytisme immense la prédication de la sainte philosophie. Ouzoun-Hassan, ce conquérant turcoman de la Perse dont nous avons raconté les guerres avec le sultan Amurat II, donna une de ses filles pour épouse à l'apôtre. Persécuté et poursuivi par un autre roi de la Perse, Djihan-Schah, Djounéid se réfugia dans la province reculée du Schirwan, et mourut d'une flèche dont les cavaliers de Djihan-Schah l'atteignirent. Le fils de Djounéid, Haïder-Sophi, mourut lui-même sous les coups des bourreaux du tyran de la Perse (1488). Son martyre raviva la foi des sophis. Son tombeau devint le temple de la nouvelle foi. Deux de ses enfants proclamés sultans furent élevés au rang suprême par le peuple, et précipités du trône au tombeau par des compétiteurs d'autres provinces. Le troisième de ses fils, Ismaël, soutenu par la popularité attachée au nom, aux vertus, aux malheurs de sa famille, réunit en peu d'années la Perse entière sous sa monarchie (1502). Descendant du calife

Ali par une filiation lointaine, sacré pour ce motif aux mahométans de la Perse sectateurs du fils de Fatimâ, étranger aux tribus des grandes provinces qui avaient tour à tour prévalu les unes sur les autres, et qui voyaient en lui un arbitre désintéressé de leurs différends, conquérant de Bagdad, vainqueur des Tartares, Ismaël-Schah (1507), jeune encore, n'avait plus de compétiteur au dedans, plus d'ennemis, excepté les Turcs, au dehors. Mais le schisme jetait entre ces deux branches de la famille de Mahomet un germe si vivace d'inimitié qu'aucune paix n'était longue ou sincère. La haine religieuse s'était convertie en haine nationale ; elle était devenue le proverbe des Ottomans : « Il y a, disait le peuple fanatisé par ses derviches, soixante-dix fois plus de mérite devant Dieu et le Prophète à tuer dans la guerre un Persan qu'un chrétien. »

XI

Sélim Ier, soit qu'il partageât, soit qu'il feignît ce fanatisme de son peuple, préluda à la guerre par une extermination de tous les sectateurs d'Ali dans l'Asie et dans l'Europe. La prédication et la révolte de Scheïtankouli les y avaient multipliés sous Bajazet II, surtout parmi les Turcomans et les Caramaniens d'Asie. Sélim fit dresser en secret, par ses espions, des listes de tous les sectateurs d'Ali existant dans les villes ou dans les tribus de l'Anatolie ou de la Roumélie. Ces listes contenaient les noms de quarante mille proscrits, depuis l'âge de sept ans jusqu'à l'extrême vieillesse. A un signal parti du sérail de Brousse, ces quarante mille victimes furent immolées sans pitié, sous prétexte de la foi nationale. L'hérésie fut ensevelie sous ces quarante mille cadavres. L'horreur de ce crime par piété était tellement atténuée, à cette époque, par les sacrifices humains que le fanatisme des rois et des peuples avait accomplis dans toute l'Europe contre d'autres schismes en Italie, en Espagne, en France, que les historiens turcs louent hautement Sélim de sa piété dans ce massacre, que l'ambassadeur Justiniani, témoin oculaire, en parle avec indifférence, et que l'envoyé de Venise, Mocenigo, dit confidentiellement à P. Giovio, chroniqueur du temps : « Qu'à son avis, aucun prince n'égala jamais le sultan Sélim, auteur de ce crime, en justice et en humanité. » Tant le fanatisme abolit la conscience chez ceux-là mêmes qui ne sont que les spectateurs désintéressés de pareils forfaits.

XII

Le cri du sang de ces quarante mille sectateurs d'Ali souleva la Perse, qui professait le même schisme. Ismaël-Schah s'ébranla de Tauris avec une armée de cent mille hommes aguerris pour venger ses coreligionnaires (1514). Il conduisit avec lui sur les frontières turques un des fils d'Achmet pour revendiquer le trône des Ottomans usurpé par l'assassin de son père. Sélim s'attendait à ce soulèvement de la Perse contre lui. Ce n'était peut-être pas sans dessein qu'il lui en avait fourni l'horrible prétexte dans le massacre des schismatiques. Monté au trône par la guerre, la guerre seule pouvait l'y affermir. Cependant, comme s'il eût été surpris du danger de l'empire, il convoqua un divan *à cheval* à Brousse, et, dans un discours martial à ses vizirs, à ses pachas et à ses feudataires de *sandjaks*, il proclama la guerre sainte, et assigna pour lieu de rassemblement général des troupes la ville d'Iényschir, sur la route de Perse. Nul, excepté un vieux janissaire, n'osa élever ni une objection ni une approbation; tout était déjà muet sous la terreur que sa colère éclatant comme la foudre avait su répandre autour de lui. Le vieux janissaire, se prosternant aux pieds du sultan, lui rendit grâces de conduire enfin ses soldats à la guerre sainte. Sélim, pour récompenser son zèle, lui donna à l'instant un des premiers *sandjaks* ou fiefs de l'empire : « Celui qui a double cœur, dit-il, en donnera aux autres. Malheur aux Ottomans qui chercheraient le repos quand leur sultan cherche l'ennemi de leur religion et de leur race! »

XIII

Sélim Ier partit, sans rentrer dans son palais, de ce divan *à cheval*, pour Andrinople, afin d'y allumer par sa présence le même fanatisme. Il y appela à lui toutes les troupes du Danube, de la Grèce, de la Macédoine, dont la paix générale avec les puissances chrétiennes le laissait disposer contre l'Asie. Dix jours après, il s'avançait à la tête de soixante mille hommes vers Constantinople, et faisait planter sa tante hors des murs, dans la *plaine des Éléphants*, près de la mosquée d'Aïoub. Il alla y vénérer les reliques du premier martyr des Ottomans, et y ceindre le sabre des sultans.

Le lendemain de cette cérémonie, il appela de Magnésie son fils Soliman, âgé de vingt ans, et il lui confia l'empire pendant son absence. Il fit franchir le Bosphore à l'armée d'Andrinople, et la dirigea à marches forcées sur Iényschir pour y rejoindre l'armée de Brousse. Il nomma l'eunuque Sinan-Pacha, le plus consommé de ses généraux et de ses vizirs, gouverneur général de l'Asie Mineure derrière lui, afin de surveiller de près son fils à Constantinople, et d'administrer les provinces d'Asie, réservoir intarissable d'hommes, d'armes et d'or pour son armée active.

XIV

Arrivé à Iényschir, il écrivit au schah Ismaël un manifeste dans lequel, suivant le précepte du Coran, il menaçait avant de frapper, et il avertissait son ennemi de se préparer au combat. Ce long manifeste caractérise trop l'esprit de Sélim Ier, le génie et la langue des hommes d'État ottomans, pour n'en pas citer quelques passages. Le soldat, le sectaire, le sultan, l'homme d'État, le lettré, le poëte s'y révèlent dans la pompe barbare des publicites des l'Orient.

« Moi, chef souverain des Ottomans, dit Sélim Ier, moi, le maître des héros du siècle, qui rassemble en ma personne la puissance de Féridoun, la gloire d'Alexandre le Grand, la justice et la clémence de Chosroès ; moi, l'exterminateur des idolâtres, le destructeur des ennemis de la vraie foi, la terreur des tyrans et des Pharaons du siècle ; moi, dont la main brise les sceptres les plus forts, Sélim-Khan, fils du sultan Bajazet II, fils de Mahomet II, fils de Mourad, à toi, émir Ismaël, chef des troupes persanes, semblable en tyrannie à Sohak et à Éfrasiab, tyrans sanguinaires de la Perse, et prédestiné à périr comme le dernier Darius, je t'écris :

» Le Seigneur a dit : « Nous n'avons pas créé le ciel et » la terre pour en faire un jouet. » Ici, après deux pages d'injures atroces à Ismaël pour lui prouver qu'il est indigne de tenir le sceptre des créatures de Dieu, il lui déclare que les oulémas de son empire l'ont jugé, réprouvé et condamné à mort. « Cependant, ajoute-t-il, conformément à l'esprit et à la loi du Prophète, nous venons, avant de commencer la guerre, te présenter les paroles du Coran au lieu du sabre, et t'exhorter à te rallier au vrai culte. C'est pourquoi, dit Sélim, nous t'adressons la présente lettre :

» Nous avons tous, continue-t-il en argumentant avec son ennemi, une nature différente, et l'esprit humain ressemble aux mines d'or et d'argent ; le pur et l'impur s'y mêlent dans le limon. Le moyen le plus efficace, pour remédier au mal, est de sonder profondément sa conscience, d'ouvrir les yeux sur ses fautes, d'invoquer le pardon du Dieu clément et miséricordieux avec un vrai repentir et une amère douleur ; nous t'invitons, en conséquence, à rentrer en toi-même, et à nous restituer le territoire violemment détaché de nos États, sur lequel tu n'as que des prétentions illégitimes.

» Mais si, pour ton malheur, tu persistes dans ta conduite passée, tu verras dans peu de temps tes plaines couvertes de nos tentes et inondées de nos soldats. Alors s'accompliront des miracles de bravoure, et la volonté du Dieu des armées se manifestera entre nous. Au reste, salut à qui suit la voie du salut ! »

XV

L'armée, parvenue, en se grossissant toujours, jusqu'à Siwas, près des frontières de la Perse, fut passée en revue par Sélim. Il y compta cent quatre-vingt mille combattants, dix mille conducteurs de mulets portant les vivres, soixante mille chameaux ; une flotte chargée de riz et d'orge était à l'ancre dans la mer Noire auprès de Trapézoun, d'où des multitudes de chameaux approvisionnaient le camp. Ismaël-Schah, informé du nombre des Ottomans, avait fait replier toute la population et incendier les moissons sur sa frontière pour mettre le désert entre Sélim et lui.

Le sultan, irrité d'un obstacle qu'il attribuait à la lâcheté d'Ismaël-Schah, lui envoya en signe de mépris et d'insulte un présent dérisoire composé d'un froc, d'un bâton, d'un cilice et d'un cure-dent, bagage ordinaire d'un derviche, par allusion au Sophi son aïeul, qui avait conquis le trône par son mysticisme et non par les armes. La lettre qui accompagnait ce présent était écrite en vers persans composés par Sélim Ier lui-même : « *Ceux qui usurpent les trônes doivent, comme les boucliers*, disait cette lettre, *présenter au moins leur poitrine aux flèches : La fiancée de l'empire ne se laisse embrasser que par le guerrier qui baise sans pâlir les lèvres du sabre.* »

XVI

Ismaël-Schah répondit à cette lettre et à ce présent par l'envoi d'un ambassadeur qui remit à Sélim Ier une cassette d'*opium*, signe du délire de ses pensées. Cependant la réponse d'Ismaël au manifeste des Turcs respirait la justice, la modération et un impérieux dédain des menaces de Sélim : « Je t'écris ceci, lui disait-il négligemment, sans me détourner d'une chasse que je prolonge pour mon plaisir dans mes plaines d'Ispahan. Fais ce que tu voudras de mon ambassadeur. » Sélim Ier fit couper le nez et les oreilles à l'envoyé, nommé Schahkouli-Ayi, et l'envoya ainsi mutilé à son maître.

XVII

Cependant les quarante jours de marche dans un pays dénudé par Ismaël séparaient Sélim Ier de Tauris, où l'attendait Ismaël. L'armée ottomane, effrayée de ces quarante journées de désert, murmurait et demandait sourdement le retour. Les vizirs et les begs chargèrent Hemdem-Pacha, compagnon d'enfance du sultan et le plus familier de ses courtisans, de lui représenter la répugnance de ses troupes et les périls de l'obstination. Pour toute réponse, Sélim Ier fit trancher la tête à Hemdem-Pacha et la fit exposer devant sa tente aux regards des janissaires. La terreur apaisa le murmure; l'armée s'avança lentement vers Tauris. Elle ne rencontrait d'autre ennemi que la faim et la soif. Les chameaux périssaient par milliers. « Es-tu mort ou vivant, Ismaël? écrivit une troisième fois le sultan au schah. Voici que j'arrive; j'ai déjà marché plusieurs semaines sans voir ni toi ni ton armée; crois-moi, suis mes conseils : si tu persistes à te cacher, tu n'es pas un homme; change ton casque contre une coiffure de femme, ta cotte de fer contre un parasol et un éventail. » Pour mieux interpréter la lettre, celui qui la portait était chargé de remettre en même temps au schah de Perse l'éventail, le parasol et la coiffure de femme.

Rien ne put arracher Ismaël à sa patiente immobilité. L'armée, exténuée, touchait enfin aux vallées qui débouchent sur Tauris. A l'aspect de ces collines arides, où les arbres incendiés par les Persans et les pâturages desséchés par le soleil n'offraient que la stérilité et la mort aux yeux des soldats, les janissaires entourèrent de groupes tumultueux les tentes de leur maître, demandant à haute voix le retour sur la terre de l'herbe et des moissons. Sélim Ier monta à cheval, et paraissant tout à coup au milieu d'eux : « Est-ce là, s'écria-t-il en les gourmandant, le langage de mes fidèles esclaves? Obéir en murmurant sans cesse, est-ce donc obéir? Que ceux d'entre vous qui veulent revoir leurs femmes et leurs enfants se retirent! Que les lâches se séparent librement des braves armés du sabre et de l'arc pour la cause de Dieu! Quant à moi, je ne suis pas venu jusqu'ici pour retourner honteusement sur mes pas. »

Une éclipse de soleil, qui obscurcit le jour en ce moment, seconda l'éloquence du sultan. Les Turcs y virent le présage de la ruine des Persans, adorateurs jadis du soleil,

qui leur refusait sa lumière. Enfin deux jours après, Sélim Ier aperçut au fond de la plaine de Tchaldiran les tentes innombrables de l'armée d'Ismaël, qui l'attendait comme dans un cirque muré et étagé par la nature pour un combat à mort entre deux races ennemies.

XVIII

Le sultan fit faire halte pour étudier de l'œil le champ de bataille et pour tenir conseil à cheval avec ses généraux les plus exercés. Tous, à l'exception du defterdar Piri-Pacha, s'accordèrent à conseiller au sultan de donner un jour de repos à l'armée pour retremper la force épuisée des hommes et des chevaux. « La force morale, dit le defterdar, est la première force des armées ; si nous hésitons à descendre immédiatement dans la plaine et à attaquer l'ennemi aussitôt que nous l'apercevons devant nous, nos troupes croiront que nous délibérons avec le danger, et les Persans s'imagineront que leur seul aspect nous arrête ; voir l'ennemi et fondre sur lui, c'est la seule tactique des braves confiants en Dieu et eux-mêmes ! — Voilà un homme, s'écria Sélim Ier, que n'ai-je un vizir comme lui ! »

Placé sur une éminence qui dominait le défilé et la plaine, il lança du geste sa cavalerie comme un courant de fer dans le bassin. Ismaël, étonné de l'audace et du nombre, mais rassuré par l'assiette du camp fortifié où il avait étagé ses troupes, était à cheval à côté d'un prisonnier turc à qui il avait conservé la vie pour se faire énumérer les corps qui débouchaient au galop dans la plaine. « Quels sont ces étendards rouges qui couvrent la hauteur comme une rosée de sang? disait-il au prisonnier? — Ce sont les cavaliers de Mikhal-Oghli. — Et ces étendards verts qui descendent dans les ravines? — Ce sont les cavaliers de Castémouni qui suivent le fils de leur sultan Iskendiar; ces deux corps forment l'avant-garde de Sélim Ier. » A ces mots un nuage épais de poussière s'éleva sur une des pentes du cirque et laissa entrevoir une masse intarissable de fantassins vêtus de rouge. « Ce sont les azabs, » dit le prisonnier. Quand le nuage de sable qu'ils soulevaient sous leurs pas fut retombé, il s'en éleva deux autres, et Ismaël aperçut à travers cette poussière étincelante les pommeaux d'or de la selle des cavaliers feudataires d'Europe et d'Asie; puis se déployèrent les drapeaux rayés de rouge et de jaune d'une autre infanterie. On croyait voir, disent les historiographes de Perse, des voiles de femme fixés sur la tête par des épingles d'or, se dérouler et flotter sur les épaules de ces fantassins; c'étaient les bonnets de feutre blanc des janissaires avec la manche du derviche leur fondateur soulevés par le vent de la marche; les épingles d'or étaient la cuiller de cuivre que ces soldats portaient en aigrette sur le devant du bonnet, et que le soleil faisait alors éclater comme de l'or. Enfin Ismaël demanda quels étaient ces groupes de chevaux qui hennissaient et piaffaient derrière les janissaires ombragés à droite d'étendards verts, à gauche d'étendards rouges, et au milieu de deux hautes et larges bannières, l'une écarlate comme le feu, et l'autre blanche comme la neige. « Gloire à Dieu, dit le Turc, voilà enfin le glorieux sultan, notre padischah : ce sont ses bannières; à droite sont ses spahis, à gauche ses *silidhars*, derrière lui ses gardes du corps! » Ce dénombrement formidable arracha un soupir involontaire de la poitrine d'Ismaël. Il contempla en guerrier consommé l'ordre de bataille qui se formait devant lui dans l'autre moitié de la plaine sous les yeux de Sélim Ier. Ce prince, plus général que sultan, présidait à tout, galopant dans la plaine d'un corps à l'autre. Il plaçait à droite sa cavalerie, divisée en deux colonnes, sous l'eunuque intrépide Sinan-Pacha, dont le courage n'offusquait jamais l'intelligence; à gauche l'infanterie d'Europe sous Hassan-Pacha, beglerbeg de Roumélie; entre ces deux corps, les innombrables *azabs*, soldats feudataires des deux continents; derrière eux, au centre de l'armée, comme le cœur au milieu de la poitrine, les janissaires, cette réserve des batailles, entourés comme d'un rempart par les chariots et les chameaux qui leur faisaient une forteresse contre les cavaliers persans si justement redoutés des Turcs à cause de la taille, de la fougue et de l'acharnement de leurs chevaux aussi héroïques que leurs cavaliers; les canons, liés entre eux par des chaînes de fer, étaient pointés en batteries sur deux éminences des deux côtés de l'armée des Turcs. Le sultan, ses vizirs, ses officiers, ses gardes placés sur un mamelon derrière les janissaires, dominaient du site et de l'œil l'ordre de bataille. La fatigue et les privations d'aliments de la longue route étaient oubliées dans l'armée ottomane par l'ardeur de se trouver enfin avec un ennemi si longtemps cherché, et par la confiance de retrouver bientôt l'abondance, les dépouilles, la gloire dans ces tentes splendides des Persans, étincelantes d'or et de soie. Cent vingt mille combattants respiraient la colère et attendaient le signal de Sélim Ier.

XIX

Ismaël avait disposé d'avance son armée, plus nombreuse encore, sur les gradins de la plaine à l'Orient, d'où il pouvait fondre sur les Turcs par le centre, en laissant ses flancs couverts par deux caps avancés des montagnes inaccessibles à la cavalerie des ennemis. Sa confiance, jusque-là justifiée dans vingt batailles, reposait sur dix mille cavaliers d'élite, aux cuirasses de mailles, aux casques d'acier poli relevé d'or, aux aigrettes colorées de sang. Les chevaux mêmes de ces cavaliers étaient bardés d'une étoffe d'acier dont la souplesse se prêtait au mouvement de leurs membres, tout en les préservant des flèches. Ces chevaux persans aux encolures de cygnes, aux jambes nerveuses, à l'œil de feu, aux naseaux fumants, au cœur belliqueux, respiraient le carnage. Les vétérans qui les montaient ne faisaient qu'un avec leur compagnon de guerre. Outre cette cavalerie d'élite, armée de massues et de lances, Ismaël comptait trente mille cavaliers arabes et tartares dans son camp, et soixante mille combattants à pied aguerris par lui dans ses vingt années de campagne en Perse et sur l'Oxus. Oustadjluoghli, sultan de Diarbékir, vieux compagnon de ses guerres, était son principal lieutenant. Il lui avait confié le commandement d'une moitié de l'armée; il commandait lui-même l'autre moitié. Leur plan de bataille, médité à loisir et étudié sur le terrain, consistait à laisser avancer jusqu'à leur centre la nuée des azabs, infanterie de Sélim, à leur abandonner le milieu de la plaine, à fondre ensuite sur les deux flancs de cette infanterie, et à la rompre en tronçons sous le poitrail de leurs chevaux, puis à se réunir en une seule charge de quarante mille cavaliers au delà de cette infanterie dispersée ou détruite, et de fondre sur les janissaires comme une tempête équestre qui balayerait en poussière la réserve du sultan.

XX

La bataille, ainsi combinée des deux côtés, parut échapper d'elle-même à l'ardeur des combattants. Les azabs, s'avançant en colonne épaisse et rapide, parvinrent en peu d'instants jusqu'au centre fortifié des Persans, qui les attendaient immobiles. Ismaël et Oustadjluoghli, se reculant aux deux extrémités de la plaine, comme pour donner plus de champ à leurs deux ailes de cavalerie, chargèrent avec une telle impétuosité la colonne isolée, qu'ils la rompirent et la traversèrent d'outre en outre. Hassan-Pacha et ses principaux officiers tombèrent sous la hache d'armes des cavaliers d'Ismaël; mais à l'instant que le schah poursuivait sa charge avec Oustadjluoghli pour écraser les janissaires, Sinan-Pacha, qui masquait les canons avec les spahis, se retourna comme pour fuir, franchit les chaînes des canons, fit décharger les pièces à mitraille sur les cavaliers persans, et joncha la plaine de chevaux et de cavaliers foudroyés par ce tonnerre des armées. Le vieux Oustadjluoghli, emporté par son cheval, roula lui-même à la gueule d'un canon. Ismaël, passant sur son corps, poursuivit intrépidement sa charge à la tête de ses dix mille vétérans; mais les janissaires, embusqués derrière les chariots et visant à loisir sur les cavaliers arrêtés par cet obstacle, couvrirent bientôt la terre d'un second rempart de cadavres amoncelés. Ismaël lui-même, frappé d'une balle et renversé aux pieds de son cheval, allait tomber dans les mains des Turcs. Son favori, Sultan-Ali-Mirza, était vêtu du même costume que le schah pour sauver au besoin son maître dans la mêlée, en faisant douter lequel des deux était le roi de Perse. Il se jeta devant le sabre des janissaires et cria aux Turcs qu'il était Ismaël. Pendant qu'on l'arrachait de son cheval pour le faire prisonnier, un écuyer d'Ismaël relevant le schah le replaçait en selle, et, rappelant à lui ses cavaliers en fuite, le ramenait au galop vers ses tentes. L'armée persane, évanouie sous la fumée du canon et sous l'impression de la chute de son roi et de son général, n'existait plus. Tout fuyait sur la route de Tauris, où le roi lui-même, couvert de sang et de honte, n'osa s'arrêter dans sa fuite (1514).

Sélim Ier égorgea à loisir tous les blessés et tous les prisonniers qu'il trouva sous les tentes. La sultane favorite d'Ismaël, surprise par les azabs dans le harem de campagne du schah, devint la proie du vainqueur. L'armée ottomane, enrichie des trésors du camp et enivrée de sa victoire, alluma des feux de joie sur toutes les collines, et défila le lendemain devant le sultan, en lui faisant le juste hommage de son triomphe. Sélim, rassasié d'orgueil et de vengeance par le sang des vaincus, marcha le même jour sur Tauris pour ajouter à sa victoire le prestige d'une capitale conquise. Tauris, abandonnée, s'ouvrit devant lui. Il y recueillit les dépouilles d'Ismaël, et envoya à Constantinople, comme trophée, les pierreries, les brocarts, les armes incrustées d'or conquises autrefois sur les Indes, les éléphants de guerre et les trésors accumulés par Ismaël. Mille artistes et artisans choisis parmi les plus habiles ouvriers de la capitale de la Perse furent dirigés avec ces richesses à Constantinople pour y naturaliser l'industrie des Persans.

Mais le voisinage d'Ismaël rétabli de sa blessure, à qui l'affection de ses peuples fournissait une seconde armée, et la difficulté de nourrir cent quatre-vingt mille hommes dans une ville épuisée, forcèrent Sélim Ier à quitter Tauris après une halte de huit jours. L'orgueil des Ottomans était satisfait; leur ambition, qui s'était portée si avant en Europe, n'avait pas à revenir en arrière pour posséder l'Euphrate et l'Oxus. Les races conquérantes refluent rarement sur leur source. Sélim, plus insatiable que ses soldats, reprit la route de l'Aderbaïdjan, province arrosée par l'Aras où il se proposait de passer l'hiver, pour aller visiter au printemps d'autres capitales de la Perse. Cependant les janissaires, impatients de revoir leurs femmes et leurs enfants, soupçonnant les pensées de leur maître, s'ameutèrent avec plus d'insolence que la première fois, renversèrent leurs tentes à peine plantées sur les bords de l'Aras, entourèrent celle de l'empereur, et, élevant au bout de leurs sabres les vêtements en haillons dont ils étaient couverts pour lui montrer l'excès de leurs fatigues et de leur dénûment, lui imposèrent à grands cris le retour immédiat en Turquie.

XXI

Sélim Ier cacha sa colère sous une pitié affectée. Il ordonna de lever le camp et de reprendre la route de Kars; mais, attribuant à son grand vizir, Mustafa-Pacha, l'insubordination des janissaires à laquelle il était contraint de céder, il lui signifia sa disgrâce, comme autrefois Mahomet II avait signifié la mort à son grand vizir Mahmoud.

L'armée marchait en silence vers Érivan; le sultan et le grand vizir s'entretenaient au milieu d'un groupe de généraux. Tout à coup Sélim se pencha et dit quelques paroles à voix basse à un des muets qui marchaient à pied, à la tête de son cheval. Le muet, obéissant à l'ordre secret de son maître, s'approche inaperçu du cheval du grand vizir, coupe les sangles de sa selle, et fait rouler Mustafa-Pacha couvert de confusion et de huées dans la poussière. Ces huées de l'armée contre un vizir indigne par cette chute de commander à un peuple équestre, servirent le soir de prétexte à Sélim pour destituer un serviteur qui ne savait pas, dit-il, inspirer le respect aux soldats. Piri-Pacha, l'intrépide conseiller de l'attaque soudaine d'Ismaël au dernier conseil de guerre, fut nommé grand vizir à la place de Mustafa. Mais, avant de licencier l'armée à Erzeroum, Piri-Pacha, déjà disgracié, avait fait place à Sinan-Pacha, l'homme de tous ses vizirs le plus selon le cœur de Sélim. Sinan-Pacha fut chargé de reconduire la cavalerie de l'armée par la route d'Angora à Constantinople. Sélim, qui abandonnait avec peine l'idée de rentrer en Perse au printemps, séjourna tout l'hiver avec l'infanterie et les janissaires à Amasie. D'autres séditions de cette milice y soulevèrent encore sa colère. Il les punit comme à Érivan, non sur les coupables, mais sur les chefs innocents qui n'avaient pas su les prévenir. Il y reçut quatre mirzas persans, ambassadeurs d'Ismaël. Ces envoyés, chargés de riches présents venaient lui redemander, au nom de leur maître, la sultane favorite d'Ismaël, que le vainqueur avait surprise dans sa tente et qu'il avait emmenée avec lui à Amasie. L'amour d'Ismaël-Schah envers cette captive offrait des trésors et des provinces pour sa rançon. Sélim ne vit en elle que l'occasion d'un plus cruel outrage : il la maria avec Tadjizadé-Tchélébi, un des secrétaires de son divan, et, violant le droit des gens dans les ambassadeurs du schah, il les fit jeter dans les cachots, et languir jusqu'à la mort loin de leur patrie. Avant de retourner à Constantinople, il emporta d'assaut la forteresse de Tournataghi, située sur un rocher presque inaccessible au bord de l'Euphrate, où l'émir turcoman Alaeddaulet avait abrité ses trésors, ses femmes et ses neveux. Féroce dans la victoire comme dans l'assaut, il fit trancher la tête à tous les mâles de la maison du prince de Soulkadr, parent de cet émir. L'oncle fut contraint de lui présenter dans une corbeille les têtes sanglantes de ses quatre neveux. Sélim envoya ces têtes au sultan d'Égypte, qui s'était déclaré le patron de ces princes, et qui avait sollicité l'indulgence du sultan pour eux. Ce tribut dérisoire était le présage de la guerre que Sélim méditait contre les étrangers tyrans du Nil. Il revint à Constantinople pour la préparer.

XXII

Encore plein du ressentiment des désordres des janissaires pendant la campagne de Perse et pendant son séjour à Amasie, Sélim Ier les convoqua et leur demanda de dénoncer eux-mêmes les instigateurs cachés de ces séditions qui déshonoraient l'armée. Soit pour détourner d'eux la peine de leurs crimes, soit pour complaire au sultan qui leur inspirait de dénoncer ceux qu'il voulait perdre, les soldats nommèrent leur propre aga, Iskender-Pacha, leur segban-baschi, Othman, et le grand juge de l'armée ou cadi-asker, le vertueux Djafar-Tchélébi. Sans attendre d'autres preuves, Sélim fit étrangler sous ses yeux les deux chefs des janissaires et jeter leurs cadavres sans sépulture aux chiens et aux corbeaux du rivage.

Le grand juge Djafar était protégé contre un tel supplice par le caractère sacré dont il était revêtu. Un *fetwa* ou arrêt juridique était nécessaire pour justifier l'exécution à mort d'un grand juge de l'armée, égal alors au mufti. Sélim le fit comparaître devant lui pour s'armer perfidement d'un *fetwa* prononcé par sa propre bouche et à son insu contre lui-même. Ces *fetwas* en Turquie sont anonymes, afin que le nom du coupable n'influence pas la décision du juge ou du mufti consulté par le sultan. « Quel châtiment mérite, demanda Sélim à Djafar, celui qui provoque à la sédition et au crime les soldats de l'islamisme? — La mort, répondit Djafar, si le crime est prouvé. — Tu viens donc, sans t'en douter, de prononcer contre toi-même ta sentence, » répliqua le sultan. Djafar, innocent et indigné, s'abandonna sans contrainte aux reproches les plus sanglants contre un ingrat qui tendait ainsi le piége de la mort à ses plus fidèles serviteurs. « Tu mourras toi-même jeune encore et réprouvé pour le sang pur dont tu te couvres, dit-il au sultan, si tu ne te repens pas de tes fautes; tu mourras de tes remords comme le calife Haroun-al-Raschid, meurtrier de Djafar le Barmécide, le plus dévoué et le plus juste de ses ministres. L'éloquence, la poésie et la vertu de Djafar donnèrent en vain à ses derniers soupirs l'accent d'un jugement de Dieu contre son meurtrier. Sélim étouffa sa voix par le cordon.

Le crime était à peine accompli que le sultan crut sentir sur lui la vengeance céleste. Un incendie, allumé par le mécontentement des troupes, dévora un tiers de Constantinople. Le sultan, accouru avec le grand vizir pour arrêter la flamme portée par le vent jusque sur les murs et sur les arbres du sérail, s'écriait, en contemplant l'indomptable foyer ravivé par la tempête : « C'est le souffle brûlant de Djafar! Je le sens qui consume la ville, le sérail et peut-être moi-même! » Ses cris imploraient le pardon de sa victime.

XXIII

Après avoir vainement cherché dans la terreur et dans le sang le remède aux insubordinations des janissaires, Sélim Ier le chercha dans une organisation plus hiérarchique et moins indépendante de cette milice. Les janissaires, divisés jusqu'alors en trois corps d'origine diverse, comme nous l'avons raconté aux diverses formations de ces prétoriens, se composaient de soixante-deux escadrons de janissaires proprement dits, de trente-trois *odas* ou chambrées de *gardes-chasse*, de cent compagnies d'*yayas* ou fantassins. Il remit tous ces corps sous le commandement absolu d'un seul *aga* ou général nommé par le sultan lui-même, et non plus désigné par l'ancienneté. Sous cet *aga* un *aga* subordonné, quatre généraux et un commissaire impérial, œil du sultan dans l'administration supérieure de ces cohortes, furent investis du commandement général et du sous-commandement sur tous les janissaires. Cette organisation concentrait l'avancement et la discipline dans sa main. L'aga des janissaires n'était tenu à marcher à la tête de son corps que dans les campagnes où le sultan sortait lui-même avec l'armée. Le second aga avait pendant ces absences le commandement de toutes les troupes en garnison dans la capitale.

XXIV

Avant de partir pour l'Égypte, dont il méditait de plus en plus la conquête, Sélim Ier voulut, par l'établissement d'une marine imposante, balancer sur les deux mers les escadres de Rhodes, de Gênes et de Venise qui humiliaient encore son pavillon par leur supériorité. Il se souvint de Piri-Pacha, disgracié pour son insuffisance dans les conseils, mais cher pour son énergie dans l'exécution. Il le fit donc appeler un matin au sérail : « Je n'ai pas dormi de toute cette nuit, lui dit-il, rends-moi le sommeil. Tant que cette race de *scorpions*, les Génois, les Vénitiens, les chrétiens de Rhodes, les Napolitains, les Siciliens, les Espagnols couvriront impunément la mer de leurs vaisseaux, je ne règne pas sur l'Asie et sur l'Europe dont cette mer est la ceinture. Je suis prisonnier dans un empire dont ils gardent les routes et les portes. Il me faut une marine proportionnée à la grandeur de mes possessions : veux-tu me la donner? Quel moyen as-tu à me proposer?

» — Quand vous convoquerez le divan de vos vizirs, lui répondit Piri-Pacha, faites-moi appeler, accablez-moi de reproches sur ma négligence à vous créer pendant mon administration un arsenal digne de votre puissance; ordonnez-moi impérieusement et avec menaces de vous équiper cinq cents bâtiments de guerre, et que cet ordre ébruité hors du divan retentisse jusqu'aux oreilles des ambassadeurs étrangers. Ils en avertiront leurs cours, leurs princes trembleront, et s'empresseront de renouveler avec vous les trêves qui vous assurent une longue sécurité pour vos projets d'Égypte. »

Sélim fit le lendemain ce qui avait été convenu avec Piri-Pacha. Il se rendit en sortant du divan avec tous ses vizirs au port de la *Corne-d'Or*, au-dessous de Galata, dans une anse où l'eau profonde et le rivage circulaire permettaient de construire un port militaire et un arsenal pour l'armement des vaisseaux. Un cimetière ombragé de cyprès et couvert de tombes occupait alors cet espace et semblait par sa sainteté l'interdire aux usages profanes. Sélim, dans son impatience, ne s'arrêta pas devant les cendres des morts. Après avoir dessiné le plan de l'arsenal sur le sol, il fit creuser en sa présence sur la colline qui dominait l'anse une fosse immense à laquelle il donna le nom de *tombeau des tombeaux*. On y transporta respectueusement les sépulcres déplacés des Ottomans; on y releva les mausolées pour le culte funèbre des familles. L'arsenal, construit rapidement par Piri-Pacha et peuplé d'habiles ouvriers grecs, donna promptement un établissement naval, égal à l'arsenal de Venise, aux Ottomans. Les trêves continentales et maritimes furent renouvelées à l'envi par toutes les puissances chrétiennes avec un État qui créait une armée de mer égale à son armée de terre. Le port de Constantinople rappela, par son activité et par le nombre des ouvriers et des matelots empruntés aux îles de l'Archipel, le port de Byzance.

XXV

Sélim Ier, pendant ces constructions, alla visiter Andrinople pour y presser par sa présence le recrutement de l'armée d'Égypte. Sinan-Pacha, son grand vizir, lui semblait servir trop lentement son impatience de conquêtes. Il médita de le remplacer par Ahmed-Pacha, cinq fois appelé, cinq fois privé des fonctions de grand vizir. Sélim fit confidence à Ahmed de sa prochaine élévation. Le vieillard, brisé par l'âge et les infirmités, s'excusa sur ses années. Pour éviter plus sûrement une nomination qu'il redoutait, il avertit sous le secret Sinan-Pacha des projets de leur maître commun. Sinan laissa entrevoir qu'il était informé de sa destitution prochaine. Le sultan crut que ce ministre, pour conserver son poste, avait conseillé à Ahmed le refus motivé sur de feintes infirmités. La colère, toujours aussi prompte à frapper qu'à soupçonner, éclata dans le divan contre le grand vizir. Il tira son sabre du fourreau pour trancher la tête de Sinan. L'eunuque prévint le coup, s'échappa du palais, monta sur son cheval qui l'attendait dans la cour, et s'enfuit dans les montagnes de l'Hémus, où il fit perdre sa trace aux tschaouschs ou chiaoux qui le poursuivaient.

Sélim, revenu de ses préventions et de sa colère, chercha en vain autour de lui un ministre capable de remplacer un si habile vizir. Il fit publier dans Andrinople et dans les villages du mont Hémus que le sultan avait reconnu l'innocence du grand vizir, et qu'il lui rendait sa faveur. Sinan, informé par ses amis de ce repentir de son maître, osa s'y fier et revint à Andrinople. Sélim lui rendit ses fonctions et son amitié; il maudit l'emportement qui avait failli lui coûter le plus fidèle et le plus consommé des vizirs.

XXVI

Sinan préluda à la guerre de Syrie et d'Égypte par la conquête de Diarbékir, capitale de la province de ce nom, sur les frontières indécises de la Perse, occupées par les Kurdes, peuplades tantôt alliées, tantôt indépendantes des Persans. Il chargea de cette expédition et des conférences préliminaires avec les Kurdes le lettré persan Idris, illustre par ses talents d'écrivain et de négociateur. Idris écrivit plus tard l'histoire des Ottomans jusqu'à Sélim. Les Turcs lui durent une partie de leur renommée, répandue par lui dans la langue persane. La ville de Diarbékir est l'ancienne Amid des Persans, aux sources montagneuses du Tigre, à qui la rapidité de son cours a donné ce nom (tir) qui signifie *flèche.* C'est sous ses murs, selon l'histoire de Perse, que Sapor combattit pour la première fois la tête couverte d'un casque d'or, sculpté en forme de tête de taureau. Timour l'avait conquise et remise aux princes *turcomans* de la dynastie du *Mouton blanc.* Les Kurdes y appelèrent Idris, et la remirent par lui aux Ottomans. La ville, enceinte de murailles et de tours de granit noir, jette comme Jérusalem son ombre sur une vallée sinistre, peuplée de sépulcres. Quelques jardins arrosés par des dérivations du Tigre entourent la ville de figuiers, d'abricotiers, de poiriers, qui rappellent les vergers de Damas. L'histoire de Timour par Ahmed-ben-Arabschah décrit dans le langage oriental sa citadelle comme inaccessible aux conquérants. « Ce fort est l'oiseau Anka, dont le nid est si haut placé que le chasseur ne saurait l'atteindre ; c'est un prince dont nul n'ose demander en mariage la fille depuis longtemps nubile et cependant toujours vierge ; car, élevé sur la cime de la montagne, il ne présente aux yeux que tours sur tours. Il n'y a aucune différence entre sa voûte et la voûte du ciel, si ce n'est que celle-ci se meut incessamment, et que la sienne reste, au contraire, fixe et inébranlable. Derrière ce fort, est une vallée aussi étendue que l'âme des justes ; on voit de cette vallée des jardins entrecoupés de sources limpides, de bois giboyeux et de gras pâturages. Ailleurs sont des rochers à pic que les plus entreprenants n'osent escalader, et dont les formes tourmentées présentent un alphabet de pierre qu'il est impossible de déchiffrer. Le chemin monte de fort en fort, de porte en porte. La ville, qui entoure le château comme une bordure, en reçoit des vivres et de l'eau ; elle résiste à toute action bonne ou mauvaise, parce qu'elle tire sa nourriture du ciel. »

La ville voisine de Mardin et toute la province du Kurdistan se soumirent, après des péripéties diverses, aux armes et à la politique d'Idris. Le château fort *de l'Oubli*, ainsi nommé de l'horreur de ses cachots, dans le roc où l'on oubliait à jamais les prisonniers des rois de Perse; les villes de Nizibe, de Dara, qui s'élèvent près des rives du Tigre au moment où il entre dans la Mésopotamie du nord, suivirent le sort de Diarbékir. Nizibe, autrefois célèbre, n'était plus visible qu'à ses ruines; Dara, entourée de murs de soixante pieds d'élévation et de dix pieds d'épaisseur, montrait de loin ses soixante tours à l'horizon. Mossoul, que le Tigre seul sépare de l'ancienne Ninive, que Noureddin avait embellie de mosquées et de palais par la main des artistes de Bagdad, et qui a donné par son industrie féminine son nom à la mousseline, tissu aérien destiné aux turbans, fut en même temps arrachée aux Persans et annexée à l'empire ottoman par Idris. L'ancienne Édesse, ville environnée comme une île par les bras du Tigre, possédée tour à tour par Alexandre le Grand, par les Perses, par les Arabes, par les croisés, par les Kurdes, passa d'Ismaël-Schah à Sélim. Tout le pays entre l'Euphrate et l'Oronte devint province ottomane. Idris remit aux chefs des différentes tribus, mosaïques de races, l'étendard, le tambour et les queues de cheval, signe de la souveraineté de ces nouveaux feudataires. L'empire ottoman doit à sa politique plus encore qu'à ses armes ces provinces où il avait reçu la naissance, dont il savait la langue et les mœurs, et qu'il séduisit plus qu'il ne les conquit au joug des Turcs. Idris était un de ces négociateurs qui valent à eux seuls une armée. Sélim, qui appréciait son génie, le destinait à pacifier et à organiser l'Égypte après la conquête. La mort enleva Idris avant le temps : son nom, ses écrits et ses conquêtes pacifiques ont immortalisé ses services pour les Ottomans.

LIVRE DIX-HUITIÈME

1

A peine le printemps de l'année 1516 eut fondu les neiges du mont Taurus, barrière semblable aux Alpes entre la Turquie et la Syrie, que Sélim Ier fit marcher son grand vizir Sinan-Pacha avec une avant-garde de quarante mille hommes sur Césarée de Cappadoce. Sinan-Pacha devait marcher de là sur l'Euphrate par les Portes de Fer. Les Portes de Fer ouvrent la Syrie entre deux rochers du Taurus fendus par une convulsion de la terre.

Le sultan déguisait encore, par une marche oblique des

Portes de Fer sur l'Euphrate, sa pensée d'envahir la Syrie et l'Égypte. Sinan-Pacha était censé emprunter seulement l'extrême bord de la Syrie pour achever la conquête du pays persan entre l'Euphrate et le Tigre, et pour aller protéger la Mecque et Médine contre Ismaël-Schah. Les mameluks d'Égypte et de Syrie ne se trompaient pas à ces prétextes d'empiétement sur leur territoire. Ils s'avancèrent avec une nombreuse cavalerie jusqu'aux Portes de Fer pour en disputer le passage à Sinan. Sélim, informé par Sinan de ce rassemblement des mameluks qui lui interceptaient la route, rassembla le divan pour délibérer sur la déclaration de guerre aux maîtres de l'Égypte et de la Syrie.

Le prétexte d'impiété des mameluks qui prétendaient s'opposer à la pieuse croisade des Ottomans à la Mecque et à Médine, villes saintes de tous les musulmans, autorisa la déclaration de guerre aux yeux des fidèles. Sélim, selon la prescription du Coran qui dit : « *Vous ne punirez pas votre ennemi avant de l'avertir par un manifeste*, « envoya Karadja-Pacha et le grand juge de l'armée, Sirekzadé-Rokneddin au sultan d'Égypte pour lui dire « *de réfléchir ou de trembler.* »

Ce sultan était alors Kanssou-Ghaïri, élevé à cette souveraineté militaire par son courage et par le vœu des mameluks circassiens. Il ne répondit à ce message qu'en réunissant cinquante mille hommes à Alep, seconde ville capitale de la Syrie, qui fait face aux défilés du Taurus, et qui couvre à la fois la route de Damas et celle de Bayruth.

II

Sélim Ier, parti de Constantinople sur les pas de Sinan, le grand vizir, était déjà à Aïntab, à dix marches d'Alep, avec cent vingt mille hommes, l'élite des vétérans de l'empire. Kanssou-Ghauri lui renvoya ses ambassadeurs après les avoir chargés de fers et outragés de paroles, selon l'usage des guerriers de la Circassie. Il les fit suivre néanmoins d'un ambassadeur égyptien pour proposer au sultan des Turcs d'enlever tout motif de guerre en se chargeant d'être médiateur entre Schah-Ismaël et lui. Sélim, pour rendre la querelle plus irréconciliable, fit raser les cheveux et la barbe de l'envoyé des mameluks, et le fit reconduire aux frontières de Syrie dépouillé de son turban, coiffé d'un bonnet de femme, monté sur un âne boiteux et décharné, afin d'exciter la risée du peuple.

Pour soutenir de pareils outrages, Sélim déboucha avec cent soixante mille hommes dans les plaines de Syrie, entre Alep et le pied du Taurus. Un vaste pâturage nommé la prairie de Dabik fut le champ de bataille des deux armées. Sélim, qui redoutait la cavalerie des mameluks, renouvela contre eux la tactique à laquelle il avait dû la victoire de Tauris contre les Persans. Il établit sur son front un rempart de chariots et de chameaux pour briser l'impétuosité des charges des Circassiens, et il masqua sur ses deux flancs une artillerie d'autant plus redoutable que les mameluks en avaient jusque-là dédaigné l'usage en pleine campagne. Le combat ne fut, du côté des Circassiens, qu'une charge et une fuite. Épouvantés du nombre des Ottomans, rebutés par les obstacles infranchissables que Sélim avait opposés à leurs chevaux, foudroyés à droite et à gauche par le feu des canons qu'un rideau de janissaires couvrait et découvrait tour à tour, ils abandonnèrent leur sultan et reprirent au galop la route d'Alep. Kanssou-Ghauri, âgé de plus de quatre-vingts ans, tourna bride le dernier pour sauver au moins l'honneur de sa race. Enveloppé par une nuée de spahis, il fut précipité de son cheval par un tschaousch qui lui trancha la tête, et qui la porta à Sélim attachée au pommeau de sa selle par sa barbe blanche. Le sultan, indigné de cet outrage à la vieillesse, au trône et à l'héroïsme, fit donner la mort pour tout salaire au stchaousch. Entré dans Alep sur les traces des mameluks fugitifs, Sélim y trouva un million de ducats d'or dans le trésor des Égyptiens ; trois mille cafetans brodés d'or et de perles et doublés de fourrures de lynx et de zibeline, et des monceaux d'orge et de froment pour l'approvisionnement de l'armée. Les habitants d'Alep, asservis à une race étrangère, reçurent les Turcs en libérateurs (11 août 1516). Le règne des Circassiens n'était que le joug d'une soldatesque. Maîtres pour maîtres, les Syriens préféraient les plus nouveaux.

Alep comptait alors dans son enceinte deux cent mille habitants industrieux et riches. Bornée d'un côté par l'Oronte et la délicieuse vallée d'Antioche, de l'autre par l'Euphrate, son territoire et son commerce en faisaient la rivale de l'opulente Damas. La Syrie entière ne pouvait hésiter à suivre le sort de sa capitale. Sélim ne s'y arrêta que le temps nécessaire pour y établir son gouvernement. Abandonnant le littoral de la Syrie maritime à sa propre chute, il laissa le mont Liban à sa droite, et, s'avançant par la fertile vallée de Balbek entre le Liban et l'Anti-Liban, il campa peu de jours après sur les plateaux qui dominent la reine de la Mésopotamie et de la Syrie, Damas. Les Arabes, les Druzes, les Maronites, peuples qui couvrent le Liban et l'Anti-Liban de leurs tribus belliqueuses, lui ouvrirent eux-mêmes les portes de Damas. L'aspect de cette ville lui fit presque oublier au premier regard la majesté et les merveilles de Constantinople. Étendue au pied des dernières montagnes étagées de l'Anti-Liban d'où l'œil plonge, comme d'un promontoire, sur ses murailles de marbre jaune et noir, sur ses coupoles, sur ses minarets aussi nombreux que des mâts de vaisseaux dans une rade, arrosée par les branches sinueuses du Chrysorhoas aux eaux bleues qui se divisent à ses portes pour féconder ses jardins, et qui se réunissent ensuite en confluent pour former des lacs dans sa plaine, ombragée par une forêt circulaire d'arbres fruitiers qui laissent tomber leurs fruits sur des pâturages aussi épais que ceux des Alpes; capitale du désert, port des caravanes de Bagdad dont on voit d'en haut les longues files de chameaux sillonner lentement les plaines sans autres bornes que son ciel de lapis ou de rose, peuplée de quatre cent mille habitants dont les palais, les ateliers, les bazars élèvent le murmure de vie dans le silence de l'air, Damas par son site, son climat, son industrie, sa magnificence, ses monuments, sa population, ses souvenirs, aurait suffi aux désirs d'un conquérant moins insatiable que Sélim. Son histoire ne la consacrait pas moins que sa splendeur aux yeux des Turcs. « *Signe de beauté sur la face du monde,* disent d'elle les poëtes musulmans de l'Arabie, *plumage des paons du paradis, collier des tourterelles célestes, Irem à colonnes innombrables,* » honorée par le Prophète luimême qui l'avait visitée pendant ses voyages de Syrie d'un verset du Coran où il écrit que les *anges de Dieu ont étendu leurs ailes sur cette ville,* séjour des califes avant Bagdad, décorée d'une mosquée supérieure à celle de Cordoue, de Jérusalem et du Caire, dont les voûtes sont portées par quarante colonnes de porphyre, de serpentin, de marbre rose et de granit égyptien, où six cents lampes soutenues par des chaînes d'or éclairent la coupole, contenant un exemplaire du Coran de la main d'Ali lui-même, le favori et le secrétaire du Prophète, pèlerinage de tout l'Orient, tombeau des épouses veuves de Mahomet, élevée par Noureddin au rang des cités les plus lettrées de l'Asie, voisine de la sainte caverne de Rouboua où les musulmans vont vénérer le berceau du prophète Jésus, présentant à tous les pas dans ses murs ou hors des murs des monuments, des vestiges, des tombes des prophètes, des saints, des sages, des poëtes de l'islamisme, le prestige de Damas pour l'armée turque relevait encore la grandeur de sa possession. Sélim y séjourna à loisir pour en savourer la conquête, et pour s'entretenir avec les savants, les lettrés et les saints de l'Arabie dont les noms étaient vénérés de tout l'islamisme. Il y oublia un moment les soucis de la guerre pour y écrire des poésies mystiques connues sous le titre de *Divan des poésies persanes de Sélim.*

Peu de jours après son entrée à Damas, le sultan alla rendre une visite respectueuse au savant et vénérable sage Bendakhschan, dont la renommée de science et de vertu remplissait l'Orient. Le solitaire resta complétement muet en présence du sultan. « Pourquoi ce silence, lui demanda le médecin de Sélim ? — Ce n'est pas à celui qui est visité, c'est à celui qui visite de parler le premier, » répondit le saint. Sélim alors lui ayant demandé des conseils : « Le califat est lourd à porter, dit le solitaire au sultan qui venait remplacer les califes; les sultans sont comme nous d'impuissants organes du Créateur; mais ils doivent de plus gouverner les peuples. Celui qui n'a qu'un fardeau léger a plus de chances de se sauver de la perdition que celui qui porte un empire; mais le devoir du souverain est de garder le fardeau qui lui est imposé. » Sélim demanda humblement la bénédiction du cheik.

III

Sélim Ier ne reprit qu'au printemps (1517) la route d'Égypte. L'Égypte, déchirée en factions pour le trône après la mort de son vieux sultan tué à Alep, s'agitait sans unité sous les mameluks. Sinan-Pacha s'avançait par Gaza, dernière ville de la Syrie maritime avant d'entrer dans le désert d'El-Arich qui sépare l'Égypte de la Syrie. Son artillerie, comme à Alep, dissipa l'avant-garde des Circassiens qui s'était avancée jusqu'aux portes de Gaza pour disputer le passage. Sélim le suivait avec cent mille combattants par la vallée du Jourdain, Safad, Jérusalem et Ramla. Il arriva sans rencontrer d'ennemis jusque sous les murs du Caire. Toumanbaï, élu enfin sultan des mameluks, mais trahi par les chefs du parti opposé, attendait les Turcs derrière le mont Mokattam. Il combattit pour l'honneur et pour la mort plus que pour la victoire. Vingt-cinq mille cavaliers circassiens jonchèrent de leurs cadavres les rives du Nil. Toumanbaï et deux de ses intrépides mameluks se jurèrent de ne pas survivre à leur race, et d'entraîner Sélim lui-même dans leur mort. Ils fondirent avec une poignée de héros sur le centre des Ottomans où l'on voyait flotter l'étendard du sultan, en renversant tout sur leur passage ; ils crurent frapper le sultan de leurs sabres, ils n'avaient frappé que le grand vizir, qui couvrit son maître de son corps et mourut pour lui. Sinan-Pacha fut pleuré de Sélim : « J'ai gagné l'Égypte, s'écria-t-il ; mais j'ai perdu Sinan. » Le Caire s'ouvrit comme Damas à l'armée ottomane. Les mameluks, rassurés par une proclamation d'amnistie générale, y rentrèrent pour reconnaître la souveraineté du vainqueur. Sélim, après les avoir caressés pendant quelques jours, enveloppa la ville de ses troupes, et en fit massacrer cinquante mille en trois jours. Exemple d'extermination suivi de nos jours envers les restes de cette aristocratie étrangère, attachée à l'Égypte comme une lèpre à un corps énervé.

Cependant, un des begs qui avaient fondu sur Sélim pendant la bataille, Kourtbaï, était caché dans une maison du Caire. Sélim connut sa retraite, lui envoya un cafetan d'honneur et un Coran, gage de pardon. Kourtbaï vint remercier le sultan : « Tu es le héros des chevaux, lui dit le sultan. — C'est vrai, répondit le Circassien ; » et il vanta la valeur de sa race. « Tes canons seuls nous ont vaincus, ajouta-t-il ; mais ils nous ont vaincus comme des assassins qui se cachent pour frapper. Nous dédaignons de pareilles armes. Le Prophète n'a admis comme armes loyales que l'arc et le sabre. Un Vénitien nous apporta un jour des canons comme les tiens ; nous les refusâmes. Eh bien ! nous dit l'infidèle en prophétisant notre ruine, celui qui vivra verra votre empire périr par ces mêmes boulets que vous dédaignez! Mais tout périt, c'est la loi du sort; et vous-même aussi vous périrez, quand votre heure sera venue! »

L'entretien s'irrita; Sélim, qui avait l'intention d'être généreux, devint féroce; il appela les chiaoux pour couper la parole au Circassien. Cent cinquante sabres se levèrent sur le beg. « A quoi te servira ma tête? cria-t-il sans pâlir au sultan, beaucoup de braves visent la tienne, et Touman-baï, notre chef, espère encore en Dieu. Prends donc ma tête toute sanglante, bourreau, et dépose-la sur le sein de ta femme. » A ces mots, sa tête roula aux pieds du sultan.

IV

Toumanbaï venait en effet braver sous les pyramides les cavaliers des Ottomans. Six mille spahis tombèrent sous les sabres des mameluks. Les barques du Nil et la rapidité de leurs chevaux dans le désert les dérobaient à l'armée de Sélim. Il envoya Mustafa-Pacha, son négociateur ordinaire, à Toumanbaï, leur sultan, pour lui offrir la possession de l'Égypte et la paix, à condition du tribut de feudataire. Mustafa-Pacha et les cinq cents cavaliers qui l'escortaient furent massacrés au pied des pyramides par les mameluks.

La guerre continuait sans résultat contre cette cavalerie nomade, aussi insaisissable que la poussière de ses déserts. La trahison d'un cheik arabe vendu par la cupidité à Sélim la termina. Toumanbaï, séparé un moment de ses cavaliers, avait demandé asile au cheik d'une tribu autrefois sauvée par lui des cachots du Caire. Il se fiait à la reconnaissance de la tribu. Hassan-Méri, chef de cette tribu, avait feint la fidélité au sultan proscrit. Il était allé au-devant de lui dans le désert de Djizé, et lui avait fait servir un festin sous ses tentes. Toumanbaï, épuisé de fatigues et de blessures, avait laissé ses compagnons s'asseoir au festin, et s'était retiré pour reposer dans une caverne des rochers qui bordent le fleuve. Pendant le sommeil du sultan, le perfide Arabe avait averti les Turcs de la retraite de son hôte. L'aga des janissaires était accouru avec cinq cents cavaliers. La mère d'Hassan-Méri, soupçonnant la trahison de son fils, l'avait conjuré en vain de ne pas livrer son sultan : « Dieu punit les traîtres, » avait-elle dit à son fils. La cupidité, ce vice de l'Arabe, l'emporta sur la sainteté de l'hospitalité, cette vertu du désert. L'aga des janissaires, Ayas-Pacha, entra dans la caverne où dormait Toumanbaï. Il lui lia les mains l'une à l'autre avec sa ceinture, le fit monter à cheval et le conduisit au Caire. « Dieu soit loué, s'écria Sélim en recevant le vaincu, maintenant l'Égypte est à moi ! »

V

Le roulement des tambours et les salves du canon annoncèrent au Caire que son sultan était captif. Sélim lui fit délier les mains, le fit asseoir sur son divan et le traita en frère. Après quelques reproches mutuels sur l'injustice de cette guerre et sur le massacre des ambassadeurs : « Sultan de Roum, dit le sultan d'Égypte, tu n'es pas coupable de nos malheurs et de la chute de cet empire, mais bien ces traîtres que je vois là à tes côtés, » en montrant du geste deux begs qui avaient vendu leur patrie adoptive à Sélim. Toumanbaï, dont le sultan admirait la beauté mâle, le brillant costume, la sérénité et l'éloquence, fut confié comme un hôte plus que comme un prisonnier à la tente d'Ayas-Pacha, l'aga des janissaires.

Un autre beg des mameluks, Schadibeg, général de Toumanbaï, trahi de même par une tribu d'Arabes, tomba de même peu de jours après dans les mains de Sélim. Sa jeunesse, sa grâce, sa vigueur, sa cuirasse d'acier de Damas frappèrent d'admiration le sultan. Il voulut voir si l'intelligence répondait dans cette race circassienne à la beauté du visage. *L'homme est caché sous la langue*, dit le proverbe turc. « Qu'as-tu reconnu dans le monde depuis que tu as vécu? lui demanda Sélim. — Rien de bon, répondit Schadibeg. — Alors pourquoi combats-tu pour des choses méprisables? — Ce n'est pas pour ce monde que j'ai combattu, mais pour obéir au Coran qui dit : *Armez-vous contre celui qui arme contre vous ! Celui qui combat pour ses biens et pour sa maison meurt martyr.* — Je n'ai marché contre vous, dit Sélim, que pour vous punir d'avoir renversé et tué vos souverains. — Calomnie ! répliqua Schadibeg, nous avons obéi trente ans au père de Kaïtbaï, notre sultan, et nous n'avons puni le fils que parce qu'il violait nos lois; c'était la volonté de Dieu; la mort est la fin de toute vie; le monde ne durera peut-être pas plus pour toi que pour nous, car Dieu a dit au Prophète : *Tu n'es qu'un cadavre, et ils ne sont que des cadavres, et le jour du jugement dernier, vous vous accuserez tous les uns les autres devant votre Seigneur.* »

VI

Sélim traita les deux princes, Toumanbaï et Schadibeg, en hôtes plutôt qu'en vaincus. Il voulait, disait-il, les conduire à Constantinople et les combler d'honneurs. Mais ayant un jour entendu en passant dans les rues du Caire un homme du peuple qui criait : « Longue vie à Toumanbaï! » le sultan craignit de laisser vivre des princes dont les revers n'avaient pas extirpé le nom du cœur de leurs anciens esclaves. Sous prétexte d'accorder le talion à un beg des mameluks, dont le père avait été pendu à la porte de la grande mosquée par le père de Toumanbaï, il livra ce sultan et Schadibeg au fils de la victime, qui les pendit de ses propres mains à la place où son père avait subi cet ignominieux supplice.

Il organisa ensuite l'Égypte en province tributaire de l'empire, divisant l'autorité en plusieurs magistratures civiles et militaires distribuées entre les Arabes et les restes des mameluks qui avaient vendu leur caste ou leur patrie à son ambition. Il employa un mois à visiter les mosquées, les académies, les bibliothèques du Caire où les successeurs des califes avaient laissé les traces de leur savante théocratie. Insouciant des civilisations antérieures, dont les monuments ne rappelaient que le paganisme, il ne daigna pas même honorer d'un regard les pyramides, ces énigmes qui ne contenaient sous leurs montagnes de pierres que des superstitions ou des sépulcres.

Avant de quitter l'Égypte, il s'investit lui-même de tous

les droits des anciens califes sur les villes saintes de la Mecque et de Médine. Malgré son désir de subjuguer la haute Égypte et l'Éthiopie, les murmures de ses soldats le forcèrent à ramener l'armée à Constantinople. Il laissa Khaireddin dans la citadelle du Caire avec une garnison de cinq mille hommes pour dominer le Nil ; et pour s'assurer contre les tentatives d'indépendance de ce gouverneur, il envoya sa femme et ses enfants en otages à Philippopolis. Mille chameaux chargés d'or et d'argent, de pierreries et d'armes précieuses, emportaient derrière lui les trésors des mameluks. La dernière ombre des califes, Motawakkel, que les oppresseurs de l'Égypte feignaient d'honorer au Caire, en le méprisant, suivit Sélim en Syrie. Ce prince traînait ainsi en vaincu à la suite de sa cour ce successeur des califes qui avaient donné à ses ancêtres l'autorisation de prendre le titre de sultan.

VII

Pendant les premières marches dans le désert d'El-Arich, Sélim pensif et sombre s'arrêtait de temps en temps pour contempler son armée de cent soixante mille hommes au départ, réduite au retour à une longue file d'hommes et de chevaux exténués et décimés par la fatigue, la guerre, les maladies et les garnisons laissées dans le pays conquis. « Voilà donc enfin, dit-il en se tournant vers son grand vizir Younis-Pacha, l'Égypte derrière nous, et demain nous serons à Gaza. — Oui, répondit Younis qui avait toujours mal auguré de cette campagne, et quel est le fruit de tant de fatigues et de tant de sang, si ce n'est une armée fondue dans ces sables de l'Égypte aujourd'hui gouvernée par des traîtres? »

Ce reproche sanglant à la vaine ambition de conquête de son maître parut si inopportun et si impardonnable au sultan, que sans se donner à lui-même le temps de la réflexion contre sa colère, il fit trancher la tête au grand vizir, encore à cheval à côté de lui. L'armée, étonnée mais muette, marcha avec horreur sur le sang de celui qui la commandait un instant avant cet accès de crime. Les serviteurs du grand vizir l'ensevelirent sur la place ; ses enfants élevèrent plus tard sur son tombeau un caravansérai qui porte encore le nom d'Younis.

Piri-Pacha, le conseiller de la victoire de *Tauris* et le créateur de la flotte, fut nommé une seconde fois grand vizir. Il était alors sur un des bâtiments qui ramenaient d'Alexandrie à Constantinople les blessés, les malades de l'armée, les femmes et les esclaves des mameluks. Sélim, en attendant son nouveau grand vizir à Damas, organisa la Syrie comme il avait organisé l'Égypte, et reçut les tributs des Arabes nomades, dont les tentes couvraient les déserts de la Mésopotamie depuis Palmyre jusqu'à Babylone. Les ambassadeurs de Venise avaient payé jusque-là un tribut annuel de huit mille ducats d'or aux mameluks, maîtres de la Syrie, pour l'île de Chypre, soumise à la république. Venise envoya au même titre son tribut à Sélim, maître maintenant de la Syrie.

Soit pour imiter la pieuse modestie du calife Omar, soit par une piété sincère, dont on voit les traces dans ses poésies à travers la férocité de son caractère, Sélim, pendant son séjour à Damas, s'évada pendant quelques jours de son palais sous le costume d'un simple pèlerin. Il alla visiter les saints sépulcres de Jérusalem et d'Hébron, et revint sans que son armée et ses grand vizirs eussent soupçonné son absence. Alep le retint aussi deux mois dans ses murs. Il y perdit Hersek-Ahmed-Pacha, vieux serviteur de son père et de son aïeul, cinq fois vizir et toujours respecté de ses maîtres. Ahmed-Pacha, élevé enfant dans la foi musulmane, était fils d'un chrétien de Servie, Étienne Cossarich, duc de Saba.

VIII

Rentré enfin avec l'armée à la fin du mois de juillet (1518), Sélim Ier déchargea son fils Soliman des soins de l'administration, dont il s'était acquitté avec modestie et avec sagesse pendant les campagnes de son père. Il lui fit de riches présents et le renvoya dans le gouvernement éloigné de Saroukhan. Il investit en même temps de la souveraineté héréditaire de la Crimée son beau-frère Mohammed-Ghéraï, fils aîné de la maison royale des Tartares de Crimée. Il l'attacha davantage à l'empire en assignant à ce prince et à ses successeurs un revenu sur le trésor ottoman, de mille aspres par jour. « Sais-tu, disait-il quelquefois à son grand vizir Piri-Pacha, que je caresse ces Tartares, parce que je les crains plus que les mameluks et les Persans. Leurs chevaux n'ont pas besoin d'être ferrés. Ils traversent à la nage les fleuves que nos armées ne peuvent traverser que sur des ponts; ils font en un jour les marches auxquelles nous ne suffisons qu'en cinq jours. Je veux les tenir à la solde de l'empire pour qu'ils nous restent à jamais fidèles par les liens du sang et de l'intérêt. » Cette politique prévoyante ne faillit jamais, jusqu'à la conquête de la Crimée par les Russes, à la dynastie des sultans. Le cœur des Tartares de Crimée est encore ottoman.

IX

Le pape Léon X occupait le trône de saint Pierre ; il avait apporté de Florence à Rome le goût des Médicis pour les lettres, les arts et le commerce. Ce pape, plus politique que pieux, et plus philosophe que pontife, cherchait à éveiller en Europe une croisade littéraire en faveur de la Grèce, semblable à celle que le libéralisme poétique de nos jours suscite dans l'opinion publique pour les Hellènes. Léon X et la cour pontificale, plus passionnés pour la renaissance des lettres et de la philosophie platonicienne que pour les vestiges du christianisme en Orient, coloraient aux yeux de la chrétienté ce zèle classique de l'apparence d'un zèle fervent pour les saints lieux, scène des mystères chrétiens à Jérusalem. Les souverains de l'Occident ne songeaient plus à renouveler les expéditions aventureuses et populaires des croisades. Ils voulaient néanmoins complaire au pape et à leurs sujets catholiques, en assurant aux rares pèlerinages des saints lieux la sécurité et le respect dus aux objets de la vénération du monde occidental. La cour d'Espagne, plus dévouée que toutes les autres monarchies de l'Europe à la cour de Rome, envoya pour cet objet un ambassadeur à la cour de Sélim. Cette cour voulait faire confirmer par le nouveau maître de la Syrie les franchises et les priviléges du saint sépulcre, ainsi que le libre accès des pèlerins, par le payement d'un tribut annuel, semblable au tribut que les puissances catholiques payaient avant la conquête d'Égypte aux mameluks, possesseurs des saints lieux. Les Turcs, qui considèrent le Christ comme le plus grand des prophètes inspirés de Dieu avant Mahomet, vénéraient eux-mêmes sa tombe. Leur religion, qui prescrit les pèlerinages comme un acte de foi et de piété, comprenait et favorisait dans les chrétiens cette visite aux saints lieux. Cet instinct irréfléchi, mais universel de l'humanité, qui porte les hommes à attribuer on ne sait quelle vertu sanctifiante et miraculeuse à la poussière même foulée par la suprême sainteté de l'homme divin, concordait avec ce respect des pèlerinages. Ils les encourageaient de leur exemple au lieu de les proscrire. Sélim accueillit donc avec faveur l'ambassadeur de la cour d'Espagne. Il lui promit de conclure avec son souverain le traité d'immunités et de priviléges du saint sépulcre de Jérusalem aussitôt que le roi d'Espagne lui aurait envoyé un plénipotentiaire investi des pouvoirs nécessaires pour valider ces conventions.

X

Sélim Ier pacifia ensuite en Asie les troubles suscités par un ermite fanatique nommé Djélali, qui vivait dans une caverne des montagnes de Tokat et qui appelait au nom d'un messie futur les superstitieux Asiatiques de ces provinces à la révolte contre tout pouvoir humain. Rappelé d'Andrinople à Constantinople par la peste qui ravageait la Turquie d'Europe (1520), il s'occupa de l'embellissement de sa capitale et de la construction d'une mosquée, tribut de son règne que chaque sultan doit à son culte.

Ses vizirs le poussaient à la conquête de Rhodes. Il ne se sentait ni les forces navales ni le temps nécessaires pour une entreprise à laquelle Mahomet II lui-même avait échoué. Un jour que Piri-Pacha, son grand vizir, avait lancé à son insu de l'arsenal un bâtiment de guerre nouvellement construit et armé, et le faisait manœuvrer orgueilleusement sur la mer de Marmara en face du sérail : « Faites rentrer ces coquilles de noix dans l'arsenal, lui dit avec colère le sultan, je n'ai pas d'hommes pour monter ces vaisseaux ; vous voulez m'enivrer de ma puissance, m'inspirer la pensée d'assiéger Rhodes, et renouveler sous mon règne l'humiliation éprouvée sous mes prédécesseurs ; l'heure n'est pas venue, et d'ailleurs, ajouta-t-il avec tristesse, la Providence ne me laisse pas le temps des longues entreprises : la vie se retire de moi. »

Ce pressentiment mélancolique n'était que le premier frisson de la peste qu'il avait respirée à Andrinople quelques mois avant ce jour. Il voulut y retourner pour respirer l'air de l'Hémus. Mais arrêté en route par la fièvre et par l'inflammation d'un bubon à l'aine, il descendit de cheval et expira (novembre 1520) sous une tente à l'endroit même où il avait livré la bataille parricide à son père, comme si la Providence l'avait attendu sur ce théâtre de sa coupable ambition, pour lui montrer le néant de tout et même du crime !

XI

Sélim Ier ne fut pleuré que de Piri-Pacha. Ce grand vizir cacha sa mort aux soldats et aux peuples jusqu'à l'arrivée de Soliman son fils. Les médecins, en l'ensevelissant en secret sous sa tente, trouvèrent sur son corps sept signes couleur de sang qui correspondaient, dirent les astrologues, aux sept grands meurtres de ses deux frères et de ses cinq neveux par lesquels il avait ensanglanté son règne. Il avait apporté dans le gouvernement la même férocité de volonté qui lui avait conquis le trône. Il jonchait de cadavres son divan comme ses camps. Son mufti, casuiste de l'empire, Djémali, lui rendait des sentences toujours conformes à ses ambitions et à ses colères. Les Ottomans appellent Djémali le *mufti du panier*, parce qu'il répondait par un *oui* ou par un *non* bref jeté dans un panier qui descendait par sa fenêtre à toutes les questions que lui adressaient le peuple ou les cadis. Ces sentences rendues à la requête du sultan, quoique sévères, sont restées proverbiales par leur conscience et par leur indépendance sans réplique. Elles ne répondaient pas cependant assez à l'impétuosité de Sélim. Un jour que le sultan était à cheval à côté du mufti sur la route d'Andrinople à Constantinople, Sélim reprochait à Djémali son indulgence : « Pourquoi, lui disait-il, n'as-tu pas autorisé par une sentence la mort de ces quatre cents marchands que j'ai condamnés à périr pour avoir fait le commerce de la soie avec la Perse? N'est-il pas permis de faire périr les deux tiers des habitants de la terre pour le bien de l'autre tiers? — Oui, répondit Djémali, si l'existence de ces deux tiers doit entraîner le malheur des autres. Mais la désobéissance de ces marchands n'est pas juridiquement prouvée.» Le sultan à son retour à Constantinople fit rendre la liberté aux marchands et voulut réunir sur la tête de Djémali les deux charges de juge de l'armée d'Europe et de l'armée d'Asie, à la charge de mufti. Djémali refusa, ne voulant, dit-il, altérer en lui l'indépendance du mufti par aucune ambition politique.

Djémali préserva constamment les chrétiens des persécutions de Sélim pour cause de religion. Sélim ayant ordonné une fois au grand vizir de contraindre les croyances par la terreur, afin de multiplier l'islamisme dans l'empire, le grand vizir, épouvanté de cet ordre, eut recours à Djémali. Djémali conseilla au patriarche grec de se présenter avec tout le clergé à l'audience de Sélim, le Coran et les engagements de Mahomet II à la main. Le Coran défend de convertir par la force; les promesses de Mahomet II engageaient la parole du sultan à tolérer et à protéger les chrétiens. A défaut de ce titre écrit mais égaré, le patriarche amena avec lui de vieux janissaires témoins de la conquête qui affirmaient sous serment les paroles du conquérant. Sélim, sur la représentation de Djémali, retira l'ordre donné au vizir. Il se contenta d'enlever aux chrétiens les plus belles églises de Constantinople pour les convertir en mosquées, mais il les autorisa à en construire d'autres plus conformes au petit nombre de fidèles qui peuplaient alors la capitale.

Ce prince en mourant laissa un sinistre exemple d'usurpation sur son père et de meurtre de ses frères aux souverains ottomans. Il avait ajouté une victoire en Perse à la renommée de sa race, et deux conquêtes, la Syrie et l'Égypte, à sa nation; mais il avait perverti la morale et la politique des Ottomans par l'influence soldatesque des janissaires, contre laquelle il se débattit en vain, après lui avoir mendié le trône; par un despotisme sanguinaire substitué à la paternité absolue des mœurs de sa maison; et surtout par le scandale donné en lui à l'Orient du parricide couronné. Le Tartare avait reparu en lui sous le sultan. Il avait retrempé le caractère conquérant des Ottomans dans la guerre, mais il l'avait retrempé surtout dans la barbarie et dans le sang. Son règne est un de ceux qu'on voudrait effacer de l'histoire d'un peuple, car il afflige et humilie l'humanité.

LIVRE DIX-NEUVIÈME

I

La nature semblait s'être complu à rassembler dans Soliman, fils de Sélim Ier, tous les dons nécessaires à un prince pour élever sa nation par la guerre, par les lois et par la politique, au sommet de sa destinée. Nous avons vu jusqu'ici ces dons inégalement répartis entre les souverains de la race ottomane, faire de l'un un guerrier, de l'autre un père, de celui-ci un législateur, de celui-là un conquérant, du dernier un restaurateur des armes de l'empire; mais nous n'avons vu encore dans aucun ces dons réunis en un seul avec la prodigalité, l'équilibre et l'harmonie qui font le grand homme. Ce grand homme allait enfin apparaître dans Soliman II.

Soliman avait vingt-deux ans au moment où la mort de son père l'appelait sans impatience, sans crime et sans compétiteur au trône (1520). La majesté précoce du souverain se mêlait sur ses traits aux grâces et à la modestie de la jeunesse. Son visage n'aurait convenu qu'à un sultan. L'énergie de son père, tempérée par la douceur de sa mère, fille d'un khan de la Crimée, plus circassien que tartare, éclatait à travers l'ombre de son teint basané sur sa figure. Il paraissait à la fois plus jeune par les traits et plus mûr par l'expression que son âge. « Son front était large et renflé au sommet *comme un fruit que la sève a gonflé*, dit un poëte turc de son temps, son nez aquilin, sa bouche grave, l'ovale de ses joues maigres et presque féminines par la délicatesse des contours ; sa barbe naissante ne voilait encore ni la mélancolie de ses lèvres, ni la fermeté de son menton. Ses yeux noirs, recouverts de paupières un peu lourdes et ombragés de cils très-longs, regardaient droit et profond, mais sans intimidation et sans orgueil ; ils se baissaient souvent comme ceux d'un jeune homme accoutumé à craindre un père scrutateur de ses sentiments et à recueillir ses qualités sous une réserve enfantine. L'ombre de son vaste turban de mousseline blanche et le poids des plis de l'étoffe dont ce turban était enroulé forçaient Soliman à plier le cou et à courber un peu la tête sous cette masse de coiffure, et l'immobilité de cette attitude de vieillard contrastait avec l'enfance des traits. Sans avoir la stature soldatesque de son père, il portait bien le cafetan brodé d'or du cavalier, et il maniait le sabre, l'arc, le cheval avec la dextérité d'un chef de Tartares. »

Tel était, d'après les correspondances des ambassadeurs et d'après les portraits des peintres vénitiens, l'aspect extérieur de Soliman II dans la première période de son règne. Son âme répondait alors à sa physionomie. Elle était pleine de dons naturels, d'aspirations à la vertu et à la gloire, de modestie, d'attrait pour le bien et pour le beau, de courage modéré par la justice, de noble ambition et de magnanimité d'instincts. Ces vertus ne demandaient pour se développer dans toute leur fécondité que la liberté de se produire sans éveiller la jalousie d'un père ombrageux, et le pouvoir suprême pour les faire rayonner sur tout un peuple. L'amour pour les femmes, seule faiblesse qu'on pût redouter d'un tel caractère, n'était pas dans Soliman un vice, mais une vertu de plus de sa nature. Capable d'excessive tendresse, plus que de honteuses sensualités, l'amour pouvait l'enivrer, jamais l'avilir. Ce qu'il cherchait dans son harem, ce n'était pas la volupté, mais la tendresse; les caresses d'une esclave l'humiliaient; le cœur d'une amante égalait à ses yeux la possession d'un empire. La compression sévère sous laquelle il avait vécu sous Sélim Ier, tantôt loin de Constantinople dans ses gouvernements de Saroukhan ou de Magnésie, tantôt dans l'administration confiée à sa jeunesse pendant la guerre de Perse, lui avait donné de bonne heure une politique naturelle conforme à la délicatesse de sa situation. Il était ainsi rompu aux manéges des cours sans avoir régné. Il avait essayé le trône avant d'y monter. Il avait appris par une nécessité précoce à connaître les hommes et à les choisir, ces deux premières nécessités des souverains.

II

Le grand vizir Piri-Pacha avait envoyé, aussitôt après le dernier soupir de Sélim Ier, le kiaya des silihdars à Magnésie pour informer Soliman de la mort de son père, et pour hâter le retour du jeune prince à Constantinople, avant d'ébruiter l'interrègne. Soliman ne précipita pas son retour à l'exemple de Bajazet II ou de Mahomet II, comme un prince qui craint que le trône n'échappe à son impatience. Il donna les heures convenables aux larmes d'un fils qui pleure un père sévère, mais regretté. Il s'avança ensuite vers Constantinople avec un cortége digne de l'héritier de l'empire. La mort de Sélim était encore un mystère en Europe et en Asie. Piri-Pacha, qui la cachait aux troupes par des convocations de médecins et par des divans tenus sous la tente auprès du cercueil, ne la révéla aux janissaires qu'à l'heure où Soliman touchait au faubourg de Scutari, en face du sérail de Constantinople.

Au bruit de la mort du sultan qui leur devait le trône et à qui ils devaient eux-mêmes la guerre, la gloire, la domination, les janissaires poussèrent dans le camp des hurlements de douleur, jetèrent leurs bonnets de feutre sous leurs pieds, abattirent leurs tentes en signe de désolation. Cette milice frémissait de ne plus retrouver un maître à la fois si semblable à eux et si disposé à leur subordonner le peuple.

Piri-Pacha apposa le sceau du sultan sur les chariots qui contenaient le trésor. Il chargea Ferhad-Pacha de conduire lentement le cortége de deuil de Sélim, et, se déguisant lui-même en courrier de l'armée, il arriva à Constantinople pour ouvrir les portes du sérail à Soliman II. Le nouveau sultan s'y renferma avec le grand vizir jusqu'à l'arrivée du cercueil de son père. Le 1er octobre 1520, à midi, les janissaires rangés en haie dans les cours du sérail, le mufti, les oulémas, les juges de l'armée, les pachas, les begs, les émirs, les grands dignitaires de la capitale, baisèrent la main du fils de Sélim. Ce prince, vêtu de noir et accompagné de Piri-Pacha, sortit à cheval par la porte d'Andrinople pour aller recevoir hors des murs le corps de son père. Les pachas portaient eux-mêmes le cercueil, suivi par le sultan descendu de cheval pour suivre à pied le convoi. Le corps fut déposé sur la sixième colline de la ville, emplacement destiné d'avance à la construction d'une mosquée qui éterniserait la mémoire du mort. Soliman, avant de rentrer au sérail, jeta la première pierre dans les fondations du monument paternel.

III

Mais les janissaires, sans respect pour la douleur du fils, interrompirent ses larmes par les clameurs qui demandaient insolemment le don forcé, prix honteux de leur obéissance au nouveau règne. Ils avaient arraché à Sélim Ier, leur corrupteur, cinquante ducats par soldat. Ils en exigèrent quatre-vingts de Soliman II. L'usage devenu loi ne permettait plus au sultan de marchander avec ceux qui donnaient ou retenaient l'empire. On ouvrit les chariots de Sélim, et on jeta la somme aux soldats en rougissant de leur vile et insolente cupidité.

Soliman commença son règne par un acte de reconnaissance. Il nomma vizir son précepteur Kasim, pacha à trois queues, vieillard qu'il regardait comme un second père. Il fit le même jour rendre la liberté à tous les esclaves égyptiens ramenés du Caire par Sélim. Il fit sortir de prison tous les marchands qui avaient été enfermés et menacés de mort pour avoir commercé avec la Perse. Les Ottomans et les chrétiens virent dans ces réparations des iniquités de Sélim le présage d'un règne de justice. Un seul homme dans tout l'empire tenta de profiter de l'hésitation d'un règne à l'autre par une révolte contre l'autorité du nouveau sultan : cet homme était un de ces Albanais tour à tour serviles et traîtres envers les maîtres qui les emploient. Il avait déjà trahi une fois pour les Turcs le khan des Tartares; il trahissait maintenant les Turcs pour lui-même. Son nom était Djanberdi Ghazali. Nommé gouverneur de Syrie par Sélim, il leva le drapeau de la révolte dans la ville de Damas, se déclara indépendant, traversa le Liban, souleva les Arabes et les Druzes, s'empara de Bayruth et, réunissant vingt mille mercenaires à sa solde, il osa marcher sur Alep.

Soliman dédaigna de se mesurer lui-même avec un aussi méprisable rebelle. Il fit marcher sur Alep Ferhad-Pacha, son troisième vizir, homme de conseil et de guerre, propre à vaincre et à pacifier à la fois. Ferhad, à la tête de huit mille spahis, fit lever, à son apparition prompte en Syrie, le siége d'Alep, suivit Djanberdi à Damas, lui livra bataille sous les murs mêmes de cette capitale, tua ou dispersa tous ses partisans, et envoya la tête du traître aux pieds du sultan. Le sultan, en recevant ce tribut du sabre de Ferhad, voulut envoyer la tête de Djanberdi au doge de Venise, Lorédano, son allié, pour lui faire partager la joie de cette victoire. L'envoyé de Venise à Constantinople lui fit difficilement comprendre que les souverains d'Occident n'échangeaient pas entre eux les têtes de leurs ennemis.

IV

Ayas-Pacha Ier, ce fidèle serviteur de Sélim, fut nommé gouverneur de Syrie. Ferhad-Pacha, envoyé avec son armée victorieuse sur les frontières de Perse, fut chargé d'observer les mouvements d'Ismaël-Schah, qui se disposait à venger sur le fils les revers qu'il avait éprouvés par le bras du père.

Mais déjà la brutalité des Hongrois qui venaient de massacrer en pleine paix l'ambassadeur de Soliman, Behram-tschaousch, appelait le jeune prince vers d'autres provinces. Ahmed-Pacha, beglerbeg d'Europe, reçut ordre de former un noyau d'armée à Ipsala, et d'y appeler trente mille azabs des sandjaks ou fiefs d'Europe. Ferhad-Pacha, que sa victoire de Damas avait illustré, se porta à Sophia, capitale de la Bulgarie, avec ses vétérans de Syrie, trente mille chameaux chargés de munitions et vingt mille chariots chargés de blé et d'orge pour la nourriture d'un si nombreux rassemblement d'hommes. Bientôt le sultan lui-même, brûlant d'acquérir légitimement la gloire des armes nécessaire à son autorité, après le règne militaire d'un soldat comme Sélim Ier, sortit de Constantinople avec Piri-

Pacha, les généraux les plus aguerris de son père, quarante mille spahis et trente mille janissaires. Jamais, depuis les jours d'Amurat et d'Huniade, de tels torrents d'hommes n'avaient traversé les vallées de Bulgarie.

Soliman, campé sous une simple tente de soldat sur les bords du Danube, en face de la Hongrie, pressa lui-même pendant dix jours et dix nuits les masses de paysans bulgares et de mineurs arméniens qui construisaient un pont pour le passage de l'armée sur la Save au-dessus de Belgrade. Pendant ces préparatifs d'invasion, le grand vizir, Piri-Pacha, devançant son maître avec un détachement de janissaires qui avaient passé le fleuve sur des radeaux, surprenait la ville hongroise de Semlin, enlevait les châteaux, exerçait de sanglantes représailles sur les prisonniers, et répandait la terreur et la fuite dans les plaines de Péterwardeïn. Le pont, achevé le 28 juillet (1521), fut emporté le 29 par un débordement de la Save. A peine était-il réparé, que Soliman, sûr désormais de pouvoir intercepter par la rive gauche du Danube les secours que les Hongrois tenteraient d'envoyer à Belgrade, assiégea avec toutes ses troupes la ville deux fois théâtre des revers des Ottomans. Belgrade, cette fois quoique héroïquement défendue par une poignée de chevaliers, épouvantée de son isolement sur les deux rives, trahie par les Bulgares et les Serviens, alliés peu sûrs des Hongrois, capitula au vingtième assaut, sous les ruines de sa principale tour appelée la *Tour sans peur*. Toutes les places fortes de la Syrmie, Carlovitz, Mitrovitz, Perkas, Uilok, tombèrent de terreur à la chute de Belgrade. Soliman, généreux dans le triomphe, arracha les chevaliers hongrois à la vengeance de ses soldats; il ne permit pas de faire esclaves les prisonniers de guerre; il renvoya les Serviens dans leurs montagnes répandre parmi leurs compatriotes la magnanimité du nouveau sultan. Les soldats bulgares furent transportés à Constantinople, où ils colonisèrent, dans les sombres forêts qui couvraient les rives du Bosphore, des défrichements et des villages qui portent encore aujourd'hui le nom de Belgrade. Avant de consacrer au Dieu unique la principale église de Belgrade changée en mosquée, il permit aux Bulgares d'emporter ce qu'il appelle dans le journal de ses campagnes leurs idoles, c'est-à-dire le corps d'une sainte servienne nommée Swata Patniza (sainte Venerande), les vases sacrés, les images grecques, un bras de sainte Barbe et un portrait miraculeux de la vierge Marie.

La maladie et la mort de trois de ses enfants au berceau le rappelèrent après ce triomphe à Constantinople, où sa gloire fut attristée par ce deuil. Les ambassadeurs des puissances occidentales le félicitèrent de la conquête de Belgrade, boulevard désormais inexpugnable de la Bulgarie, contre la Hongrie et la Pologne. L'ambassadeur de Russie, Jean Morosof, envoyé par le czar de Moscou, Vasili II, proposa au sultan une alliance offensive et défensive entre les deux races. Soliman accueillit avec joie l'amitié des czars, mais il refusa avec loyauté de signer une alliance entre les armes des deux pays. Il craignit d'être entraîné ainsi dans des hostilités contre les Tartares de Crimée, amis des Ottomans, et contre les princes de la maison de Ghéraï, alliés par une indissoluble parenté à la maison d'Othman.

Un nouveau traité de paix, de réciprocité de navigation et de commerce avec la république de Venise, stipula entre les Vénitiens et les Ottomans toutes les conditions du droit des gens en usage aujourd'hui parmi les nations les plus civilisées : la protection des vaisseaux, des cargaisons, des propriétés, de la liberté, de la religion dans tous les ports et sur tous les territoires de l'empire, fut acquise par des titres formels aux sujets de la république, et successivement aux sujets, navigateurs, commerçants ou religieux de toutes les autres nations chrétiennes. Soliman II, à son premier pas, faisait sortir les Ottomans du droit de la barbarie pour les faire entrer dans le droit commun de l'hospitalité réciproque. L'Europe, étonnée, bénit le nom du fils de Sélim Ier. Son administration intérieure prit le même caractère d'équité, de magnanimité et de douceur que sa politique prenait au dehors. Ses vizirs ne tremblèrent plus pour leur tête et reçurent les récompenses judicieuses de leurs services et de leurs libres conseils. Son ancien précepteur Kasim-Pacha, quatrième vizir, ayant demandé le repos nécessaire à sa vieillesse, Soliman lui assigna un revenu de quatre mille ducats d'or, éleva son fils au rang de beg, et lui fit présent du palais et du jardin qu'il avait habités à Magnésie pendant qu'il lui donnait des leçons de gouvernement et de politique.

V

Maître de Belgrade, cette dernière citadelle avancée des Bulgares sur son territoire d'Europe, il ne lui restait qu'à affranchir ses mers d'Asie de la terreur que l'île de Rhodes, toujours armée et menaçante, inspirait à ses possessions maritimes. Un regard de sa politique sur l'Occident lui garantissait l'immobilité et peut-être l'indifférence de la chrétienté. Le pape Léon X luttait contre le moine allemand Luther, qui détachait des lambeaux d'Allemagne, de Suisse, d'Italie, de France, du centre catholique romain. Le roi des Hongrois, Louis II, se débattait contre la nature éternellement anarchique de son aristocratie de Pologne et de Hongrie; Charles-Quint et François I*er*, tour à tour vainqueurs et vaincus, se préparaient à faire de l'Europe un champ de bataille. L'Angleterre, suivant son roi dans le schisme, allait démembrer en un jour trois royaumes de la catholicité; la croisade de la monarchie universelle formée par l'Allemagne, les Pays-Bas, la Franche-Comté, la Belgique, l'Espagne, les Indes occidentales, récemment découvertes, préoccupait plus le monde chrétien que les croisades pour le sépulcre du Christ à Jérusalem. Les chevaliers de Rhodes, abandonnés à eux-mêmes comme un poste avancé sur l'islamisme, pouvaient être impunément attaqués en Orient sans qu'un bras s'élevât pour leur cause en Occident. Soliman, parfaitement informé par ses ambassadeurs des dispositions des cours, comprit que l'heure avait sonné pour lui de venger sur Rhodes la grande humiliation de Mahomet II.

Mais, plus loyal que Mahomet II, il écrivit au grand maître de l'ordre pour lui demander la cession de l'île, nécessaire à la sûreté de ses propres États. Il lui jurait, par le Coran, de respecter la liberté et les propriétés de l'Ordre, et de permettre aux chevaliers de transporter leurs trésors, leurs vaisseaux et leur institution religieuse dans un site moins injurieux à la puissance des Ottomans en Asie. Les institutions et l'honneur défendaient à l'Ordre de Jérusalem de négocier même la paix, à plus forte raison la honte avec les musulmans. Au retour de l'ambassadeur, Soliman, à qui Piri-Pacha avait construit une marine, donna le commandement de la flotte et de l'armée d'expédition à son troisième vizir, Mustafa-Pacha. Cette flotte, de trois cents voiles, portait douze mille combattants.

Pendant qu'elle appareillait (1522) pour sortir des Dardanelles et pour contourner les caps qui s'avancent dans la mer de l'Archipel, depuis le cap Sygée jusqu'au cap Crio (Cnide), d'où Rhodes apparaît sur les flots, Soliman lui-même s'avançait à travers toute la largeur de l'Anatolie jusqu'au rivage du golfe de Marmoritza. Une mer de quatre lieues de traversée sépare seulement le golfe de Marmoritza de l'île de Rhodes. C'est dans ce même golfe, autrefois nommé l'anse de Physcus, qu'Alexandre atteignit les Perses de Darius, et que, au printemps de 1801, les Anglais cinglèrent pour voguer avec une armée de débarquement en Égypte, afin d'arracher le Nil aux Français.

Aussitôt que la flotte de Mustafa-Pacha eut débarqué ses douze mille janissaires dans une anse ouverte de l'île de Rhodes, les trois cents navires, déchargés de leurs troupes, de leurs canons et de leurs vivres, repartirent à la vue des chevaliers vers le golfe de Marmoritza, et transportèrent le même jour le sultan et ses cent mille combattants sur les plages de l'île. C'était le 28 juillet 1522, anniversaire du jour où Soliman, l'année précédente, avait donné le premier assaut à Belgrade. Cent pièces de canon de siège et les douze colosses de bronze qui avaient ouvert la brèche dans les tours de Constantinople sous Mahomet II commencèrent à lancer contre les fortifications de Rhodes des boulets de douze palmes de circonférence. Ces rochers de métal, dont on voit encore les stigmates sur les murs de

Rhodes, attestent par leur masse la réalité de cette fabuleuse artillerie. L'île, investie par cent douze mille combattants, par trente mille matelots, par trois cents navires et par la multitude d'esclaves qui suivait une si nombreuse armée, s'était retirée tout entière dans la ville. Quarante-cinq mille habitants des campagnes avec leurs familles, leurs troupeaux, leurs provisions, leurs outils d'agriculture, abrités sous les voûtes des portes, dans les églises, dans les casemates, attendaient leur salut de l'intrépidité des chevaliers et de l'inexpugnabilité de leurs bastions.

VI

Le grand maître était Villiers de L'Ile-Adam, un de ces hommes qui transforment les choses humaines, et qui s'élèvent tellement au-dessus de la fortune par leur caractère qu'ils forcent même les revers à servir de relief à leur mémoire. L'Ile-Adam était Français comme d'Aubusson; aussi brave, mais plus vertueux que le sauveur de Rhodes, les perfidies de la politique ne souillaient en lui ni l'héroïsme du soldat, ni la foi du religieux. Il n'avait eu au titre de grand maître qui venait de lui être conféré d'autre candidature que la vénération de ses frères. Absent de Rhodes pendant son élection, le danger de l'Ordre fit taire l'envie. On l'appela parce qu'il parut nécessaire. Un seul chevalier portugais, le chancelier de l'Ordre, d'Amaral, protesta par une odieuse rivalité d'ambition contre le choix des chevaliers. La déception et l'envie lui arrachèrent une de ces paroles qui entr'ouvrent les abîmes du cœur humain et qui sont les présages des châtiments tragiques. « Si Rhodes doit être gouvernée par L'Ile-Adam, s'écria-t-il devant quelques confidents de sa haine, j'aime autant qu'elle devienne esclave des Ottomans. » On assure, mais rien n'atteste le crime, que d'Amaral, aussitôt après l'élection de son rival, rendit la liberté à un de ses esclaves turcs, et le chargea d'une lettre dans laquelle il indiquait à Soliman l'heure opportune et les moyens certains pour attaquer l'île; on ajoute que, sous prétexte de revenir apporter sa rançon au grand chancelier, l'esclave rapporta au traître le prix de la trahison.

Quoi qu'il en soit, L'Ile-Adam, averti des périls de Rhodes, se hâta de partir de Marseille avec une poignée de chevaliers français pour venir combattre ou mourir au poste que ses frères lui avaient assigné. La fortune assaillit sa traversée de présages funèbres : le feu consuma la galère qui le portait entre Marseille et la Sicile; il n'atteignit Messine que sur un débris. Sorti du port de Messine sur une autre galère, la foudre y tomba pendant une tempête, et fondit la lame de son sabre dans le fourreau. Ces augures contristaient sans l'émouvoir cette âme intrépide qui n'acceptait pour présage divin que son devoir.

A peine débarqué dans l'île, il employa à fortifier la ville les talents d'un ingénieur italien de Brescia, nommé Martin Engui. Martin Engui était le Vauban du siècle; il en avait le génie et la vertu. Rhodes, par ses travaux, devint en peu de mois la citadelle presque inabordable de la chrétienté sur les mers d'Orient. Une troisième enceinte de murailles recouvrit comme d'une triple cuirasse les deux enceintes surmontées de tours épaisses et précédées de fossés profonds, véritables abîmes creusés au ciseau dans le roc, devant lesquels avait échoué Mahomet II. Les deux ports se fermèrent par des môles plus avancés l'un vers l'autre dans la mer, et ces quatre môles, portant comme autant de promontoires leurs châteaux et leurs batteries, se hérissèrent de canons d'un calibre presque égal aux boulets des Turcs. Des chaînes de fer aux anneaux énormes, tendues d'un promontoire à l'autre et rivées à des masses de granit, prévinrent même les surprises nocturnes des brûlots qui pouvaient tenter d'incendier les galères. Cinq bastions principaux, aux cinq angles de la circonférence de Rhodes, devinrent autant de citadelles indépendantes l'une de l'autre, confiées par L'Ile-Adam aux chevaliers des cinq provinces, responsables de leur défense et animés de l'émulation de chacun à leur nation. Une armée mobile de secours pour voler aux brèches les plus menacées fut confiée au commandement du plus renommé des héros de l'Ordre, le chevalier de Grolée, né dans les montagnes du Dauphiné, terre de chevaliers où naquit Bayard. Six mille chevaliers ou soldats exercés aux armes, dont la guerre était le métier, dont la mort était le martyre, composèrent cette armée de secours à qui le diamètre borné de la ville permettait de faire face à la fois à tous les points de la circonférence.

Telle était la défense de Rhodes quand Soliman investit la place par terre et par mer. Les tempêtes mêmes ne pouvaient rompre le cercle de fer et de feux dans lequel il allait resserrer la ville des chevaliers, car, indépendamment des anses de l'île où les navires des Turcs jetaient l'ancre dans les calmes, la rade voisine de Marmoritza en face, et les rochers de Macri qui enveloppent une anse inaccessible aux grandes vagues, leur prêtaient pour les gros temps, un abri rapproché et sûr d'où ils observaient encore de l'œil l'étroit canal entre Rhodes et la Lycie.

VII

Soliman, après avoir fait jeter l'ancre à ses trois cents vaisseaux et couvert les collines de Rhodes de sa nuée de tentes (juillet 1522), envoya un dernier message au grand maître pour lui offrir des conditions de paix avant de foudroyer la place. « Regarde et réfléchis, disait ce message à L'Ile-Adam ; si tu n'acceptes pas ce que je te propose, je jure par le Coran que je réduirai ta capitale au niveau de l'herbe qui croît au pied de tes murailles. » Ni la religion, ni l'héroïsme, ni l'honneur ne permettaient à L'Ile-Adam de livrer la patrie de son Ordre aux Ottomans. Elle devait être son tombeau. Le siége fut ouvert par le feu de trois cents pièces de canon tonnant jour et nuit sur la ville. Les chevaliers y répondirent par un feu égal mais couvert, qui écarta pendant trente jours du pied des bastions les échelles des assaillants. Pendant ce tonnerre réciproque des batteries qui faisait bouillonner, disent les historiens oculaires, le canal de Lycie, et écrouler les rochers glissants du Taurus, les dix mille mineurs arméniens creusaient à l'insu des assiégés des souterrains immenses jusque sous les fondations des bastions. Le trentième jour du siége, pendant que les chevaliers en prière assistaient avec le grand maître au saint sacrifice dans la cathédrale dédiée à saint Jean, une commotion semblable à un tremblement de terre ébranla les voûtes de l'édifice et suspendit sur les lèvres des prêtres les chants sacrés par un cri de terreur. C'était le bastion d'Angleterre qui s'écroulait par son flanc extérieur dans le gouffre de feu creusé par les mineurs sous ses fondements. L'Ile-Adam, à genoux, se leva avec l'intrépide élan d'un homme que le péril anime au lieu de l'abattre. « *Deus in adjutorium meum intende*, s'écria-t-il en proférant un verset des psaumes que la discipline de sa profession l'obligeait à réciter tous les jours : Que mon Dieu me soit en aide ! » Et, se jetant l'épée à la main hors du temple : « Courons à la brèche, dit-il aux chevaliers, c'est le sacrifice de sang que cette heure veut de nous. » Il vole à la poussière du bastion écroulé, saisit une pique, lutte corps à corps avec les débris contre les azabs qui escaladent les décombres, en renverse dix de sa main dans la mine ouverte, donne le temps au chevalier de Grolée d'accourir avec ses six mille vétérans ralliés dans les églises, et refoule les Turcs jusqu'au pied de leurs batteries.

VIII

Ces mines, ces assauts, ces exploits, ces fortunes diverses d'un siége obstiné se renouvelèrent à toutes les heures du jour et de la nuit jusqu'au 24 septembre (1522). Soliman commençait à craindre l'échec de Mahomet II. Il convoqua tous ses vizirs à un divan de guerre sous sa tente. Piri-Pacha, dont le génie était l'audace, lui montra du geste la place étroite qu'occupait la ville sur les flancs de l'île et l'immense superficie de tentes, de soldats, de navires qui couvrait les collines et les flots : « Tant que nous égaliserons malhabilement, dit-il aux généraux qui commandaient le siége, les forces des assiégés aux nôtres, en n'attaquant qu'un point de la circonférence à la fois, nous laisserons la supériorité à ces hommes qui combattent couverts par des retranchements à nombre égal contre des hommes qui combattent sans autre abri que leurs sabres! Profitons de l'immense supériorité de nombre de nos soldats, et donnons un assaut général au lieu de ces assauts partiels où se consument le temps et l'armée. »

L'assaut général fut ordonné pour le lendemain. Soliman, pour que son regard embrassât d'un coup d'œil les attaques des cinq bastions, et pour que le sultan parût partout présent à ses troupes, fit construire pendant la nuit une plate-forme en bois sur un mamelon avancé de la colline Saint-Étienne, et assista de là, visible à tous et voyant tout, à l'escalade de ses cent vingt mille soldats sur les murs déjà changés en monceaux de débris. Sept fois les Turcs parurent à la crête des murailles, sept fois le sultan, à travers la fumée des canons et les éclairs du sabre, vit rouler leurs cadavres dans les fossés. Le carnage inonda de sang les deux revers des murs; des milliers de Turcs vinrent expirer dans l'intérieur des fortifications, des milliers de chrétiens moururent en les refoulant dans le fossé. La nuit et la lassitude les séparèrent, sans que les uns eussent avancé, les autres reculé d'un pas. L'Ile-Adam avait combattu partout à la fois; son sang avait taché l'étendard de l'Ordre, qu'il avait arraché deux fois à Grolée pour rallier les chevaliers à ce signe suprême de la religion et de l'honneur. On le rapporta vainqueur, mais blessé, sur une litière de piques à son palais. Sept cents chevaliers et trois mille soldats étaient ensevelis dans leur triomphe. Les paysans de l'île, les vieillards, les enfants, les femmes même avaient combattu dans cette longue mêlée d'un jour. On pleura surtout une jeune Grecque d'un courage féroce égal à sa beauté, dont le cadavre étendu, les bras ouverts autour d'un autre cadavre, obstruait la voûte de la porte Saint-Nicolas; c'était le corps sanglant d'une jeune fille de l'île de *Cos*, maîtresse d'un jeune chevalier de la province d'Auvergne. Ayant vu tomber du pied de la muraille où elle assistait au combat l'amant qu'elle suivait des yeux et du cœur dans la fumée au-dessus de sa tête, elle était rentrée folle de douleur dans sa chambre, avait étranglé de ses mains deux jumelles au berceau, fruits de son amour, pour les soustraire à l'esclavage des Turcs qu'elle croyait déjà maîtres de Rhodes, puis, se revêtant d'un uniforme de l'Ordre et des armes de son amant, elle avait couru combattre et mourir sur son corps à la brèche. Les Rhodiens réunirent dans le même tombeau le chevalier, la fille de Cos et les deux enfants.

Quinze mille Turcs comblaient de cadavres le fossé de Saint-Damien.

IX

Soliman, qui ne pouvait accuser l'intrépidité de ses soldats, accusa l'impéritie de ses généraux, mais il ne les punit pas de leurs revers. En juge indulgent et équitable, il se contenta de gourmander Ayas-Beg, beglerbeg de l'armée d'Europe, d'envoyer le séraskier Ahmed-Pacha en Égypte, et de remplacer le capitan-pacha ou grand amiral

Mustafa-Pacha par Behram-Beg. Ces nouveaux généraux multiplièrent en vain les assauts contre tous les bastions des différentes nations ou langues de l'Ordre ; ils trouvèrent partout des héros.

Quatre-vingt mille Turcs avaient péri en trois mois sous les murs de Rhodes ou par le feu ou par le fer ou par les maladies que l'infection des cadavres répandait dans l'air de l'automne. Mais Soliman avait la conscience de sa volonté et les ressources d'un empire. Les vallées de la Lycie qui débouchent de l'intérieur de l'Anatolie dans le golfe de Marmoritza lui versaient sans cesse de nouveaux renforts ; ses flottes de nouveaux approvisionnements. Aucun prix d'or, de temps ou de sang n'était à ses yeux au-dessus de Rhodes. Il voulait dater son règne de l'affranchissement de l'Archipel, comme il l'avait daté de l'affranchissement du Danube. Il n'ignorait pas l'épuisement de la ville. On assure que le grand chancelier d'Amaral l'instruisait par des lettres lancées à la pointe d'une flèche du haut d'une tour du port, pendant la nuit, des extrémités auxquelles L'Ile-d'Adam était réduit avec les faibles restes de ses combattants. Les chevaliers prêtèrent crédit à ces rumeurs populaires motivées par l'animosité connue du grand chancelier contre le grand maître, et par l'odieux propos que d'Amaral avait proféré après l'élection de L'Ile-Adam. Les aveux arrachés par les tortures à un serviteur portugais d'Amaral, nommé Dyez, confirmèrent trop légèrement ces soupçons. D'Amaral, arrêté et accusé, s'indigna en vain de ce que la déposition d'un serviteur lâche ou perfide obtenue par les supplices prévalait sur les quarante années de fidélité et de services à son Ordre, à sa religion, à son honneur. Il fut décapité par jugement du conseil, et mourut en niant le crime. Les corps dans les revers ont besoin de rejeter le malheur sur la trahison. Le grand chancelier était un envieux, son Ordre en fit un traître. Sa mort ne put retarder d'un jour la chute de l'île. Les quarante mille réfugiés grecs emprisonnés depuis quatre mois dans les murs d'une ville qui s'écroulait sur eux et qui allait les livrer à l'esclavage ou au glaive des Turs, murmuraient contre l'obstination des chevaliers, et imploraient une capitulation qui sauvât du moins leur vie et leur liberté de la vengeance de Soliman. Ils conspiraient ouvertement contre les oppresseurs de l'île qui jouaient le sang de leurs sujets grecs contre un vain honneur de corps, vaine compensation à leur prochain asservissement. Ils se montraient du geste sur l'Archipel voisin et sur la côte de Cilicie des villes grecques soumises au joug des Turcs, et jouissant sous cette domination tolérante de leurs biens, de leur religion, de leurs mœurs, de leur commerce. Le parti grec et le parti de l'Ordre se combattaient à main armée dans les murs pendant que les Turcs donnaient l'assaut aux fortications.

Soliman, informé de tout par les espions grecs, résolut de s'ouvrir à tout prix une large route au cœur de la ville. Il accumula, en une seule batterie de quarante pièces de canon, les énormes bouches à feu de Mahomet II disséminées jusque-là sur différents bastions de la place. Un feu continu vomissant des blocs de marbre et de plomb pulvérisa et aplanit enfin une brèche inabordable aux assiégés dans les murs. Un torrent de boulets et de bombes roulait sans interruption à travers cette brèche depuis les hauteurs de la ville jusqu'au port. La ville traversée de part en part ne pouvait rejoindre ses lambeaux sous cette perpétuelle pluie de mort. Soliman, pour joindre la persuasion à la terreur, fit élever, le 10 décembre 1522, un étendard blanc sur sa tente. Le feu cessa; deux parlementaires turcs s'avancèrent en élevant dans leurs mains une lettre décorée du chiffre en or du sultan. Des conférences s'ouvrirent et, le 22 décembre, des muezzins appelèrent, en signe de conquête de l'islamisme, les croyants à la prière du haut du clocher de la cathédrale de Saint-Jean changée en minaret, pendant que la musique turque exécutait ses fanfares au sommet de la tour de Saint-Nicolas.

X

Soliman cependant avait retiré son armée à quelque dis tance de la ville pour éviter le pillage et pour laisser aux chevaliers et au peuple de Rhodes le temps d'évacuer honorablement la ville si héroïquement défendue. Le séraskier Ahmed-Pacha vint, en son nom, inviter Villiers de L'Ile-Adam à une conférence sous la tente. Le grand maître, confiant dans la parole du vainqueur, s'y rendit accompagné d'un chevalier de chaque langue pour être ses témoins devant l'Ordre tout entier. Le vieux guerrier attendit longtemps en plein air comme un suppliant, exposé au vent et à la neige devant la tente de Soliman, que le divan rassemblé en ce moment eût fini ses délibérations. Le sultan, informé de ce défaut de respect à la vieillesse, au rang et au malheur, se hâta de lui envoyer un cafetan et une pelisse d'honneur, et de le faire introduire en sa présence avec tous les égards de souverain à souverain. Il le complimenta sur son courage et sur sa vertu dignes, lui dit-il, des plus grands hommes de guerre dont il avait lu les exploits dans les histoires. Il félicita les chrétiens d'avoir des héros tels que lui. « Si j'avais des serviteurs aussi vaillants que toi, ajouta-t-il, je les estimerais à plus haut prix qu'un de mes royaumes. »

Villiers de L'Ile-Adam portait sur sa physionomie la douleur et l'humiliation d'un vaincu. « Console-toi, lui dit le sultan, c'est le sort des souverains et des guerriers comme nous de conquérir et de perdre tour à tour, au gré de la fortune, des villes et des provinces. » Il accorda au grand maître et aux chevaliers toutes les conditions de sûreté et d'honneur dans leur retraite compatibles avec la victoire. L'Ile-Adam rentra dans la ville aussi admiré des vainqueurs que des vaincus. Le jour suivant, Soliman, vêtu en simple askindji et suivi seulement de deux de ses pages vêtus comme lui, monta à cheval et vint visiter, sous la garantie de la trêve, les ruines de la ville qu'il allait enfin posséder. Il entra, à l'heure du repas des chevaliers, dans le palais du grand maître et dans la salle où ces moines guerriers mangeaient en commun. Il fit demander à voir L'Ile-Adam par un de ses pages qui parlait grec. L'Ile-Adam reconnaissant le sultan le reçut en hôte et non en souverain. Le jeune homme et le vieillard s'entretinrent longtemps sur la terrasse du palais d'où l'on domine la ville, la mer et l'Asie Mineure, enceinte comme un jardin par les cimes neigeuses des montagnes de Cilicie. Le sultan, pénétré d'estime pour le héros de Rhodes, lui proposa de lui-même un plus long délai et des conditions plus douces pour l'évacuation de l'île. Le grand maître lui offrit en présent quatre magnifiques coupes d'or ciselées et enrichies de topazes qui décoraient le trésor de l'Ordre. Soliman s'attendrit jusqu'aux larmes en contemplant les préparatifs d'éternel exil que la victoire et la capitulation imposaient aux vieux officiers de Rhodes dont cette île était devenue la patrie. « Ce n'est pas sans douleur et sans honte, dit-il en remontant à cheval, à ses pages, que je force ce vénérable chrétien à abandonner en cheveux blancs sa maison et ses biens. »

XI

L'Ile-Adam, pour voiler au jour la pudeur et les larmes du départ, s'embarqua de nuit sur les galères de l'Ordre et sur des navires grecs prêtés par Soliman, avec cinq mille habitants de l'île attachés à l'Ordre et qui préféraient suivre sa fortune à la résidence dans une contrée soumise désormais aux musulmans.

Le soleil en se levant éclaira cette flotte cinglant encore sur les falaises orientales de l'île. Les ruines et les collines étaient couvertes de ceux qui restaient et qui levaient les bras au ciel, implorant la protection de Dieu pour leurs compatriotes. De longs et tristes adieux leur répondaient du pont des galères par cinq mille voix éclatant en sanglots à la vue des murs et des sites dont cet exil déracinait les cœurs. Soliman lui-même en fut attendri. La mer, soulevée par les tempêtes d'hiver, ajoutait à la tristesse du spectacle. Les navires de L'Ile-Adam, ballottés par les vagues, errèrent d'écueil en écueil à travers l'Archipel pendant vingt-deux jours avant d'atteindre un à un la côte vénitienne de l'île de Candie. Villiers de L'Ile-Adam y débarqua avec sa colonie d'expatriés, et, les passant en revue sur la plage, pleura avec eux la patrie perdue. Il passa l'hiver à Candie dans l'hospitalité ombrageuse et dure des Vénitiens. Les rois d'Europe, indifférents à la décadence de ce monastère souverain de guerriers qui désormais embarrassait plus qu'il ne servait leur politique, restèrent sourds aux plaintes des chevaliers. Le roi d'Espagne, plus docile aux instances de Rome, finit par leur accorder l'île de Malte, alors aride et dépeuplée, comme un avant-poste, non plus contre l'Asie, mais contre l'Afrique. Ils y portèrent l'esprit féodal, monastique et aristocratique, génie suranné d'une institution née d'une autre époque et qui ne pouvait se conserver que dans une île. Villiers de L'Ile-Adam, en abordant ce rocher aride sans autre horizon que les flots entre l'Afrique et l'Espagne, regretta amèrement les collines, les ombres, les eaux, les perspectives majestueuses de Rhodes. Les richesses de l'Ordre encore intactes sur le continent réédifièrent en peu d'années une ville, des ports et des arsenaux inexpugnables sur les rochers de Malte; mais l'éloignement de la côte d'Asie, l'oisiveté, l'opulence, la décadence de l'esprit religieux, la licence des mœurs dans une jeunesse militaire qui avait les règles sans avoir la foi d'une institution monastique, l'ambition, l'intrigue, les rivalités de nation, l'anarchie, dépravèrent rapidement ce couvent de nobles et de soldats, vestige posthume des croisades destiné à périr par la main même des chrétiens.

Le héros de Rhodes, L'Ile-Adam, témoin déjà à Malte de cette corruption de l'institution dont il avait illustré la chute, mourut de douleur plus que de vieillesse, en contemplant les vices, les désordres et les insubordinations de cette anarchie militaire que le fanatisme même ne sanctifiait plus; mais le nom et les vertus de ce grand homme prolongèrent les destinées de l'Ordre par l'immortalité de son nom.

XII

Rhodes, tombée, entraîna la chute de toutes les îles voisines dans l'archipel grec qui dépendaient des chevaliers. Cos, Léros, Kalymna, Nisyros, Chalcis, Limonia, Télos, Symé. Les femmes grecques de l'île de Symé étaient célèbres comme plongeuses pour arracher les éponges et le corail au lit de la mer. Soliman, qui les avait employées pendant le siége à nouer des câbles sous l'eau aux anneaux des rochers pour approcher ses machines de guerre des murailles, leur accorda le privilége de porter des turbans de mousseline blanche, privilége réservé jusque-là aux femmes musulmanes. Il avait commencé pendant le siége à construire une nouvelle ville à Rhodes, dans une vallée plus large et plus fertile, sur l'emplacement de la Rhodes antique, appelée *la vallée des Hyacinthes*. Les traces de ces constructions ottomanes mêlées aux ruines de marbre et aux piédestaux des statues des nymphes sous des bois d'orangers, jonchent encore le sol où Soliman élevait son kiosque. Mais, aussitôt après l'évacuation de l'île par les chevaliers, Soliman fit relever les remparts de la ville conquise, profitant des immenses travaux des chrétiens pour défendre à jamais l'île contre leur retour. Les palais du grand maître et des chevaliers demeurés à demi renversés par les bombes dans la ville haute et mêlés aux mosquées, aux casernes, aux minarets des nouveaux conquérants, restèrent comme les monuments d'un champ de bataille entre deux races qui avaient bouleversé la terre, la mer et les rochers dans leur lutte.

Soliman, après un mois de séjour dans sa conquête, laissa une partie de l'armée à Rhodes pour la rebâtir, et rentra à Constantinople avec le renom d'un prince deux fois conquérant en moins de deux ans de règne. Son triomphe rappela dans l'hippodrome les triomphes des empereurs grecs à Byzance plus que les sauvages triomphes des Tartares. Son génie était déjà plus européen qu'asiatique. Sa politique et son cœur lui faisaient méditer en silence un changement complet de vizirs plus conformes par leurs idées et par leurs mœurs à son génie que les grossiers vizirs formés dans les camps de son père. Il avait ménagé ces soldats parvenus au divan par leur popularité dans la soldatesque, tant qu'il n'avait pas encore conquis lui-même cette renommée militaire, chère à un peuple de conquérants. Mais maintenant que Belgrade et Rhodes, apportées par lui en présent à l'empire, égalaient presque aux yeux des Ottomans le don de Constantinople par Mahomet II, il pouvait secouer le joug de son divan et régner non plus en protégé, mais en maître de ses armées. Il cherchait autour de lui un grand vizir selon son génie. Le hasard et l'amitié lui en avaient préparé un, à la fois selon sa politique et selon son cœur. Il sut le pressentir, il jouit de l'aimer, il va l'élever au rang que semblait lui avoir prédestiné la nature.

XIII

L'histoire d'Ibrahim, favori de Soliman II, est un de ces récits vulgaires dans les mœurs de l'Orient où l'Occident croirait lire les chimères des fables. Ibrahim était fils d'un pauvre pêcheur grec de Parga, sur la côte dalmate de l'Adriatique. Surpris un jour dans la barque de son père par des pirates turcomans de la Cilicie, l'enfant, d'une beauté accomplie, fut vendu comme esclave, à Smyrne, à une femme veuve et riche de la vallée de Magnésie, pour soigner ses jardins. Les grâces et l'intelligence de l'enfant qui flattaient l'orgueil de cette veuve lui firent donner des soins maternels à son éducation. Elle lui fit enseigner par les maîtres les plus renommés de Magnésie le Coran, les langues, l'éloquence, la poésie, la musique surtout, que les habitants voluptueux de l'Ionie préféraient à tous les arts. Soit qu'elle méditât de l'adopter un jour comme un fils, soit qu'elle voulût profiter des talents de son esclave pour le louer ou pour le vendre à grand prix à quelque famille puissante de Magnésie, elle le revêtait des plus riches costumes. Elle affichait les dons qu'il avait reçus de la nature et de l'éducation. Elle étalait sa beauté dans les lieux publics, en se faisant suivre avec ostentation par cet adolescent. Les hommes et les femmes lui enviaient ce bel esclave.

C'était le temps où le jeune Soliman, relégué par son père dans son gouvernement, habitait Magnésie. Un jour, en chassant à cheval dans les prairies de la vallée, Soliman entendit au bord d'un ruisseau les sons délicieux d'une flûte, qui retentissaient à travers les platanes à ses oreilles, et qui attestaient dans le joueur de flûte un art ou un génie étrange pour un simple berger. Il s'approcha; il vit Ibrahim, il fut charmé de sa figure, de ses réponses, de son talent pour la musique; il acheta avec la prodigalité d'un héritier du trône le jeune esclave; il l'admit dans le sérail, lui donna la liberté, s'enivra du son de son instrument, s'étonna de sa science, de son intelligence, de son aptitude à tous les exercices de l'esprit et du corps, perfectionna ses talents par les leçons de ses propres maîtres, goûta de plus en plus ses entretiens et fit de lui le compagnon favori de ses études et de ses délassements. D'esclave d'une pauvre femme de village, Ibrahim à vingt ans était devenu l'ami du futur sultan d'un empire. Sa modestie et sa fidélité justifièrent cette faveur passionnée de son maître.

A la mort de Sélim Ier, Soliman amena son jeune favori à Constantinople, au Danube, à Rhodes, pour le former à la fois à la guerre, au gouvernement, à la politique, sans lui donner encore d'autres fonctions que celles de confident et d'ami.

Ibrahim, doué de cette aptitude prompte et universelle des jeunes Grecs de la Dalmatie, grandissait de science, de courage et de génie avec sa fortune. Il pensait, combattait, administrait secrètement avec le sultan. Son intimité modeste ne permettait pas aux vizirs de porter envie à un joueur de flûte. Ils ne voyaient jusque-là dans ce jeune homme qu'un instrument des plaisirs de son maître.

XIV

Cependant Soliman avait résolu d'affranchir l'État de l'ignoble gouvernement de ces chefs de la soldatesque que son père avait introduits des camps dans le sérail. Il voulait gouverner par lui-même, et les mœurs ottomanes n'admettaient pas le gouvernement personnel du sultan. Il cherchait un vizir qui gouvernât l'empire sous son nom. Il profita d'une rivalité entre le grand vizir Piri-Pacha et Ahmed-Pacha qui agitait le divan, pour destituer Piri et pour éloigner Ahmed en l'envoyant gouverner l'Égypte. Le jeune Ibrahim fut nommé grand vizir, à l'étonnement et à la confusion de tous les vieux compagnons de guerre de Mahomet II, et à l'applaudissement du peuple lassé de leur oppression et de leur turbulence. Piri-Pacha se retira avec dignité dans ses jardins du Bosphore, comblé d'honneurs et gratifié d'une pension de dix mille ducats. L'ambitieux Ahmed s'éloigna la vengeance dans le cœur, résolu à faire repentir son maître de la préférence donnée sur lui à un favori inconnu des camps.

A peine investi du gouvernement d'Égypte, Ahmed tenta de corrompre les janissaires du Caire, et de les entraîner à la trahison par l'appât de l'or et des dignités qu'une si riche province constituée en souveraineté indépendante sous lui assurerait à leur ambition. Ses insinuations n'ébranlèrent pas la vieille fidélité de ces troupes ottomanes. Il caressa alors les restes du parti des mameluks, ces anciens maîtres de l'Égypte, et leur promit de restaurer leur domination s'ils voulaient le reconnaître pour sultan d'Égypte et combattre sous lui les janissaires maîtres de la citadelle du Caire. Les mameluks accoururent en foule sous ses drapeaux. Dans un combat acharné sous les remparts de la citadelle, les janissaires vainqueurs repoussèrent Ahmed et tuèrent plus de quatre mille mameluks (1523). Mais un ancien de ces Circassiens, élevé dans cette citadelle et qui en connaissait les accès souterrains, ayant informé Ahmed de l'existence d'un égout mal comblé qui faisait communiquer jadis la forteresse avec la ville, Ahmed pénétra une nuit avec ses mameluks dans la place, surprit et égorgea les six mille janissaires, et se proclama sultan d'Égypte sur les cadavres de ses compatriotes massacrés. Il s'entoura de vizirs, partagea les provinces entre ses complices, supplicia les gouverneurs envoyés par Soliman pour rappeler l'Égypte à la fidélité.

Toutefois la trahison renversa promptement ce que la trahison avait construit. Un des trois vizirs désignés par Ahmed pour gouverner sous lui le nouvel empire, nommé Mohammed-Beg, était resté dans l'âme secrètement dévoué à Soliman, et veillait comme la vengeance dans le divan même du traître. Par ses ordres une poignée de Turcs embusqués dans une maison du Caire attendait l'heure de surprendre et de frapper l'usurpateur. Mohammed-Beg leur donnait les avis et les signaux. Un jour qu'Ahmed était sorti de la citadelle avec une suite peu nombreuse pour prendre un bain dans les étuves de la ville, les janissaires affidés de Mohammed-Beg sortirent en armes de leur embuscade, assaillirent les gardes du sultan et forcèrent les portes du bain. Ahmed, averti par le tumulte, n'eut que le temps de s'échapper par le toit, à demi rasé, de s'élancer nu sur un cheval et de se réfugier dans le château. Mais Mohammed-Beg en fit rouvrir les portes aux janissaires qui poursuivaient Ahmed. Il promit aux Turcs et aux Arabes le partage des dépouilles du traître pour les animer à l'assaut de la maison d'Ahmed. L'enceinte de la citadelle devint à sa voix un champ de bataille entre les partisans de l'usurpateur et les Turcs. Les mameluks jonchèrent le sol de leurs cadavres. Ahmed n'échappa à la mort que par la fuite. Suivi seulement de vingt mameluks à cheval, il traversa le Nil à la nage et se réfugia dans le désert chez un cheik arabe, qui le livra à Mohammed-Beg. Sa tête fut envoyée à Constantinople. L'Égypte un moment soulevée rentra dans l'obéissance; Mohammed-Beg, récompensé de sa fidélité par Soliman, fut nommé intendant général des revenus du Nil sous le nouveau gouverneur d'Égypte Kasim-Beg.

XV

Soliman II resserra après ce triomphe les liens d'amitié qui l'unissaient à son jeune vizir Ibrahim, en donnant sa sœur pour épouse à son ministre. Une telle faveur était faite pour décourager l'envie. La magnificence des fêtes célébrées au sérail et dans la capitale à cette occasion ajouta à l'autorité du vizir le prestige de sa parenté avec le maître de l'empire. La description de ces fêtes atteste la splendeur à laquelle était parvenue en moins de trois siècles la cour des princes ottomans. Ayas-Pacha, second vizir, était chargé des fonctions de paranymphe ou de représentant de l'époux. Il vint en cortége au sérail inviter le sultan lui-même aux noces. Soliman accepta l'invitation et fit en termes magnifiques l'éloge de son ami devenu son beau-frère. Des présents dignes d'un roi de Perse emplirent les corbeilles de sa sœur. Pendant huit jours consécutifs des tables splendides reçurent tous les ordres de l'État et de l'armée. Le neuvième jour le sultan accompagna l'épouse au palais d'Ibrahim, suivi de toute sa cour civile, religieuse et militaire, entre *deux murs de soie et d'or* dont les maisons étaient tapissées dans les rues traversées par le cortége. Assis dans la salle du festin nuptial entre le mufti et le précepteur des princes, il ennoblit et sanctifia le repas par des conférences savantes tenues devant lui entre les docteurs, les lettrés, les poëtes de ses académies. Les sorbets, boisson d'eau édulcorée et parfumée permise par la religion, lui étaient servis par le grand échanson avec une coupe creusée dans une seule turquoise ciselée et bordée d'or, pierre précieuse unique de son espèce, passée de conquête en conquête des rois de Perse au trésor de Timour et des sultans.

Le dixième jour on promena dans les rues le trophée nuptial des Ottomans appelé *les palmes des noces.* Ces palmes artificielles, symbole de la force génératrice, affectent toutes les formes d'arbres et d'animaux de nature à éblouir par leur confus assemblage les regards des spectateurs. Leur masse et leur élévation prodigieuse sont un signe de la puissance des époux et un présage de la fécondité des mariages. On est souvent obligé d'élargir les rues et d'abattre les portes et les toits pour leur faire place. L'une de ces palmes au mariage d'Ibrahim était composée de soixante-quatre mille merveilles de la nature ou de l'art.

Le palais construit par le favori sur l'hippodrome reçut pendant huit jours Soliman. C'est de là qu'il assista aux illuminations, aux luttes, aux réjouissances publiques et aux épithalames récités par les poëtes en l'honneur des jeunes époux.

Quatre mois après ces noces, le sultan envoya Ibrahim en Égypte avec une flotte de deux cents voiles qui portait une armée honorifique. Le but de ce voyage et de ce cortége était de régler souverainement quelques questions de rivalité qui s'élevaient entre le gouverneur d'Égypte, Kasim-Pacha, et l'intendant général, Mohammed-Beg. Pour ajouter à la majesté de son grand vizir et de son favori par un acte qui semblait faire de lui un collègue à l'empire plus qu'un ministre, Soliman accompagna Ibrahim jusqu'aux îles des Princes. L'historien ottoman de ce règne, Djelalzadé, fait remarquer que cette déférence presque obséquieuse d'un sultan faisant cortége à son vizir est unique dans l'histoire de l'Orient. Mais Soliman voulait grandir ainsi aux yeux des peuples le prestige de sa propre autorité, en l'honorant lui-même dans l'ami qui en était le dépositaire. La nature et le rang l'avaient fait trop grand pour craindre les comparaisons et les rivalités avec ses serviteurs; il s'abandonnait à l'amitié, sûr de retrouver toujours la toute-puissance.

XVI

Le voyage d'Ibrahim dans l'Archipel, à Rhodes, en Syrie, en Égypte, ne fut que le triomphe d'un proconsul qui portait avec lui l'ombre de son maître. Il pacifia les différends, il limita les attributions, il organisa avec une précoce sagesse la conquête ; il fixa à quatre-vingt mille ducats par an le contingent de l'impôt d'Égypte au trésor de Constantinople. Le beglerbeg de Syrie, Suleïman-Pacha, fut nommé par lui gouverneur d'Égypte à la place de Kasim. Son retour à Constantinople renouvela les pompes et les respects de son départ. Les janissaires allèrent au-devant de lui, comme pour l'entrée d'un sultan. Soliman II lui envoya, pour ajouter à la magnificence de son cortége, un cheval arabe couvert d'un équipement d'une valeur de deux cent mille ducats. Ibrahim offrit à son maître un turban enrichi de pierres précieuses d'une valeur égale. Le maître et l'esclave semblaient à dessein affecter l'égalité dans leurs dons.

XVII

Soliman, pendant l'absence de son grand vizir, avait assez montré qu'il prêtait de la force à son ministre, mais qu'il ne l'empruntait qu'à son caractère. Pendant un séjour qu'il avait fait à Andrinople pour se délasser dans l'exercice de la chasse, les janissaires de Constantinople, mal assouplis encore, s'étaient révoltés. Le prétexte de leur révolte était l'absence prolongée du jeune sultan, qui consumait, disaient-ils, son temps dans les forêts de l'Hémus au lieu de présider aux soins de son gouvernement dans la capitale. Soulevés par ces murmures, et toujours avides des occasions de tumulte, ils avaient pillé le palais du grand vizir Ibrahim, d'Ayas-Pacha, du defterdar et le quartier des Juifs. La capitale consternée se demandait si elle allait revoir le temps de Sélim.

Soliman reçut la nouvelle de ces séditions et de ces pillages pendant qu'il chassait les cerfs dans la vallée de la Toundja, voisine d'Andrinople. Sans rentrer dans la ville, il tourna la tête de son cheval vers Constantinople, et, suivi d'un petit nombre de ses familiers, il arriva avant d'être attendu au palais des *Eaux-Douces* d'Europe, kiosque de plaisance dans une vallée ombragée, à quelques pas du faubourg d'Aïoub. Averti par les fugitifs de la ville et par les vociférations de cette soldatesque des nouveaux excès dont les janissaires consternaient en ce moment même la capitale, Soliman remonte à cheval, se précipite au milieu des factieux, les gourmande, les rappelle à la discipline, leur fait honte de leurs crimes, leur ordonne de rentrer dans leurs casernes et de déclarer leur instigateur. D'abord écouté, bientôt insulté, il est refoulé par la sédition toujours croissante jusqu'aux portes du sérail, où son cheval, frappé par la hache d'un janissaire, s'abat sous lui. Le sultan, sous la grêle de pierres et de flèches qui pleut sur sa tête, se retourne, bande trois fois son arc, tue de trois flèches trois des janissaires les plus rapprochés du sérail; puis, s'armant de son sabre, il défend avec une poignée de bostandjis l'accès du sérail contre cette tourbe, et donne aux spahis le temps d'accourir au secours de leur maître. Les janissaires, étonnés d'une majesté si intrépide et couverts de l'imprécation de la capitale, tombent à ses pieds, fuient ou rentrent dans les casernes. Soliman y marche et les harangue, son sabre encore sanglant dans la main. Il pardonne aux soldats; il punit avec indulgence les chefs; il destitue Mustafa, l'aga des janissaires, suspect de faiblesse ou de complicité dans leurs excès. Tous rentrent dans l'ordre. Mais Soliman, convaincu par ce désordre que l'oisiveté de ces prétoriens est le perpétuel danger du trône, avait rappelé Ibrahim d'Égypte pour concerter avec son vizir une guerre prompte et populaire, diversion nécessaire à la turbulence de ses soldats.

Au retour d'Ibrahim, la guerre toujours sainte, nationale, populaire, c'est-à-dire la guerre de Perse, fut résolue. Jetons un regard sur cet empire depuis la défaite de Schah-Ismaël à Tauris.

XVIII

Ismaël-Schah, quoique maître encore de la Perse entière par la retraite de Sélim après son inutile victoire de Tauris, était mort de honte et de douleur à Ardebil. Son fils Tahmasp, âgé de dix ans, lui avait paisiblement succédé. Les Tartares ouzbegs avaient profité de la minorité de cet enfant pour envahir le Khorasan, province frontière et dominante de la monarchie persane. Le jeune Tahmasp, aguerri avant l'âge et secondé par les guerriers de son père, avait refoulé les Tartares. Il brûlait de venger sur les Turcs l'affront de la journée de Tauris et de reconquérir les bords de la Mésopotamie, enclavés maintenant dans l'empire ottoman. Ses armées, lentement réformées et assouplies sous sa main par la gloire que leur jeune souverain leur avait reconquise, étaient prêtes pour une nouvelle lutte avec les Ottomans. Ainsi deux princes également jeunes et avides de gloire, l'un à Ispahan, l'autre à Constantinople, attendaient avec une impatience égale l'heure de se mesurer sur le champ de bataille de leurs pères.

« Si dans ta nature toute viciée par le schisme, écrivit Soliman à Tahmasp, il y avait un atome d'honneur, tu serais mort depuis longtemps de honte comme ton père; mais tu as survécu pour être l'objet de notre dédaigneuse pitié et pour trembler sous l'éternelle menace de mon sabre. Pourquoi n'as-tu pas envoyé d'ambassadeur à ma cour, vers laquelle afflue tout l'univers et qui peut être comparée au ciel, pour nous faire hommage de vassalité en se prosternant devant nos pieds? Ton délire et ton orgueil me décident à passer, si Dieu le veut, en Orient; je veux planter ma tente dans l'Iran, dans le Touran, à Samarcande, dans le Khorasan. Mes campagnes victorieuses contre Belgrade et contre Rhodes, ces deux plus grandes forteresses de la terre habitée, et qui sont l'une et l'autre une merveille du monde, ont seules retardé jusqu'ici mon expédition en Perse. La maison des faux dieux en Occident est devenue par nos mains le temple de l'islamisme; le siége de leurs idoles a été changé en mosquée des croyants; maintenant, prends garde; je dirige mes rênes victorieuses vers toi. Je te l'annonce, parce que c'est l'usage des héros de déclarer la guerre d'avance à l'ennemi. Reprends l'habit de moine de tes ancêtres, ôte la couronne de ta tête, accepte la condition de derviche, et cache-toi dans la retraite de ton humilité. Si tu veux venir mendier à ma porte un morceau de pain au nom de Dieu, je te le donnerai généreusement; dans le cas contraire, lors même que tu t'ensevelirais sous la poussière comme une fourmi, ou que tu t'envolerais dans les airs comme un oiseau, je ne t'atteindrai pas moins. Réponds à ce firman, qui frappe comme le destin, et prends conseil des circonstances. Heureux celui qui suit la voix du salut ! »

Cette lettre était une déclaration de guerre dans les termes moitié sauvages, moitié chevaleresques des princes d'Orient ; mais les conseils du grand vizir Ibrahim décidèrent Soliman à vider d'abord quelques querelles de l'empire sur le Danube avec les Hongrois, les Valaques, les Moldaves, les Transylvains, ennemis plus rapprochés et plus inquiets de ses provinces d'Europe, avant de porter ses armées à cent cinquante jours de marche de Constantinople, au cœur de la Perse. Ces conseils prévalurent dans l'esprit du sultan sur son désir de se mesurer avec Tahmasp. Sa jeunesse lui donnait la patience, cette vertu des desseins bien conçus. Les prétextes d'action sur le Danube ne lui manquaient pas. Ces prétextes n'étaient pas tous légitimes.

La veuve et l'enfant, âgé de sept ans, du dernier prince souverain de Valachie languissaient dans la captivité de Sélim à Constantinople. Les boyards ou seigneurs féodaux du pays, indignés de cette exhédération du fils de leur prince, avaient élu pour prince à sa place un moine de leur race nommé Radul. Les députés que les boyards avaient envoyés à Sélim pour faire sanctionner leur élection avaient été étranglés comme des factieux. On avait couru aux armes. Le moine souverain, vaincu par le lieutenant de Sélim, Mohammed-Beg, avait imploré les secours du comte hongrois Jean Zapolya, autre Huniade. Les Turcs, redoutant l'intervention de l'héroïque Zapolya, avaient feint de reconnaître aux boyards le droit d'élire leur prince. Trois cents cavaliers turcs avaient apporté au moine Radul l'investiture du sultan; mais, au moment où le moine tendait la main pour recevoir la lettre, le drapeau, le tambour et la masse d'armes, symboles de la souveraineté, le commissaire turc l'avait abattu à ses pieds d'un coup de la masse d'armes. Zapolya, au bruit de cette trahison, avait franchi avec ses Hongrois la frontière de Valachie et rétabli, après cinq victoires, un autre moine du même nom et de la même famille sur le trône des Valaques. Ce second moine Radul, mal consolidé en Valachie, avait traité avec Soliman; il était venu à Constantinople se livrer à la générosité du sultan. Soliman l'y avait retenu avec honneur. Il avait envoyé un autre boyard, Wlad, gouverner en son propre nom la Valachie. Bientôt il rappela Wlad et restitua la principauté tributaire à Radul.

Dans le même temps, un de ces belliqueux évêques souverains qui combattaient, gouvernaient et catéchisaient à la fois dans ces contrées barbares, Paul Tomori, avait humilié les Turcs par une victoire remportée sur Ferhad-Beg, général de Soliman en Syrie. La tête du général ottoman coupée par l'évêque, quarante drapeaux et une multitude d'esclaves avaient été envoyés par Tomori en hommage au roi des Hongrois. Frangipani, général de l'empereur Maximilien, appelé d'Italie sur le Danube avec seize mille de ces soldats aguerris qui vendaient leur sang aux princes, avait également vaincu Kosrew-Pacha en Croatie. L'honneur du nom ottoman et la réparation de tant de revers appelaient une campagne décisive sur les frontières de l'empire. Soliman la conduisit lui-même; Ibrahim commandait sous lui. Leur gouvernement n'était qu'une seule pensée. Ces soins de l'empire au lieu de distraire leur amitié la concentraient dans une volonté et dans une action incessamment communes. Indépendamment des réunions quotidiennes du divan auxquelles Soliman assistait de la fenêtre grillée donnant dans la salle, les deux amis s'écrivaient à chaque heure du jour et couchaient souvent dans la même chambre pour s'instruire jusque dans les intervalles du sommeil des affaires d'État. Soliman, rebuté par l'ignorance et la rusticité des guerriers, des vizirs, des courtisans de son père, ne trouvait que dans Ibrahim l'élégance d'esprit, les lumières de la conversation, les vues de la politique, qui le caractérisaient lui-même. Passionné pour la musique comme Saül, comme Marie Stuart d'Écosse, comme Charles II d'Espagne ou comme Frédéric de Prusse, le talent d'Ibrahim à jouer de la flûte ou de la viole était un attrait de plus qui l'attachait à son favori.

Les sons de ces instruments détendaient les soucis du trône.

XIX

Cent mille hommes et trois cents canons sortirent avec lui de Constantinople. Il laissa avec sécurité sa capitale aux mains d'un mufti éclairé et d'un caïmacam, sorte de dictateur, dont la fidélité avait été éprouvée en Égypte. Le mufti était Zémal-Pacha Zadé ; le caïmacam, Kasim, ancien gouverneur du Caire. C'était le 23 avril 1526, jour spécialement heureux pour les Ottomans, parce que c'est le jour où les chevaux des écuries du sultan sont envoyés tous les ans dans les champs fécondés par le printemps pour paître l'orge verte, et parce que ce jour était un lundi, jour où le prophète Mahomet entreprit les deux grands voyages de l'homme : la naissance et la mort.

Le journal de la vie et des campagnes de Soliman, tenu sous ses yeux heure par heure pendant un long règne, permet à l'histoire de suivre pas à pas la marche du sultan. L'armée s'avança en une seule colonne jusqu'à Sophia. Une discipline sévère et inexorable enleva aux villes et aux campagnes de la Bulgarie tout dommage du passage des troupes. Soliman et Ibrahim vengeaient impitoyablement les paysans de la moindre oppression des soldats. Le sultan et le vizir se séparèrent à Sophia pour marcher en deux colonnes sur Péterwardein, place forte de la Hongrie dans les plaines au delà du Danube. Péterwardein, entourée des cent mille hommes de Soliman et de cent mille autres auxiliaires qui l'avaient rejoint sur le Danube, tomba en douze jours devant Ibrahim. Le sultan y entra à travers une avenue de mille têtes coupées des Hongrois ses défenseurs. Il suivit de là le Danube et la Drave jusqu'à Essek. Deux cent mille Turcs y passèrent la Drave sur un pont construit par les ingénieurs de l'armée, et s'avancèrent lentement sur un sol marécageux jusqu'à Mohacz, nom obscur alors, illustré depuis par le sang des deux races, qui s'y mêla dans la bataille. Les Hongrois fortifiés y attendaient les Turcs sur des collines plantées de vignes qui dominent les marais de Krasso. Le cri de guerre des Ottomans : « Dieu le veut! » qui avait été le cri des croisés, car tous les peuples enrôlent Dieu dans leur cause, éclata de lui-même dans toute l'armée ottomane à la vue des Hongrois étagés sur les coteaux de Mohacz. C'était le 28 août 1526 à la fin du jour; Ibrahim, vêtu d'un simple costume de page du sérail, comme pour mieux s'effacer devant la majesté de son maître, vint plusieurs fois dans la nuit sous les tentes de Soliman concerter avec lui la bataille.

Au lever du soleil, Soliman, couvert d'une cuirasse damasquinée d'argent et d'or, le front décoré d'un turban blanc surmonté de trois plumes de héron noir, se plaça sur une éminence d'où son regard embrassait les deux armées. Entouré de ses vizirs et de ses pachas, il distribua d'un mot à chacun les postes, les rôles, les ordres. Il savait que la victoire est dans la pensée plus que dans le bras du général. Ses triomphes dans ses deux premières campagnes donnaient à ses ordres l'autorité de l'expérience, du génie et de la fortune. Ses plus vieux lieutenants croyaient déj en lui. Il fit assister à ce conseil de guerre non-seulement ses généraux, mais même des soldats vétérans choisis dans chaque corps, afin que la pensée de la bataille circulât par leurs bouches dans tous les rangs.

Après avoir promulgué et motivé rapidement ses dispositions, il se tourna en souriant vers un vieux janissaire nommé Altoudja qui, la cuirasse sur le dos, le casque sur la tête, son carquois sur l'épaule et son sabre à la main, assistait muet à la délibération. « Voyons, dit-il au soldat, sais-tu quelque chose de mieux ? As-tu un conseil à donner à ton padischah ? — Oui, dit le vétéran, c'est de se battre à l'instant. » Ce conseil parut la plus sûre des inspirations au sultan. « O mon Dieu, s'écria-t-il en levant les mains au ciel et en laissant tomber quelques larmes d'émotion de ses yeux, la force et la victoire sont en toi seul; viens en aide au peuple de ton Prophète. » A ces mots répandus de bouche en bouche sur le front de l'armée, tous les cavaliers se précipitèrent de leurs chevaux en tenant la bride dans leurs dents; ils se prosternèrent dans la poussière en étendant les bras comme dans la prière; puis ils remontèrent en selle et brandirent le sabre aux yeux du sultan. Par une prévision expérimentée de la fougue compacte et irrésistible des masses de la cavalerie hongroise, Soliman avait ordonné à ses soldats de s'ouvrir devant les charges de ces escadrons et de se refermer ensuite après leur passage pour éviter leur choc et pour les étouffer entre leurs flancs. Dans ce dessein, il avait laissé vide un espace immense entre sa ligne de bataille et ses bagages et ses réserves, pour que la base de ses mouvements ne fût jamais atteinte et compromise par les irruptions soudaines de la cavalerie ennemie. Ibrahim le grand vizir commandait en tête l'armée d'Asie, Kosrew-Pacha l'armée d'Europe en seconde ligne; le sultan, au milieu des janissaires comme un nuage recelant dans son sein la foudre, tenait la réserve sous sa main.

La bataille suivit comme d'instinct les phases que le génie de Soliman et d'Ibrahim lui avait d'avance tracées. La cavalerie hongroise, sous les ordres de l'évêque Tomori, franchit comme une vague irrésistible l'armée d'Asie qui s'ouvrit devant elle, et vint s'anéantir entre la première et la seconde armée des Ottomans. Le roi de Hongrie, Louis II, suivi de ses plus vaillants chevaliers et de sa réserve de cavalerie cuirassée, fondit à son tour sur l'armée d'Asie et sur l'armée d'Europe, traversa ces deux lignes sous un nuage de flèches et sous une pluie de feu, et parvint jusqu'à l'éminence où le sultan l'attendait avec trente mille janissaires. Là des batteries de canons enchaînés se démasquèrent et creusèrent de larges vides dans les flancs de l'armée hongroise. Mais tout ce qui n'avait pas été renversé par la mitraille s'acharnait à l'assaut de l'éminence où brillait la cuirasse d'or de Soliman. Trente chevaliers du roi liés par le serment de mourir ensemble ou de prendre le sultan des Turcs parvinrent jusqu'au sommet du mamelon. Séparés de leur padischah par le tumulte de la mêlée, les janissaires repoussaient sur les flancs du mamelon les assauts du roi. Un groupe de pages et d'eunuques mouraient aux pieds du sultan pour couvrir son corps. Déjà les chevaliers touchaient sa cuirasse de la pointe de leurs lances, quand les janissaires, rappelés par les cris des pages, accoururent, et, coupant par derrière les jarrets des chevaux hongrois, abattirent les cavaliers dans le sang. Leurs têtes coupées furent le premier trophée de la victoire. Les lignes de l'armée d'Asie et d'Europe reformées et repliées par Ibrahim emprisonnèrent l'armée hongroise entre trois murailles de fer et de feu. Les décharges de l'artillerie la disséminaient en tronçons. Les uns mouraient en cherchant à fuir; les autres, atteints par les janissaires dans leur fuite, s'enfonçaient avec leurs chevaux dans la fange du marais. Le roi Louis y disparut sans qu'on pût jamais retrouver son corps même à la trace de son sang. Son casque d'acier mal trempé avait été fendu, disent ses pages, par un fer de lance; le sang inondait ses épaules; son cheval l'emportait presque inanimé vers le marais. L'eau croupissante du Danube fut son seul tombeau. C'était le second roi de Hongrie que l'ambition de ses nobles poussait pour son malheur dans une lutte inégale avec les Turcs depuis la fatale journée de Varna. C'était le second héros couronné dont les Turcs vainqueurs cherchaient en vain le corps parmi les cadavres sur le champ de bataille. Deux heures avaient suffi pour décider le sort des deux princes et des deux races. Le Danube roula pendant deux jours et deux nuits les corps des hommes et des chevaux qui s'étaient précipités dans le fleuve pour éviter le fer ou le feu des Turcs. La plaine et le marais avaient englouti le reste. La musique des deux armées ottomanes groupées par Ibrahim à la fin du jour sur l'éminence où l'on avait dressé les tentes du sultan répandait ses fanfares de victoire dans les ténèbres sur la plaine muette. Le lendemain le sultan à cheval avec Ibrahim parcourut lentement le champ de bataille, cherchant le corps du roi de Hongrie, consolant les blessés, félicitant ses soldats, et jouissant mais sans inhumanité de sa fortune. Il ordonna de construire un kiosque et de creuser un puits sur la place même où il avait échappé aux lances des Hongrois. Sa cuirasse bosselée et son casque brisé portaient les traces de leurs coups.

XX

Dans une parade militaire semblable à celles des rois de Perse ou d'Alexandre, Soliman, assis sur un trône d'or sous une tente d'écarlate, reçut le jour suivant les hommages de ses vizirs, de ses pachas, de ses généraux. Il attacha de sa propre main une aigrette de plumes de héron sur le turban du grand vizir. Une pyramide de quatre mille têtes de vaincus, couronnée par la tête des barons, des chevaliers, et des évêques tués dans le combat, s'élevait devant le seuil de sa tente. Trente mille cadavres de Hongrois furent ensevelis par ses ordres dans d'immenses tranchées creusées par les akindjis au bord du marais. L'incendie de Mohacz éclaira de ses flammes cette sépulture des héros de la Hongrie. Les prisonniers échappés au massacre des akindjis furent réunis en convois pour aller peupler les vallées d'Asie. Les femmes, les enfants, les vieillards, furent rendus à la liberté et laissés à leur patrie.

Soliman, désormais sans ennemis devant lui, s'avança jusqu'à Ofen, qui ouvrit ses portes. Il traita cette capitale en souverain paternel et non en conquérant. La vie, les biens, la religion, l'honneur des habitants, furent protégés contre la férocité des soldats. Il ne voulut emporter d'autres dépouilles que les canons gigantesques fondus par l'ingénieur hongrois pour Mahomet II, les statues antiques d'airain d'Hercule, de Diane et d'Apollon, qui décorèrent l'hippodrome de Constantinople, et la bibliothèque savante d'Ofen. Un pont rapidement construit par ses ordres sur le Danube porta l'armée à Pesth. Il reçut dans cette capitale les députations des nobles hongrois. Il leur promit de reconnaître pour leur roi Jean Zapolya, candidat porté par eux au trône, et dont l'ambition et l'incapacité politique lui promettaient un feudataire sans danger pour l'empire.

Pendant qu'il reprenait avec l'élite de l'armée la route de Constantinople, ses corps détachés, abandonnés à la cupidité et à la férocité de leurs chefs, ravageaient, pillaient, martyrisaient, incendiaient les villes et les châteaux de la Hongrie. Des troupeaux d'esclaves enchaînés, et des milliers de bœufs et de moutons, proie de la guerre, repassèrent le Danube sous les lances de ces soldats.

Soliman, rentré en triomphe dans le sérail, s'occupa à embellir la capitale des dépouilles antiques d'Ofen et de Pesth. Les vieux Turcs murmurèrent en voyant se relever sur l'hippodrome des statues qui leur rappelaient les idoles abhorrées et détruites par la religion du Prophète.

Soliman et Ibrahim méprisèrent ces scrupules d'une populace qui prenait l'art pour l'impiété. Un poëte du vieux parti turcoman, nommé Fighani, écrivit un distique accusateur contre le vizir. « Tandis que l'ancien Ibrahim, disait ce distique en jouant sur le nom d'Abraham, renversait les idoles, le nouvel Ibrahim les relève pour en offusquer le seul Dieu. » Le grand vizir, pour étouffer la sédition à son premier murmure, fit promener dérisoirement Fighani, l'auteur des vers, sur un âne, symbole de stupidité, dans la ville.

XXI

Quelques troubles causés par l'injuste répartition des impôts agitèrent en Asie les Turcomans. Un descendant du fameux derviche Hadji-Begtasch, patron vénéré des janissaires, nommé Kalender, souleva des milliers de derviches, et par les derviches la populace des campagnes de l'Anatolie. Kosrew-Pacha, le gouverneur de la Caramanie, le pacha d'Alep, réunis près de Tokat contre Kalender, succombèrent en bataille rangée contre cette armée de fanatiques. Le grand vizir marcha lui-même avec un corps de janissaires contre Kalender. Sa politique et ses caresses aux Turcomans, qui faisaient toute la force du rebelle, détachèrent de lui ses partisans. Abandonné à lui-même, il fut décapité par Ibrahim; sa tête, attachée au pommeau de la selle d'un aga, fut apportée à Soliman.

Ibrahim convoqua à Tokat les généraux et les begs qui s'étaient laissé vaincre par Kalender. « Pourquoi, leur dit-il d'un ton qui leur annonçait leur supplice, avez-vous fui lâchement devant une troupe de derviches à moitié nus et de misérables, l'écume de l'empire ? » Tous se taisaient de terreur et de honte. Les bourreaux entouraient la tente. Le gouverneur d'Itschil, Mohammed-Beg, fils de l'ancien grand vizir Piri-Pacha, se prosterna aux pieds d'Ibrahim, et prenant la parole pour tous : « Nos pères, dit-il, au moment d'une bataille, avaient coutume d'invoquer l'assistance de Dieu, de faire des vœux pour le sultan, et de prendre conseil des guerriers les plus expérimentés aux barbes blanches ; mais nous avons négligé ces sages coutumes ; l'orgueil et la folle présomption ont attiré ces malheurs sur nous ; en expiation, voici le sabre et nos têtes. » Ibrahim se laissa fléchir par cette résignation, pardonna aux généraux, et ramena avec lui à Constantinople Mohammed-Piri, comme un homme de bon conseil et d'éloquence.

Le sultan, au retour de son ministre, fit percer sur la salle du divan cette petite fenêtre voilée d'un rideau d'où il était censé assister invisible aux délibérations du conseil. Les Ottomans appelèrent cette fenêtre l'œil ou l'oreille du sultan, toujours ouverte sur le gouvernement de l'empire.

XXII

L'année 1528 s'ouvrit par une troisième campagne de Soliman en Hongrie. La cause de la guerre fut la compétition au trône des Hongrois entre Jean Zapolya, nommé par les seigneurs, client des Turcs, et l'archiduc Ferdinand d'Autriche, frère de Charles-Quint qui lui avait donné cette couronne. La diète de Presbourg, en 1526, dominée par Charles-Quint, avait déclaré Zapolya usurpateur. Vaincu à Tokai par Ferdinand, réfugié chez Sigismond, roi de Pologne, Zapolya invoquait le secours des Polonais et des Turcs pour rasseoir son trône. Les Français secondaient ses réclamations auprès des Turcs et des Polonais contre le frère de Charles-Quint. Louis Gritti, fils naturel d'André Gritti, doge de Venise, diplomate ottoman, favori du grand visir et du sultan et leur conseil dans toutes les affaires d'Europe, servait ardemment dans le divan la cause des Français, des Polonais et de Zapolya. Ibrahim, entraîné, par les efforts de l'ambassadeur de France et de Gritti, dans les intérêts de Zapolya, reçut en audience publique l'ambassadeur du prétendant hongrois.

« Pourquoi ton maître, lui dit-il, n'a-t-il pas demandé plus tôt la couronne de Hongrie au Grand Seigneur? N'a-t-il donc pas compris assez ce que signifiait la préservation du chateau royal d'Ofen par nos soins à l'époque de l'incendie de cette ville? »

Le second vizir, le vieux et brutal Mustafa-Pacha, parla plus rudement au Hongrois : « Qu'espères-tu, lui dit-il, et comment un courrier d'un ban de Transylvanie tel que toi ose-t-il appeler le sultan père d'un aussi pauvre prince que ton maître? Où sont tes tributs et tes présents? Comment ton maître a-t-il osé entrer dans Ofen foulé par les pieds du cheval de notre padischah? Ne sais-tu pas que chaque endroit de la terre où s'est reposée l'ombre du sultan ou de son cheval est à jamais soumis à sa domination?

» — Nous avons tué le roi Louis de Hongrie, reprit avec plus de douceur l'habile Ibrahim, nous avons conquis son palais, nous avons mangé et dormi dans ses salles; son royaume est à nous. C'est une folie de penser que les rois sont rois par la couronne : ce n'est pas l'or, ce ne sont pas les pierres précieuses ni le diadème qui font régner, c'est le fer. Le sabre force à l'obéissance, le sabre doit garder ce qu'a conquis le sabre. Que ton maître reconnaisse la suzeraineté du sultan, et nous exterminerons non-seulement Ferdinand, mais encore tous ses amis ; nous aplanirons leurs montagnes sous les pieds de nos chevaux. Nous ne dormons pas, nous sommes prêts à entrer en campagne ; nous trouverons les deux rivaux épuisés par leur lutte, et les armées du sultan les vaincront tous deux sans peine. Je ne parle pas à la manière des Turcs, c'est-à-dire assez brièvement : les Turcs parlent peu et agissent beaucoup. Tu t'étonnes de me voir sourire ? Je souris de ce tu viens réclamer des pays acquis au tranchant de notre sabre ; apprends que nous avons des serres plus terribles que les faucons ; nos mains restent là où nous les avons une fois posées, à moins qu'on ne les coupe ; retiens bien ces paroles, car elles sont la vérité ; la terre reçoit chaque goutte de pluie qui tombe, de même nous écoutons chaque parole qu'on nous adresse. Vous songez toujours à Belgrade. Je vois que tu as bu du vin de Syrmie, et que les coupes de Tokai ont caressé tes lèvres. Tu nous parles de la Pologne ; sache que, sans faire la guerre à la Pologne, elle nous rapporte plus de cinquante mille ducats par an, parce que les Tartares vendent aux Turcs tous les esclaves qu'ils font en Pologne, et que les Polonais nous payent leur rançon. Si nous voulions, en une campagne, nous la mettrions à feu, à sang et à merci. »

XXIII

L'ambassadeur de Zapolya avait compris la faveur secrète d'Ibrahim à travers l'éloquence moitié grecque et moitié tartare du jeune grand vizir. Le lendemain Soliman le reçut au milieu de sa cour : « J'accepte, lui dit le sultan, l'alliance de ton maître. Jusqu'à présent son royaume ne lui a jamais appartenu, il est à moi par le droit du sabre ; mais, en récompense de son attachement à ma personne, je le protégerai si efficacement contre Ferdinand et l'Autriche qu'il pourra dormir sur les deux tempes.

» — Maintenant, ajouta le grand vizir, nous appellerons ton maître Roi et non plus Ban de Transylvanie. Le sultan marchera en personne contre ses ennemis. Va, nous ne lui demandons ni tributs ni présents. »

Une diplomatie si adroite se payait assez elle-même par la grande et légitime suzeraineté qu'elle allait exercer en Hongrie du chef choisi par la nation elle-même. La politique de Soliman et d'Ibrahim égalait le raffinement des cours les plus consommées d'Europe en habileté, et les surpassait en éloquence. Le génie grec et le génie ottoman associés dans ce gouvernement à deux têtes achevaient par la parole ce qu'ils avaient ébauché par les armes. Louis Gritti, vendu par ses intérêts à Ibrahim et à Soliman, y ajoutait la connaissance des cours européennes et la finesse de l'Italien. Ce conseiller occulte croissait chaque jour en faveur au sérail, et pouvait aspirer, en professant l'islamisme, au gouvernement de l'empire qui l'avait adopté. Zapolya le nomma bientôt son ambassadeur auprès de la Porte.

XXIV

L'archiduc Ferdinand envoya de son côté un ambassadeur à Soliman pour réclamer de lui la Hongrie. « Que ne me demandez-vous aussi Constantinople? répondit dérisoirement le sultan. Votre maître n'a pas eu avec nous assez de rapports de voisinage et d'amitié; allez et dites-lui que j'irai bientôt lui rendre une visite avec tout mon cortége. » Il lui fit distribuer des bourses d'or et le congédia.

Quelques semaines après, il nomma Ibrahim généralissime de l'armée contre l'Autriche, avec un traitement supplémentaire de soixante mille ducats d'or pour la campagne. Djélalzadé transcrit en ces termes la nomination et les attributions du généralissime, qui éclairent la nature de ces fonctions du lieutenant général de l'empire :

« J'ordonne, disait Soliman, que tu sois dès aujourd'hui et pour toujours mon grand vizir, et le séraskier nommé par ma majesté dans tous mes États. Mes vizirs beglerbegs, juges d'armée, légistes, juges, seïds, cheiks, mes dignitaires de la cour et colonnes de l'empire, sandjakbegs, généraux de la cavalerie ou de l'infanterie, alaïbegs (généraux des troupes feudataires), soubaschis, tscheribaschis (officiers de ces mêmes troupes), toute mon armée victorieuse, tous mes esclaves, grands ou petits, mes fonctionnaires et employés, les habitants de mes royaumes et de mes provinces, les bourgeois et les paysans, les riches et les pauvres, tous enfin reconnaîtront mon susdit grand vizir comme séraskier, l'estimeront et le vénéreront en cette qualité, regarderont tout ce qu'il dit ou croit comme un ordre émané de ma bouche qui fait pleuvoir des perles, écouteront sa parole avec toute l'attention possible, recevront chacune de ses recommandations avec respect, et ne s'en éloigneront en rien. Le droit de nomination et de destitution, pour les places de beglerbegs, de sandjakbegs, et toutes les autres dignités et fonctions, depuis les plus élevées jusqu'aux plus basses, soit à ma bienheureuse Porte, soit dans les provinces, est conféré à son jugement sain, à son esprit pénétrant. Ainsi il doit remplir les devoirs que lui imposent les attributions de grand vizir et de séraskier, ne pas dévier du chemin du droit et de la justice, donner à chaque homme le rang qui lui convient. Lorsque ma sublime personne entre elle-même en campagne, ou lorsqu'un événement exige l'envoi d'une armée, le séraskier reste seul maître et seul juge de ses actes, personne ne doit lui refuser obéissance... Toutes les dispositions qu'il jugera à propos de prescrire relativement aux collations de sandjaks, de fiefs et d'emplois, aux augmentations de solde ou de traitement, aux distributions de présents, excepté ceux qu'on fait à l'armée en général, sont d'avance approuvées et sanctionnées par ma majesté. Si contre mon ordre sublime, et le canoun (loi fondamentale), un membre de mon armée victorieuse (Dieu nous en préserve!) était rebelle à l'ordre de mon grand vizir et séraskier, si un de mes esclaves opprimait le peuple, il faudrait en instruire sur-le-champ ma sublime Porte, et le coupable ou les coupables, quel que soit d'ailleurs leur nombre, recevraient la punition qu'ils auraient méritée,

XXV

Deux cent mille hommes suivirent le sultan et le grand vizir au delà du Danube (1529). Zapolya vint recevoir l'investiture du royaume à Mohacz, sur cette même plaine engraissée trois ans plus tôt des cadavres de trente mille Hongrois. Soliman le couronna dans le palais d'Ofen et marcha de là contre Ferdinand sur la route de Vienne. Il assiégea vainement la capitale de l'Autriche, défendue par ses murs et par seize mille héros. Après des assauts et des sorties sans nombre, Soliman ordonna l'assaut général pour le 14 octobre. Une brèche de cinquante toises à côté de la porte de Carinthie semblait enfin offrir une route aux Ottomans. Le courage des Allemands la combla des cadavres des janissaires. Le découragement, le murmure, la panique, refluèrent des fossés de Vienne dans le camp de Soliman. Vingt mille Turcs avaient péri sous ces murs ; l'automne, pluvieux et froid, menaçait de dévorer l'armée à son retour. Ibrahim leva le camp dans la nuit du 15 octobre, couvrant par le silence et les ténèbres une retraite semblable à une fuite. Les salves du canon de Vienne saluèrent à l'aurore le départ des Ottomans. Les horloges des clochers de la ville, qui n'avaient pas sonné depuis le premier jour du siége, éclatèrent en carillons de joie. « Qu'est-ce que ce bruit? demanda Soliman au Croate Zedlitz, un des prisonniers qu'il emmenait à sa suite. — C'est un signal de fête et de joie, » répondit Zedlitz. Soliman, sans s'irriter contre cette joie qui contrastait avec sa tristesse, fit revêtir son prisonnier d'un cafetan d'honneur et le renvoya sans rançon à Vienne. Il voulait séduire ceux qu'il n'avait pu vaincre et préparer les cœurs à la paix. « Nobles et généreux capitaines, écrivit le grand vizir aux Viennois par Zedlitz, sachez que nous n'étions pas venus pour conquérir votre ville, mais pour poursuivre votre archiduc Ferdinand, qui nous dispute la Hongrie. Vous pouvez nous envoyer des ambassadeurs pour traiter du sort de vos compatriotes nos prisonniers. »

A la première halte de l'armée, après la levée du siége de Vienne, Soliman récompensa ses vizirs, ses généraux, ses janissaires et tous les corps de son armée, par des présents, des munificences et des augmentations de solde qui donnèrent à un revers la physionomie d'un triomphe. Il voulait tromper la fortune, n'ayant pu la dompter. Ibrahim, à qui Soliman destinait, dit-on, la couronne de Hongrie, si la campagne de Vienne avait été décisive, remit cette couronne à Zapolya en repassant à Ofen.

Le sultan et l'armée rentrèrent par Belgrade dans les frontières de la Turquie. La Hongrie, déchirée entre Zapolya et Ferdinand, le préservait assez de toute inquiétude dans ces provinces.

XXVI

Des fêtes pour la circoncision de quatre princes, enfants de Soliman, se confondirent à Constantinople avec les fêtes d'une campagne où la politique du sultan voulait faire admirer un triomphe. Tous les ordres de l'empire s'assirent pendant douze jours consécutifs à des festins donnés par le souverain aux grands de sa cour, à son armée et à son peuple. La faveur d'Ibrahim n'avait pas pâli avec sa fortune. Le dernier jour de ces fêtes de la circoncision, qu'on appelle aussi les noces, le sultan, enivré lui-même de l'ivresse générale, lui demanda quelles étaient, à son avis, les noces les plus splendides, de celles par lesquelles on avait célébré le mariage de sa sœur avec lui, ou de celles auxquelles on venait d'assister pour la circoncision de ses fils?

« Il n'y a jamais eu et il n'y aura jamais, s'écria le grand vizir, de noces comparables aux miennes. — Qu'oses-tu dire? reprit le sultan presque jaloux. — Oui, poursuivit spirituellement le favori, Votre Majesté n'a pas eu à ses noces un convive comparable à celui qui a honoré les miennes de sa présence, puisque le padischah de Stamboul, de la Mecque, de Médine, du Caire et de Damas, le Salomon moderne a daigné s'y asseoir. — Tu as raison, répondit le sultan; je suis vaincu; mais c'est par moi-même. Je te remercie de m'avoir rappelé ma défaite. »

XXVII

Pendant que de nouveaux envoyés de Ferdinand d'Autriche venaient solliciter à Constantinople la reconnaissance de ce prince comme roi des Hongrois, la France continuait à presser le sultan de refuser cet accroissement de puissance à la maison d'Autriche. C'était à l'instigation de la France que Soliman avait entrepris ses campagnes de Hongrie et de Vienne. La duchesse d'Angoulême, pendant la captivité de François Ier, avait envoyé à Soliman le comte de Frangipani pour le détourner de toute concession à l'Autriche et pour lui promettre le concours de la France en armes et en vaisseaux contre Ferdinand. La réponse du sultan, rédigée par Ibrahim, est un monument de l'intelligence politique autant que du style de ce grand ministre. Nous transcrivons en entier ce commentaire d'une diplomatie que l'Occident appelait encore barbare :

« Au nom de Dieu clément et miséricordieux !
» Par la grâce du Très-Haut (dont la puissance soit à jamais honorée et glorifiée et dont la parole divine soit exaltée !) ;
» Par les miracles abondants en bénédictions du soleil des cieux de la prophétie, de l'astre de la constellation du patriarcat, du pontife de la phalange des prophètes, du coryphée de la légion des saints, Mohammed le Très-Pur (que la bénédiction de Dieu et le salut soient sur lui !) ;
» Et sous la protection des saintes âmes des quatre amis

qui sont Aboubekre, Omar, Othman et Ali (que la bénédiction de Dieu soit sur eux tous !) ;

» Schah-Sultan, Soliman-Khan, fils de Sélim-Khan, toujours victorieux ;

» Moi, qui suis le sultan des sultans, le roi des rois, le distributeur des couronnes aux princes du monde, l'ombre de Dieu sur la terre, l'empereur et seigneur souverain de la mer Blanche et de la mer Noire, de la Roumélie, de l'Anatolie, de la province de Soulkadr, du Diarbékir, du Kurdistan, de l'Aderbaïdjan, de l'Adjem, de Scham, de Haleb, de l'Égypte, de la Mecque, de Médine, de Jérusalem, de la totalité des contrées de l'Arabie et de l'Yémen ; et en outre de quantité d'autres provinces que, par leur puissance victorieuse, ont conquises mes glorieux prédécesseurs et augustes ancêtres (que Dieu environne de lumière la manifestation de leur foi !), aussi bien que de nombreux pays que ma glorieuse majesté a soumis à mon épée flamboyante et à mon glaive triomphant ; moi enfin, fils de Sultan-Sélim, fils de Sultan-Bajazet II, Schah-Sultan, Soliman-Khan ;

» *A toi, François,*
» *Qui es le roi du royaume de France,*

» La lettre que vous avez adressée à ma cour, asile des rois, par Frangipani, homme digne de votre confiance, et certaines communications verbales que vous lui avez recommandées, m'ont appris que l'ennemi menace et ravage votre royaume, que vous êtes maintenant prisonnier et que vous demandez secours et appui de ce côté-ci pour obtenir votre délivrance. Tout ce que vous avez dit a été exposé au pied de mon trône, refuge du monde; les détails explicatifs en ont été parfaitement compris, et ma science auguste les embrasse dans tout leur ensemble. En ces temps-ci, que des empereurs soient défaits et prisonniers, il n'y a rien qui doive surprendre. Que votre cœur se réconforte! que votre âme ne se laisse point abattre! Cela étant ainsi, nos glorieux prédécesseurs et nos grands ancêtres (que Dieu illumine leur dernière heure!) ne se sont jamais fait faute d'entrer en campagne pour combattre l'ennemi et faire des conquêtes; et moi-même aussi, marchant sur leurs traces, j'ai soumis dans toutes les saisons des provinces et des forteresses puissantes et de difficile accès; je n'ai dormi ni nuit ni jour, et mon épée ne quitte pas mes flancs. Que la justice divine (dont le nom soit béni!) nous rende l'exécution du bien facile! que ses vues et sa volonté apparaissent au grand jour, à quoi qu'elles s'attachent!

» Au surplus, interrogez votre envoyé sur l'état des affaires et sur les événements quels qu'ils soient; restez convaincu de ce qu'il vous dira, et sachez bien qu'il en est ainsi. »

XXVIII

Vers le même temps, Soliman écrivait à François Ier, qui avait revendiqué l'église du Saint-Sépulcre de Jérusalem :

« Vous m'avez fait savoir qu'il existe dans la place forte de Jérusalem, faisant partie de mes États bien gardés, une église autrefois entre les mains du peuple de Jésus, et qui a été postérieurement changée en mosquée; je sais avec détail tout ce que vous avez dit à ce sujet. Si c'était seulement une question de propriété, en considération de l'amitié et de l'affection qui existent entre notre glorieuse majesté et vous, vos désirs ne pourraient qu'être exaucés et accueillis en notre présence qui dispense la félicité; mais ce n'est pas une question de biens meubles ou immeubles : ici il s'agit d'un objet de notre religion; car, en vertu des ordres sacrés du Dieu très-haut, le créateur de l'univers et le bienfaiteur d'Adam, et conformément aux lois de notre Prophète, le soleil des deux mondes (sur qui soient la bénédiction et le salut!), cette église est depuis un temps infini convertie en mosquée, et les musulmans y ont fait le namaz (prière canonique). Or, aujourd'hui altérer par un changement de destination le lieu qui a porté le titre de mosquée, et dans lequel on a fait le namaz, serait contraire à notre religion; en un mot, même si dans notre sainte loi cet acte était toléré, il ne m'eût encore été possible en aucune manière d'accueillir et d'accorder votre instante demande. Mais, à l'exception des lieux consacrés à la prière, dans tous ceux qui sont entre les mains des chrétiens, personne, sous mon règne de justice, ne peut inquiéter ni troubler ceux qui les habitent; jouissant d'un repos parfait, sous l'aile de ma protection souveraine, il leur est permis d'accomplir les cérémonies et les rites de leur religion; et maintenant établis en pleine sécurité dans les édifices de leur culte et dans leurs quartiers, il est de toute impossibilité que qui que ce soit les tourmente et les tyrannise dans la moindre des choses. Que cela soit ainsi!

» Écrit dans la première décade de la lune de moharramal-haram, année 935 de l'hégire (mi-septembre 1528 de Jésus-Christ). De la résidence de Constantinople, la bien munie et la bien gardée. »

XXIX

Les rivalités de patronage sur la Hongrie, les encouragements de la France, le besoin d'user au dehors la turbulence inquiète des janissaires, et surtout la passion de se mesurer avec Charles-Quint, ce Soliman de l'Occident, ramenèrent en 1532 le sultan à Belgrade. Deux cent cinquante mille hommes l'y précédaient. M. de Rinçon, ambassadeur de France, l'y attendait. Quinze mille Tartares commandés par Sahib-Ghéraï, frère du khan de Crimée, alliés perpétuels des Ottomans, y joignirent l'armée. Cette campagne, qui ne fut qu'une suite de siéges contre les villes et les châteaux des magnats rebelles de Zapolya, signala surtout la discipline de l'armée et la magnanimité de Soliman. Il remit presque partout les villes conquises aux héros hongrois qui les avaient le mieux défendues contre lui, se contentant de vaincre et de demander serment au roi qu'il protégeait contre le frère de Charles-Quint. Kasim-Beg seul, un de ses généraux les plus aventureux et les plus fanatiques, ravagea la Styrie et l'Autriche avec un corps de vingt mille cavaliers indisciplinés. Les garçons et les filles enlevés dans ces excursions et liés à la croupe des chevaux des akindjis furent emmenés comme des troupeaux en esclavage et vendus à vil prix dans les camps. Le comte de Lodron, le margrave de Brandebourg vengèrent à Priggliz ces pillages d'hommes dans un défilé où périrent dix mille Turcs. Kasim-Beg et Othman y succombèrent l'un et l'autre sous le fer des chevaliers styriens ou hongrois. Paul Bakics, un de ces héros, atteignit de sa lance Othman, le jeta sur la poussière, et lui perça le cœur d'un coup de poignard. Le casque damasquiné d'or de Kasim fut envoyé à Charles-Quint.

Pendant ces combats partiels, Soliman et les masses de son armée avançaient par les rudes sentiers de la Styrie jusqu'au pied des tours de Gratz. On a sculpté sur le linteau d'une de ces tours la figure du sultan, en mémoire de cette apparition qui fit trembler l'Allemagne et l'Italie.

Les Turcs, qui se heurtaient à mille châteaux forts et à de nombreux détachements de volontaires intrépides, sans trouver nulle part une armée, refluèrent bientôt avec un butin de quarante mille esclaves. Rentré à Belgrade, Soliman adressa à l'Empire et aux cours d'Europe et d'Asie des lettres de victoire. Il y accusait la lâcheté de Charles-Quint qui n'avait pas osé, disait-il, défendre en personne contre lui l'Allemagne. « Prince, disait-il, qu'il est aussi impossible de rencontrer sur un champ de bataille qu'auprès des femmes. »

Le roi de Pologne, Sigismond, lui envoya ses ambassadeurs à Belgrade pour implorer son alliance et sa protection contre les Tartares de Crimée. Soliman accorda aux Polonais leur demande : il défendit aux khans de la maison de Ghéraï de renouveler leurs incursions en Pologne. Le 18 novembre, il rentra vainqueur sans combat à Constantinople.

Mais pendant que Charles-Quint s'effaçait devant lui en Allemagne, l'amiral génois, André Doria, commandant la flotte de l'Italie, du pape, de l'Espagne, purgeait la mer des vaisseaux ottomans, foudroyait les côtes de Morée, et insultait impunément l'embouchure même des Dardanelles. Les Turcs, invincibles sur le continent, ont rarement possédé la mer. Indépendamment de ce que le génie naval n'est pas celui des races pastorales, une autre cause explique à l'histoire cette infériorité des Ottomans. Sur terre, ils combattaient eux-mêmes ; sur mer, ils combattaient par les Grecs, leurs esclaves ou leurs sujets. Ces Grecs, excellents marins, mais sujets ou esclaves, ne trouvaient pas dans leur foi, dans leur orgueil de race le principe d'héroïsme qui donnait la victoire aux musulmans sur les champs de bataille. De plus, les guerres navales ne sont pas des levées en masse auxquelles on ne demande que de l'impétuosité et du courage ; les guerres navales sont un art. On improvise une armée, on n'improvise pas une flotte. Les vaisseaux, ces instruments de la guerre maritime, sont lents à construire, lents à armer, plus lents à dresser aux évolutions de la mer. L'administration navale qui crée et conserve ces flottes a toujours manqué aux Ottomans. Assis sur trois mers, sur deux détroits et sur un archipel, ils n'ont jamais su les posséder en les occupant. Chaque race a son génie plus puissant même que la géographie sur sa destinée. L'amiral d'une petite république maritime qui ne possédait qu'un rocher et un port sur la Méditerranée, comme Gênes, faisait rougir et trembler le maître de l'Asie et de l'Europe dans Constantinople.

XXX

Ces humiliations sur ses côtes, et le désir d'aller poursuivre en Perse les plans avortés de son père Sélim I*er*, rendirent Soliman II plus accessible aux conseils de paix avec Charles-Quint et Ferdinand. Il reçut à Constantinople leurs ambassadeurs, et il consentit lui-même à envoyer, pour la première fois depuis la fondation de l'empire, un ambassadeur à Vienne. Ferdinand reçut cet ambassadeur sur un trône recouvert de drap d'or, entouré des grands de Bohême, d'Autriche et de quelques magnats de Hongrie ses partisans. La paix sous le nom de trêve fut conclue par l'intervention de Charles-Quint lui-même, qui consentit à promettre au sultan la restitution des ports de Morée, conquis par Doria, et à envoyer à Constantinople les clefs de la forteresse hongroise de Gran en signe de déférence. Soliman, de son côté, s'engageait à respecter les possessions de Ferdinand dans ce qui lui restait de territoire en Hongrie.

Ces conditions consenties à Vienne furent rapportées par les ambassadeurs de Ferdinand à la ratification de Soliman à Constantinople. Le récit de ces ambassadeurs à leur cour, emprunté aux archives espagnoles, caractérise naïvement le temps, les lieux et les hommes. Ibrahim, le grand vizir, reçut avec une joie mal contenue les clefs de Gran de leurs mains, en leur promettant de se contenter de cet hommage, et de ne pas insister sur la remise réelle de la forteresse.

« Ibrahim, disent-ils, les laissa longtemps debout, et ils

eurent le temps de bien contempler le visage du grand ministre qui remuait de sa pensée le monde depuis Vienne jusqu'à Bagdad. Il ressemblait au sultan ; il avait le visage ovale et délicat, les yeux noirs mais caressants, le teint bruni par six campagnes, la bouche entr'ouverte, et laissant compter des dents éclatantes séparées les unes des autres et aiguisées en pointe comme des pepins de grenades. Il leur parla avec l'éloquence et la jactance naturelles aux Grecs de l'Albanie sa patrie. « Dans l'origine,
» leur dit-il, la solde de ces janissaires qui font trembler
» le Danube et l'Euphrate n'était que d'un demi-aspre par
» jour ; depuis nous avons pu l'élever successivement sans
» en sentir le poids à deux, à trois, à cinq aspres ; les sim-
» ples soldats maintenant en reçoivent huit. Notre marine
» nécessite des frais énormes ; mais le trésor est si riche
» qu'il s'en aperçoit à peine. Hier encore, j'ai pris au trésor
» en aspres *mille charges* de chevaux, c'est-à-dire deux
» millions de ducats d'or pour équiper une flotte contre
» l'Italie... Cinquante mille Tartares suffiraient pour sub-
» juguer le monde... Nous ne sommes pas aussi barbares
» qu'il plaît aux chrétiens de nous représenter. J'ai fait
» moi-même en Hongrie conduire des milliers de femmes,
» d'enfants et de prisonniers dans vos forêts pour les cacher
» aux akindjis et les préserver de l'esclavage ; je ne suis
» pas le seul ; beaucoup d'entre nous ont agi de même.
» C'est moi qui gouverne ce vaste empire ; ce que je fais
» reste fait, car toute puissance est en moi ; je confère les
» charges, je distribue les provinces ; ce que je donne est
» donné ; ce que je refuse est refusé ; lors même que le grand
» padischah veut accorder ou a accordé quelque chose, si
» je ne sanctionne pas sa décision, elle est comme rien,

» car tout est dans mes mains : guerre, paix, politique,
» trésor. Je vous parle ainsi afin de vous donner la con-
» fiance de vous expliquer sans contrainte devant moi. »
Ayant ensuite examiné le sceau de Charles-Quint sur le
traité : « Mon maître, dit-il, a deux sceaux pareils, dont l'un
» reste entre ses mains, et dont l'autre est dans les miennes,
» car il ne veut pas qu'il y ait aucune différence entre lui et
» moi. S'il fait faire des habits pour lui, il en commande
» de semblables pour moi ; tout ce qu'il me plaît de bâtir,
» il le paye de son argent. C'est lui qui a élevé à ses
» frais ce palais, cette salle où je vous reçois... Mon empe-
» reur a donné la Hongrie au roi Jean Zapolya, et rien ne
» pourra la lui enlever. Je serai plein d'égards pour la
» reine Marie de Hongrie (reine dépossédée, veuve du roi
» Louis II, tué à Mohacz) ; on lui rendra ses domaines per-
» sonnels et sa dot... Si elle était restée une heure de plus
» à Ofen, elle serait tombée entre mes mains. Elle aurait
» été traitée par mon maître comme une sœur... La gloire
» des grands souverains consiste à honorer les vaincus... »

» Et comme les ambassadeurs se regardaient entre eux
étonnés d'un pareil langage, et semblaient par leur physionomie attribuer au Vénitien Gritti une éloquence si civilisée et si magnanime, Ibrahim aperçut leur pensée dans
leur silence, dit le manuscrit latin : « Ne croyez pas, ajou-
» ta-t-il, que ces paroles me soient soufflées par Gritti ; ce
» n'est pas Gritti qui me fait vouloir et dire ce que je veux
» et ce que je dis ; c'est moi qui fais vouloir et dire à Gritti
» ce qui me convient. Je vous le répète pour que vous ne
» l'ignoriez pas, je suis le maître, et ce que je veux, le
» sultan le veut. »

XXXI

On commençait à pressentir dans un tel langage l'enivrement du *joueur de flûte*, élevé par l'amitié de son maître au niveau du trône, et qui ne tarderait pas à vouloir s'élever au-dessus. Dans ce chancellement d'un esprit ivre de grandeur, on croyait sentir de loin crouler sa fortune.

Le récit de leur dernière conférence avec Ibrahim dévoila davantage encore le génie et la jactance du Grec devenu le maître de son maître. Entre autres questions indifférentes qui furent échangées avant d'entrer en matière, Ibrahim fit celle-ci : « Pourquoi l'Espagne n'est-elle pas aussi bien cultivée que la France ? » On lui répondit qu'il fallait en attribuer la cause à la sécheresse du pays, à l'expulsion des juifs et des Mores, et à la fierté des Espagnols qui aimaient mieux manier les armes que la charrue : « Cette fierté, remarqua Ibrahim, est dans le sang ; il en est de même des Grecs, qui sont pleins d'orgueil et de générosité. » Enfin il ouvrit la conférence par une parabole : « Le plus terrible des animaux, le lion, ne peut être dompté par la force, mais par la ruse, par la nourriture que lui donne son gardien, et par l'influence de l'habitude ; le gardien doit porter un bâton pour l'intimider ; aucun étranger ne pourrait lui servir à manger. Le lion est le prince, les gardiens sont ses conseils et ses ministres ; le bâton est la vérité et la justice, qui seules doivent guider les princes. Moi, je conduis mon maître, le grand empereur, avec le bâton de la vérité et de la justice. Le roi

Charles est aussi un lion ; il faut donc que ses ambassadeurs
le domptent de la même manière. Puis, se mettant à parler
de sa puissance : « Ce que je fais, dit-il, est fait ; je puis
changer un palefrenier en pacha ; je puis donner des pays
et des royaumes à qui il me plaît, sans que mon maître
aille seulement s'en enquérir ; s'il ordonne quelque chose
que je désapprouve, sa volonté reste sans effet ; si au contraire c'est moi qui ordonne et lui qui désapprouve, mes dispositions s'exécutent, et non les siennes. La paix et la
guerre sont entre mes mains ; je dispose des trésors de
l'empire. Mon maître n'est pas plus richement habillé que
moi ; ma fortune reste constamment intacte, car il prévient
toutes mes dépenses. Ses royaumes, ses pays, ses trésors
me sont confiés, et j'en fais ce qu'il me plaît. J'ai vécu
avec le sultan depuis ma première jeunesse ; je suis né la
même semaine que lui. Lorsqu'il monta sur le trône, il envoya un ambassadeur en Hongrie, dans l'espérance d'établir avec les Hongrois des relations de bon voisinage, et
de recevoir leurs condoléances sur la mort de son père, et
leurs félicitations sur son avénement, mais ils s'emparèrent
du messager et le jetèrent en prison. Un second tschaousch
ayant reçu la même mission, subit le même sort, probable-
ment parce qu'il fut pris pour un grand personnage ; tout
cela irrita fort le grand padischah. Peu de temps après, le
roi de France fut vaincu à Pavie, et la reine sa mère écrivit à mon maître les paroles suivantes : « Mon fils le roi de
» France a été fait prisonnier par Charles, roi d'Espagne ;
» je croyais que Charles aurait eu la générosité de le mettre
» en liberté, mais, loin d'agir ainsi, il l'a traité indignement.
» Je viens te supplier, grand empereur, de montrer ta ma-
» gnanimité en délivrant mon fils. » Le padischah, ému des

malheurs des Français et irrité de la conduite de Charles-Quint, chercha par quel moyen il pourrait venir le plus efficacement au secours de la suppliante ; alors il pensa à venger l'indigne traitement infligé à ses envoyés par le roi de Hongrie, d'autant plus que la femme du roi Louis était sœur de Charles-Quint. Louis marcha à la rencontre du padischah ; et ils défendirent tous deux leurs prétentions au trône, le sabre à la main. Le sabre trancha la question, et nous conféra le droit de régner. C'est moi qui ai vaincu les Hongrois, car le padischah n'assista pas à la bataille de Mohacz ; il allait monter à cheval pour venir nous joindre, lorsque je lui envoyai la nouvelle de la victoire. Puis nous prîmes Ofen, et notre droit prévalut. » Ibrahim s'étendit longuement sur la conquête d'Ofen, sur le meurtre des prisonniers, qui n'avaient été massacrés ni par ses ordres, ni par ceux du sultan, mais par leur propre faute. Puis il revint de nouveau sur les demandes exagérées de Hobordansky, sur le siége de Vienne, en faisant remarquer qu'il avait souvent été reconnaître les fortifications sous un déguisement, et avec un turban non blanc, mais de couleur. « Pendant ce temps, dit-il, Charles-Quint était en Italie, menaçant les Turcs de la guerre, et les luthériens d'une conversion forcée à leurs anciennes croyances ; il est venu en Allemagne, et n'a pu réussir en rien. Il n'est pas digne d'un empereur de commencer quelque chose et de ne pas le terminer, de dire et de ne point faire. Ainsi, il a commencé un concile qui n'a pas eu lieu ; il a assiégé Ofen et ne l'a pas pris ; il aurait dû rétablir la paix entre son frère Ferdinand et le roi Jean, et ne l'a pas tenté. Si je voulais aujourd'hui convoquer un concile, je placerais Luther d'un côté et le pape de l'autre, et je les forcerais tous deux à ramener

l'unité de l'Église; le sultan et moi nous ferions ainsi ce que
Charles-Quint aurait dû faire. Si le roi de Hongrie était
mort dans son lit, Ferdinand aurait eu peut-être quelques
droits à sa succession ; mais, comme il est tombé sur le
champ de bataille, son royaume nous appartient, parce
qu'il a été conquis par nos sabres; nous avons envahi la
Hongrie; nous avons rendu à ton frère son château (s'adressant à Jérôme de Zara, l'un des envoyés autrichiens), nous
avons reçu les hommages de tous les gouverneurs; nous
sommes restés en Hongrie tant qu'il nous a convenu, et
nous n'avons trouvé personne qui pût nous résister. » Ce
n'est qu'après ce préambule, et quelques autres digressions,
qu'Ibrahim passa à l'objet spécial de cette conférence, la
lettre de Charles-Quint : « Cette lettre, dit-il en la prenant
dans sa main, n'est pas d'un souverain prudent et modéré;
Charles-Quint y énumère avec orgueil ses titres et d'autres
encore qui ne lui appartiennent pas; comment ose-t-il se
dire roi de Jérusalem? Ne sait-il donc pas que le grand empereur est maître de cette ville? Pense-t-il enlever au sultan
ses États, ou bien veut-il par là lui montrer son mépris? J'ai
bien entendu dire que les seigneurs chrétiens font le pèlerinage de Jérusalem en habits de mendiants; Charles-Quint
croit-il que pour visiter Jérusalem en mendiant, il en sera
roi? J'interdirai désormais l'accès de cette ville à tous les
chrétiens. » L'ambassadeur Cornélius Dupplicius Schepper
chercha à excuser du mieux qu'il put le titre que s'était ar-
rogé Charles, en disant que c'était du style de chancellerie
qui n'avait aucune espèce de signification. « De plus, continua Ibrahim, Charles-Quint met Ferdinand et mon maître
sur la même ligne; il a raison d'aimer son frère; mais il ne
doit pas pour cela abaisser la dignité du grand padischah

en le comparant à ce frère. Mon maître a un grand nombre de sandjakbegs, plus puissants et plus riches en terres et en hommes que Ferdinand. » S'adressant alors à Jérôme de Zara : « Ton parent, lui dit-il, et celui de ton frère Nicolas, le sandjakbeg de Kara-Amid, a plus de terres et d'administrés que ton roi. Cinquante mille cavaliers lui doivent le service de guerre ; ses spahis et ses feudataires sont plus nombreux que ceux de Ferdinand ; mon maître a encore beaucoup d'autres de ces sandjakbegs. L'empereur Charles-Quint aurait dû avoir honte d'écrire une semblable lettre. Mais combien est différente et vraiment royale la lettre que le roi François nous a envoyée pendant la campagne de Hongrie et dans laquelle il signe simplement François, roi de France. Aussi le grand padischah, voulant rendre honneur au roi François, et lutter de noblesse avec lui, n'a point fait non plus l'énumération de ses titres dans sa réponse, et lui a seulement écrit comme un frère tendrement aimé ; aussi c'est pour cette raison que Barberousse a reçu l'ordre d'obéir à François comme au grand padischah. Si Charles-Quint fait la paix avec nous, alors seulement il sera empereur, car nous le ferons reconnaître comme tel par les rois de France et d'Angleterre, le pape et les protestants. Croyez-vous que l'amitié qui unit Charles-Quint et le pape soit bien réelle, surtout si ce dernier se rappelle le sac de Rome et les indignes traitements qu'il a essuyés dans sa captivité ? J'ai acheté pour soixante mille ducats un diamant enlevé de sa tiare. Ce rubis (montrant une bague à son doigt) était à la main du roi de France lorsqu'il fut fait prisonnier ; il est depuis passé en ma possession. Et vous voulez que le roi François aime Charles-Quint. »

A l'issue de cette conférence, Ibrahim conduisit Soliman

lui-même, la nuit, chez leur confident Gritti, interprète et intermédiaire de la négociation, pour causer familièrement avec les envoyés d'Autriche et d'Espagne. Les vizirs et les courtisans s'indignèrent de cette dérogation à l'étiquette et murmurèrent contre un favori qui avait, disaient-ils, enlevé par ses sorcelleries la raison et la liberté à son maître.

XXXII

A peine Soliman II eût-il ratifié la trêve et congédié les ambassadeurs, qu'il nomma de nouveau Ibrahim *séraskier* ou généralissime de l'armée de Perse, et l'envoya à Konïah, capitale de la Caramanie, pour y rassembler les troupes et y préparer la campagne (1533). Iskender-Tchélébi, administrateur consommé des finances de l'empire, accompagnait Ibrahim à Konïah comme kyaya ou lieutenant du séraskier. Ses richesses, son luxe égalaient son crédit sur les troupes. Il avait le génie des plans militaires. Douze cents cavaliers, contingent de ses domaines en Asie, marchaient à sa suite ; six cents esclaves magnifiquement vêtus et la tête ornée de bonnets rouges brodés servaient ses tentes. Ibrahim égalait à peine les somptuosités d'Iskender, et craignait d'être effacé par son kyaya aux yeux de ses troupes et dans le cœur du sultan. Gardien du trésor de l'armée en qualité de defterdar ou ministre des finances, Iskender-Tchélébi, quoique intègre, prêtait, par sa magnificence, aux soupçons. Une basse intrigue d'Ibrahim donna un corps à ces soupçons. Une nuit, pendant la marche des chariots qui portaient le trésor, un cri *aux voleurs!* poussé par des soldats affidés d'Ibrahim s'éleva autour des chariots et arrêta la marche de l'armée. Ibrahim accourut ; il fit arrêter trente des gardes qui escortaient le trésor. Ces hommes, interrogés et soufflés par les ennemis d'Iskender, déclarèrent en présence des instruments de torture qu'ils étaient complices d'Iskender pour piller les chariots d'or à son profit.

On n'osa pas aller plus loin de peur de se heurter à l'autorité du sultan qui avait nommé lui-même le kyaya. La calomnie accréditée par la déposition des gardiens du trésor suffisait pour ruiner lentement le rival d'Ibrahim. Iskender, qui pressentait sa perte dans l'inimitié sourde du grand vizir, chercha à le perdre à son tour en lui conseillant d'aller directement au cœur de la Perse, à Tauris, où il tomberait dans quelque piége tendu par Tahmasp à son ambition de gloire. Ibrahim suivit ce conseil et marcha avec cent cinquante mille hommes sur cette ville. Il y pénétra sans combat, et adressa au sultan un récit triomphal de ses conquêtes. Soliman avec une armée de réserve s'avança lui-même sur Tauris. Il y entra en vainqueur clément le 27 septembre (1534). Les deux armées réunies, encouragées par l'immobilité de Tahmasp et par les défections de ses alliés, se dirigèrent témérairement sur Hamadan par des routes impraticables, semant leurs traces de chevaux et de chameaux morts de faim. Ibrahim, attribuant à Iskender, chef d'état-major de l'armée, ces désastres, le fit destituer de ses fonctions de defterdar par Soliman. Bagdad ouvrit enfin ses portes au sultan (1534). C'était le but et la gloire de cette expédition pour laquelle Soliman voulait rivaliser avec Alexandre le conquérant de Babylone. Bagdad, dans sa pensée, devait être à l'orient de son vaste empire ce que Belgrade était à l'occident. La sainteté immémoriale de cette ville des califes ajoutait dans l'esprit des Ottomans à sa force, à sa magnificence, à son site. Les traditions en faisaient une cité presque fabuleuse. C'était la *Maison du salut* consacrée par le trône spirituel des successeurs du Prophète, apôtres armés de la *loi sans ombre*. Almanzor, le second calife abbasside, l'avait fondée près des ruines de Babylone sur les bords orientaux du Tigre non loin de l'Euphrate. La fertilité de son territoire incendié par le soleil, mais arrosé par deux fleuves, lui avait fait donner le nom d'*Éden* ou de *jardin*, d'où dérive Bagdad. Le riz, les dattes, les limons, les figues, les citrons, les oranges, les melons, les grenades, les cannes à sucre, les raisins, les pommes, les abricots, les pêches, colorent ses campagnes de teintes d'or. Les caravanes de l'Inde et de l'Arabie, de la Perse, de la Syrie, de l'Égypte s'y rencontrent pour échanger les richesses naturelles contre les pierres précieuses, les éléphants, les chevaux, les étoffes de soie, de laine et de coton de l'Indoustan. Cent cinquante tours flanquent ses murailles qui enserrent douze lieues de palais et de bazars. Ses quais, fossé naturel du côté du Tigre, embarquent continuellement les voyageurs, les pèlerins, les cargaisons du golfe Persique. Son fleuve, que la rapidité de son courant a fait nommer *la flèche*, l'enveloppe de deux côtés et lui souffle la fraîcheur et la salubrité de ses eaux. Les tombeaux des saints de l'islamisme sont les bornes milliaires de ses routes; leurs coupoles étincelantes brillent de loin aux regards des caravanes comme les diamants de la couronne spirituelle. Le tombeau monumental de Zobéide, épouse d'Haroun-al-Raschid, y atteste les magnificences de l'amour et du deuil. Des académies arabes y attirent et y fixent les sages, les savants, les poëtes de l'Orient. Les pyramides d'ossements humains mal effacées sur le sable y rappellent la conquête et la ruine de Timour. Soliman s'oublia quatre mois dans une capitale qui lui rappelait à chaque pas qu'il était le maître du palais des maîtres du monde. Il y visita les ruines de Babylone; il y invoqua, selon les rites superstitieux des Orientaux, les génies, ensevelis sous ces monceaux de briques et de ciment. C'est là, suivant les traditions persanes, que ces génies rendent les oracles de la fortune et de l'ambition aux conquérants qui les interrogent; c'est là aussi que les simples pasteurs de chameaux du désert apprennent les mots magiques qui ont la puissance de transporter au ciel les femmes dont ils sont aimés : « *Elles habitent alors pour un instant l'étoile du matin ;* elles jouent d'une lyre dont les cordes sont tressées de rayons de la lune, et elles conduisent aux sons de cette lyre les danses des astres. »

Le cœur de Soliman, possédé déjà jusqu'à l'asservissement par une de ces femmes, rêve des pasteurs ou des padischahs, était crédule à ces évocations et à ces superstitions de l'amour. Cette femme qu'il avait laissée avec peine dans son harem de Constantinople, et dont les charmes avaient lutté en lui contre la passion de la gloire, était la jeune Roxelane, dont l'histoire occupera bientôt une si grande place dans sa vie.

XXXIII

Des lettres de victoire datées de Bagdad et adressées par Soliman à tous les princes de la terre leur apprirent le triomphe du sultan. Ibrahim arracha pendant ce séjour un crime involontaire à son maître. Sous de fausses couleurs de concussion et de trahison, Iskender, livré au grand vizir par le sultan, fut pendu ignominieusement sur la place du marché de Bagdad. Son frère, plus irréprochable encore que lui, fut décapité le même jour; huit mille esclaves, propriété d'Iskender-Tchélébi et élevés par lui, les uns pour les armes, les autres pour la science, le gouvernement, les affaires d'État, furent confisqués et réunis aux esclaves personnels du sérail du sultan; sept de ces jeunes esclaves, formés à l'école de ce defterdar pour le service de l'empire, devinrent plus tard grands vizirs. Ce meurtre inique et vindicatif, joie d'Ibrahim, apprit pour sa perte future au sultan comment on se délivrait d'un sujet qui portait ombrage à son maître.

Un ambassadeur français, Laforêt, vint au nom du roi de France féliciter Soliman à Bagdad de ses triomphes d'Asie. La France semblait avoir l'instinct de l'alliance ottomane, sa meilleure garantie contre les craintes de monarchie universelle, soit de l'Espagne, soit de l'Allemagne, soit de la Russie. Les deux nations, à travers deux religions différentes, s'identifiaient dans une politique commune. La France et la Turquie n'ont craint pour leur existence qu'au moment où Napoléon a oublié cette politique vitale de la France par une complaisance ambitieuse aux convoitises de l'empire russe. La guerre actuelle expie et rectifie cette faute diplomatique du vainqueur d'Austerlitz.

Un premier traité sous le nom de *capitulations* assura à la France pour ses nationaux, ses coreligionnaires, ses vaisseaux, son commerce, les libertés, les sécurités, la justice, les priviléges, les propriétés aussi inviolables en Turquie que sur leur terre natale. Les deux nations s'interdirent réciproquement le droit commun de ce temps de faire esclaves leurs prisonniers de guerre. Ce fut le dernier traité négocié et signé par le grand vizir Ibrahim. Quatorze ans de puissance et presque de cosouveraineté avaient épuisé les faveurs de sa fortune. Les murmures de l'envie et les soupçons de son maître s'élevaient sourdement contre lui. On a vu par son meurtre d'Iskender à Bagdad et par l'insolente ostentation de sa puissance aux ambassadeurs de Charles-Quint que ces murmures et ces ombrages n'étaient pas sans prétexte. Sa tête ardente, mais affaiblie par l'excès même des prospérités, avait les vertiges de l'ambition et de l'ingratitude. Une influence plus sourde, mais plus chère et plus assidue, commençait à contre-balancer sa faveur dans l'âme de Soliman. Son amour, jusque-là concentré dans le harem, allait entrer dans sa politique.

LIVRE VINGTIÈME

I

La sultane Validé, mère de Soliman, avait introduit (vers 1521) dans le harem de son fils une esclave russe, polonaise ou circassienne, d'une merveilleuse beauté, nommée Roxelane. Quelques historiens français donnent à cette esclave une autre origine. Ils prétendent qu'elle était née dans le midi de la France, que des pirates de Tunis l'avaient enlevée enfant sur les côtes de Provence et vendue à Constantinople au chef des eunuques de la sultane Validé. Aucun document authentique, aucune vraisemblance même ne justifie cette romanesque origine de la sultane qui gouverna bientôt par le cœur de Soliman la cour et l'empire. Tous les historiens ottomans, grecs ou italiens contemporains de Roxelane s'accordent à l'appeler la *sultane russe*, soit qu'elle fût née en effet de race moscovite, soit plutôt qu'enlevée, comme cela était fréquent à cette époque, par des partis de Cosaques aux Polonais ou aux Circassiens, vendue par ces Cosaques aux Russes et revendue par les Russes aux marchands grecs de la mer Noire, elle eût été trafiquée sous le nom de Russe dans le marché aux esclaves de Constantinople. Ses traits caucasiens et son caractère à la fois souple, séduisant, sauvage comme celui de ces races dévolues de naissance à l'esclavage, semblent lui donner plus de ressemblance avec les filles de la Circassie qu'avec les filles de l'Europe. Elle semblait ignorer elle-même de quel sang elle était née; elle n'avait connu pour famille et pour patrie que des harems et des eunuques. Sa beauté, d'après les portraits ou les traditions du sérail, atteste plutôt ce mélange de sang asiatique et tartare où les yeux noirs, les cils soyeux, la mate pâleur du teint, la langueur des poses habituelles aux beautés persanes, contrastent avec le contour arrondi du visage, le retroussement du nez, l'épaisseur des lèvres et la chaude coloration de la peau, traits particuliers des filles du Caucase.

Quoi qu'il en soit de la naissance de Roxelane, l'éducation que la sultane mère s'était complu à lui donner pour la rendre un jour digne des regards et du cœur de son fils, avait fait d'elle à quinze ans la merveille et le mystère du harem de la Validé. Son esprit cultivé égalait ses charmes; elle réunissait aux arts sensuels de la musique et de la danse enseignés aux odalisques pour le plaisir des sultanes et du sultan, l'étude des langues étrangères, de l'histoire et de la poésie qui donnait plus de pensée à sa physionomie ivre de jeunesse.

II

Soliman II n'avait eu jusque-là qu'une esclave circassienne pour épouse : la loi récente de l'empire voulait que les sultans n'épousassent jamais de femmes libres prises dans des familles considérables de leurs sujets ou de princesses choisies dans les cours étrangères, afin que nul lien de politique, de parenté ou de faveur du sang, ne pût altérer la souveraine impartialité du maître suprême; qu'au-dessus de tous ses sujets par le rang, il fût au-dessous d'eux par sa mère, et que le dernier des Ottomans en appelant le sultan *le fils de l'esclave* se sentît l'égal et même le supérieur de son padischah.

Cette esclave circassienne, chère à Soliman par ses premières amours, lui était plus chère encore par les quatre enfants qu'elle lui avait donnés avant et depuis son règne. Aucune rivale n'avait jusqu'à ce jour distrait les yeux ou contre-balancé la tendresse du jeune sultan. Son cœur était en amour comme en amitié de ceux qui s'attachent au lieu de s'assouvir par la jouissance. Il avait éperdument aimé la Circassienne; il ne cherchait pas un autre sentiment. Mais la mort lui ayant déjà enlevé trois des fils de la Circassienne, la sultane Validé craignait que l'empire, qui n'avait plus qu'un seul héritier, reposât sur une espérance trop fragile. Sans haine pour la Circassienne, elle désirait donner un autre amour à son fils. Le jour où pour la première fois dans une fête offerte par la sultane mère, les charmes, l'esprit et les talents de Roxelane furent dévoilés aux yeux de Soliman, cet amour s'empara pour toujours de son âme. Roxelane, élevée au rang d'odalisque favorite, partagea d'abord obscurément, puis ouvertement avec la Circassienne le cœur du sultan. La passion qu'elle alluma et qu'elle nourrit en lui passa des sens à l'âme. Mère de deux fils, délices de ses yeux, confidente de sa politique, reine du sérail, regret de son cœur pendant les campagnes, récompense de sa gloire au retour de ses expéditions, elle ne régnait pas seulement sur le harem, mais secrètement aussi sur l'empire. Soumise comme une fille à la sultane Validé, modeste et caressante avec la Circassienne, elle encourageait le respect de Soliman pour sa mère; elle amortissait par ses munificences et sa subordination la jalousie de la première épouse. Ces trois femmes, vivant jusque-là dans une harmonie qui faisait la félicité du sultan et le repos du harem, se concertaient dans leur tendresse, dans leur vigilance et dans leur ascendant sur ses résolutions.

On croit à tort que les harems des princes d'Orient sont fermés à la politique. On se les représente comme des gynécées peuplés d'innombrables odalisques tour à tour exaltées par le caprice du maître ou avilies par ses dégoûts, mais étrangères par leur séquestration derrière les grilles d'un sérail aux intérêts et aux bruits du monde. Rien n'est moins conforme aux mœurs et à l'histoire des sultans ottomans. Les odalisques, qui deviennent souvent concubines, ne sont en général que les suivantes des sultans, les esclaves privilégiées du sérail, la décoration des fêtes du harem. Indépendamment des mères, des tantes, des sœurs du sultan qui vivent en familiarité constante avec leur fils, leur neveu, leur frère, qui possèdent des palais, des dotations, des pensions opulentes administrés par leurs agents, les épouses ou les favorites du souverain participent à tous les mouvements qui agitent le divan, la cour ou l'empire. Les eunuques, intermédiaires dégradés mais privilégiés entre elles et le monde, les entretiennent librement des affaires d'État. Les kyayas des sultans, sorte de curateurs de leurs biens et de ministres particuliers de leurs intérêts, sont choisis souvent parmi les premiers officiers du sérail ou de l'armée. Ces ministres communiquent librement avec elles pour recevoir leurs ordres ou pour leur rendre leurs comptes à travers le rideau ou à travers le voile qui couvre leur visage. Ils les informent de tout ce qui peut dans le sérail servir ou menacer leurs intérêts; ils leur inspirent les faveurs ou les antipathies pour les hommes d'État; ils concertent avec elles les insinuations, les paroles, les intrigues intérieures propres à servir leurs protégés ou à perdre leurs ennemis. Tous les partis extérieurs ont ainsi leurs racines cachées dans le cœur des mères, des sœurs, des épouses, des favorites du harem. Les factions politiques y sont d'autant plus actives au dedans qu'elles sont plus inactives au dehors. Quelles que soient les religions, les lois, les mœurs, la femme ne perd jamais ses droits sur l'esprit de l'homme; elle les transforme. Ce qui est opinion dans les salons de l'Occident devient intrigue dans les harems d'Asie; mais des moyens différents y fondent les mêmes influences.

III

Depuis longtemps la toute-puissance du favori, le grand vizir Ibrahim, dont l'ambition se révélait de jour avec plus d'insolence, avait porté ombrage aux trois sultanes de Soliman. On a vu par son langage aux conférences de la paix avec l'Autriche, qu'il la laissait éclater à haute voix comme pour constater lui-même son empire absolu sur son maître. Non content de l'amitié qui l'avait élevé si haut, il ambitionnait l'égalité avec son bienfaiteur. Le trône de Hongrie l'avait tenté; on assure qu'il avait trouvé ce trône même trop subalterne pour lui et qu'il rêvait celui des Ottomans accoutumés à le lui voir partager plutôt en collègue qu'en ministre de Soliman. Comme pour présager aux autres et à lui-même sa grandeur future, il avait affecté de joindre à tous ses titres, pendant la guerre de Perse, le titre de sultan, sorte de privilége sacré réservé par l'usage aux chefs et aux princes de races souveraines.

Soliman avait vu dans cet orgueil le premier éclair de l'ambition du joueur de flûte de Magnésie. La défiance et la jalousie étaient entrées pour la première fois dans son âme.

Un songe, semblable à un remords, qu'il avait eu à Bagdad peu de jours après le supplice unique du defterdar Iskender, troublait depuis quelque temps son repos. Il avait cru voir le defterdar immolé à la jalousie d'Ibrahim, couronné dans le ciel d'une auréole d'innocence, et lui reprochant avec amertume d'avoir concédé la tête d'un de ses plus fidèles serviteurs à l'ambition insatiable d'un vizir qui ne voulait laisser aucun autre grand que lui dans l'empire, pas même le maître de l'empire. Le fantôme d'Iskender, après ces reproches, s'était baissé sur le sultan pour l'étrangler. L'horreur et l'effroi avaient réveillé Soliman.

Ce songe n'était que le contre-coup dans le sommeil des pensées qui l'agitaient pendant le jour. Il avait poussé l'amitié jusqu'à la faiblesse; cette amitié devenue crainte et remords le punissait de son excès. Mais la sultane Validé, sa mère, et la sultane Roxelane sa favorite avaient seules la confidence de ses agitations. Ces deux femmes les entretenaient et les envenimaient par l'énumération des faveurs et des grandeurs qu'il avait accumulées sur un favori, toujours superbe, déjà criminel, bientôt ingrat et qui, en s'emparant, disaient-elles, aux yeux des Ottomans de tout le mérite et de toute la gloire du règne, ne laissait au sultan que la responsabilité de ses crimes. Elles lui présentaient comme des révélations sinistres les rumeurs vagues de conspirations et d'usurpation qui couvaient dans le harem contre Ibrahim. Soliman avait tant grandi son ami qu'il commençait à le craindre. Maître de l'armée, des janissaires, des oulémas, des grands officiers du sérail, qui lui devaient tous leur fortune, et qui s'étaient accoutumés à voir en lui l'ombre du sultan, Ibrahim pouvait d'un mot éclipser son maître, appeler un enfant au trône pour perpétuer son empire pendant une obéissante minorité, ou peut-être, anéantissant à la fois du même crime toute la famille impériale, se faire proclamer lui-même, comme beau-frère du sultan et comme père d'un fils seul descendant d'Othman, tuteur et maître viager de l'empire. L'audace qu'il avait eue de prendre le titre de sultan sans l'aveu de

Soliman (1534) semblait une préparation éventuelle à ce crime. Ces ombres de complot, auxquelles les transes des sultanes et les murmures sourds du sérail donnaient un corps, furent peut-être aggravées par quelques indices domestiques qui ne permirent plus à Soliman d'hésiter davantage entre l'amitié et la sûreté du trône. Mais révéler ses soupçons, c'était avertir le conspirateur de hâter le moment du crime; pour frapper un coup sûr il fallait prévenir; Soliman, dans l'intérêt de sa vie, de son trône et de sa famille, cacha à tous, excepté à sa mère et aux deux sultanes, la résolution qui coûtait tant à son amitié. Dissimulé par prudence, il ne laissa rien percer de ses soupçons ni de sa vengeance dans sa physionomie. Pendant qu'il méditait le meurtre du rival, il continuait perfidement à caresser l'ami.

IV

Par un privilége de faveur qui datait de sa jeunesse à Magnésie, la familiarité d'Ibrahim, que le sultan traitait en frère, ne s'arrêtait pas même devant la porte du harem. Il avait l'habitude de venir tous les jours après le divan souper avec Soliman, dans le palais des femmes; il couchait dans sa propre chambre sur un lit que les eunuques lui préparaient à côté de celui du sultan. Le soir du 5 mars 1536, Ibrahim, sans défiance, soupa avec Soliman et s'endormit aux pieds de son maître. Soliman avait feint lui-même le sommeil; mais à peine Ibrahim fut-il profondément assoupi qu'à un signe convenu entre l'empereur et les sultanes, quatre muets, instruments des exécutions secrètes du harem, apostés dans une chambre voisine, levèrent le rideau et, se précipitant, le cordon à la main, sur Ibrahim, lui passèrent le nœud fatal autour du cou, et l'éveillèrent en sursaut pour la mort. La lutte du jeune et vigoureux Albanais contre les quatre muets ne fut pas moins terrible que sa stupeur, si l'on en juge par le tumulte qui fut entendu cette nuit-là des jardins dans l'intérieur du harem, par les contusions dont le cadavre du favori était couvert, et par les traces de ses mains sanglantes qu'on montrait encore un siècle après contre les murailles de la chambre. Le bruit courut que le sultan, par ce meurtre de son favori, n'avait pas vengé seulement un crime politique, mais quelques-uns de ces attentats domestiques, mystérieux, sans pardon, dont la familiarité du harem avait pu donner l'occasion et l'audace à ce jeune vizir.

Quoi qu'il en soit, le sérail à son réveil n'apprit la disgrâce d'Ibrahim que par son cadavre jeté à la porte du harem. S'il avait une faction, elle était étouffée avec lui; s'il était innocent, l'envie satisfaite en faisait un coupable. Nul ne plaignit une fortune montée si haut et tombée en une nuit de la toute-puissance dans la mort. Ibrahim avait au moins abusé de la prospérité, c'est le crime ordinaire des parvenus à la grandeur. Il avait pris la fortune pour un droit, et son ami pour le complaisant de sa fortune. Il avait bien servi son maître, mais il avait fini par se servir lui-même sous le nom de sultan. Prodige de faveur, prodige d'ingratitude, il devint le prodige de la versatilité du sort. Un jour l'avait élevé, une nuit le renversa. Le sultan, après avoir laissé contempler son cadavre comme explication de son crime, ordonna qu'on l'ensevelît presque obscurément à Galata, dans le jardin d'un pauvre couvent de derviches. Son seul monument fut un cyprès pareil à celui à l'ombre duquel le padischah avait rencontré quatorze ans auparavant, près du ruisseau de Magnésie, l'esclave enfant, joueur de flûte. Ses innombrables esclaves et ses incalculables trésors rentrèrent dans la source d'où ils étaient sortis, et furent annexés aux biens du sérail.

Les historiens ottomans remarquèrent qu'Ibrahim fut étranglé le même jour que César fut assassiné dans le sénat de Rome, comme si l'histoire de l'ambitieux Romain que le Grec ambitieux étudiait sans cesse dans Plutarque avait voulu lui assigner prophétiquement à la même date la punition de l'ambition longtemps prospère et toujours à la fin trompée. Mais Ibrahim, restaurateur de l'autorité de son maître, vainqueur des Hongrois, fléau apparu devant Vienne, dompteur de Tauris, conquérant de Bagdad, mort sans revers, et peut-être sans autre crime que sa grandeur, n'en laissa pas moins, quoique si jeune, l'exemple d'un des ministres les plus consommés et les plus heureux de l'empire ottoman.

V

Ayas-Pacha reçut le lendemain le sceau de l'empire enlevé par les muets au cadavre d'Ibrahim. Ayas-Pacha était un Grec albanais comme son prédécesseur; il avait adopté l'islamisme dans sa jeunesse avec cette indifférence qui caractérise la promiscuité des cultes dans l'Albanie. Trois de ses frères élevés dans le christianisme étaient moines dans un couvent de Valona, patrie de leur mère. Le souvenir de cette mère et de ses frères et l'habitude de voir professer des dogmes divers le rendaient propice et même partial aux chrétiens. Il n'avait ni le génie ni les dangers du caractère d'Ibrahim. Son mérite aux yeux de Soliman était de ne pouvoir jamais ni l'éclipser ni le trahir ; il jouissait d'une renommée modeste mais sûre. On ne lui reprochait qu'une passion qui amollit, mais qui chez les Ottomans ne déprave pas, celle de la volupté. Un si grand nombre d'esclaves et de favorites peuplaient son harem à Constantinople, que l'on compta une année jusqu'à quarante berceaux à la fois dans son sérail, et qu'à sa mort, il laissa après lui, dit la chronique, cent vingt enfants des deux sexes pour perpétuer sa race.

Ayas-Pacha, sans prétendre au gouvernement par lui-même, se contenta d'être un instrument souple et intègre du génie de Soliman. L'empire, sous ce maître qui avait laissé par générosité attribuer ses œuvres à son favori, ne s'aperçut pas de la transition d'un vizir à l'autre. L'esprit et l'énergie de Soliman n'éclatèrent jamais mieux qu'après la mort de son ministre.

VI

La fortune venait de lui susciter le seul homme qui manquât jusque-là aux Ottomans, un homme de mer. Cet homme était Khaïreddin, connu en Europe dans les traditions populaires de nos côtes sous le nom de Barberousse. Son histoire, dépouillée des fables qui la travestissent, est dictée par Soliman lui-même à l'annaliste turc des guerres navales des Ottomans.

Khaïreddin Barberousse était le quatrième fils d'un spahi de Macédoine nommé Yacoub, retiré du service et établi à Mitylène pour y faire le commerce avec Smyrne et avec les côtes d'Afrique. Ses fils, impatients d'une fortune plus rapide que celle qu'on obtient lentement par le trafic, montèrent, sous prétexte de commerce, des barques de pirates armées en course dans l'Archipel. Leurs exploits et leurs dépouilles sur les navires chrétiens de Rhodes, de Venise et de France répandirent leur nom à Tunis. Le sultan de Tunis les enrôla dans ses escadres de corsaires, et leur donna bientôt le commandement d'expéditions contre les ports d'Afrique des Espagnols. Les trois frères de Khaïreddin périrent en combattant avec lui contre les Espagnols auxquels ils enlevèrent Alger (1516).

Le dernier maître d'Alger fit hommage de la souveraineté de cette ville à Sélim Ier pour s'assurer un appui contre les chrétiens et les Barbaresques. Sélim Ier lui envoya (vers 1520) comme signe d'investiture le cheval, le sabre et le tambour, attributs du sandjak, et le titre de beglerbeg. Il construisit des flottes, débarqua souvent en Sicile, fit trembler les côtes d'Italie, de France, d'Espagne, incendia les vaisseaux de ces puissances, combattit même André Doria (1539), le héros naval de l'Occident, le vainquit, enleva quatre-vingt mille esclaves mores en Andalousie et les transporta à Alger pour peupler l'Afrique. Appelé à Constantinople par Soliman II, il y conduisit une flotte de quarante-cinq voiles qui dispersèrent, en passant à l'entrée de l'Adriatique, la flotte combinée commandée par André Doria.

Le sultan lui confia la construction et l'armement de la flotte ottomane. Créateur et amiral à la fois de cette flotte, il s'empara de la Méditerranée comme de son élément. Il cingla vers les côtes d'Italie, brûla les vaisseaux, ravagea les ports de la Calabre, rêva la conquête de la Sicile et de Malte, s'empara des châteaux et des villages des bords du golfe de Naples, emmena les populations en captivité, et répandit partout la terreur du nom de Barberousse, substitué par l'effroi populaire au nom de Khaïreddin. Les garnisons du pape et du roi de Naples étaient insuffisantes à protéger même leurs villes. Des descentes nocturnes et des invasions soudaines portaient jusque dans l'intérieur des terres les pirates de l'amiral ottoman.

Ce fut dans une de ces nuits sinistres que la ville de Fondi, site abrité et délicieux entre Rome et Naples, quoique enceinte de murs et de tours, fut enlevée et saccagée par Barberousse (1534). L'assaut nocturne de Fondi ne fut inspiré à l'amiral ni par la soif du pillage ni par celle du sang. La renommée de beauté de deux sœurs, filles du prince Gonzaga, s'était répandue d'Italie jusqu'à Constantinople par les vers des poëtes et par l'enthousiasme des pèlerins. L'une de ces sœurs, presque divinisée par les chants des Italiens et des Espagnols sous le nom de Jeanne d'Aragon, vivait à Rome; la plus jeune et la plus belle, Giulia, habitait à Fondi le palais de son mari, Vespasio Colonna, prince romain. Khaïreddin brûlait du désir d'offrir à Soliman cette Hélène de l'Italie. Informé par ses espions du séjour de Giulia à Fondi pendant la saison d'été, il vogue avec une nombreuse escadre dans le golfe de Gaëte, débarque avec sept cents Turcs sur la côte, se glisse sous les forêts d'oliviers, surprend les sentinelles, escalade les murs, réveille en sursaut, le fer et la flamme à la main, la ville endormie. Tout périt ou fuit devant ses sicaires; des centaines de filles et de femmes demi-nues sont chassées sous le sabre vers le rivage. Pendant qu'il donne l'assaut aux portes du palais de Vespasio Colonna, désigné par ses espions aux soldats, Giulia, surprise dans son sommeil, s'évade presque nue par ses jardins, qu'une porte secrète faisait communiquer avec la campagne. Un gentilhomme, son écuyer, chargé de protéger son palais en l'absence de son mari, la suit l'épée à la main pour mourir en défendant son honneur. Il place devant lui la fugitive sur un cheval et part en la soutenant dans ses bras à travers les ténèbres aux cris et aux lueurs de la ville incendiée derrière lui. Les Turcs le poursuivent en vain jusqu'aux gorges des montagnes; leur proie leur échappe, grâce au dévouement de l'écuyer. L'aurore en se levant éclaire Giulia et son sauveur en sûreté derrière les collines des Abruzzes; mais la pudeur de Giulia rougit et s'indigne d'avoir été profanée par les regards de son serviteur. L'écuyer, poignardé quelques jours après par son ordre, reçoit la mort pour prix de son irrespectueux dévouement à sa maîtresse.

Les soldats de Khaïreddin, furieux d'avoir manqué leur proie, se vengèrent sur les autels et sur les tombeaux du palais des Colonna. Cette nuit suprême du pillage de Fondi retentit dans toute l'Italie et accrut la terreur du nom de Barberousse sur ces mers. Les peintres répandirent partout les portraits de Giulia Colonna, cause involontaire de la ruine de sa patrie.

VII

Nommé capitan-pacha, Barberousse conquit Tunis et le fort de la Goulette (1535). André Doria, avec l'armée de Charles-Quint, les reconquit sur lui après un siége héroïque. Les Espagnols, rentrés dans Tunis, y surpassèrent la férocité des Turcs. Trente mille habitants furent égorgés pour crime de mahométisme dans une race mahométane; dix mille esclaves réduits à la condition des brutes. Les mosquées croulèrent; le meurtre, le viol et le pillage signalèrent l'entrée de Charles-Quint; mais ses troupes allemandes n'imitèrent pas le sanguinaire fanatisme des Espagnols. L'empereur rendit Tunis à Muleï-Hassan à condition d'une vassalité dégradante de la souveraineté qu'on laissait à ce More.

Pendant ces événements d'Afrique, Soliman II, dans une deuxième campagne de Perse (1538), rentrait à Tauris et à Bagdad, et traitait les Persans plus en sujets qu'en vaincus. Une discipline sévère et une magnanimité politique faisaient respecter dans ces capitales les vies, les mœurs, la religion des habitants; il rapporta de cette campagne autant de bénédictions que de gloire.

Barberousse, au retour du sultan à Constantinople, le décida à déclarer la guerre à Venise. Les vaisseaux de la république avaient secondé les expéditions d'André Doria, amiral des flottes combinées d'Espagne et d'Italie dans la Morée. Louis Gritti, ce fils naturel du doge de Venise André Gritti, confident et conseiller du divan sous le ministre du favori Ibrahim, était tombé sous le poignard d'un assassin albanais. Son influence ne couvrait plus sa patrie. Soliman II, confiant dans le génie naval de Barberousse, lui livra l'Adriatique et marcha lui-même, avec ses deux fils Mohammed et Sélim et le grand vizir, sur Valona.

L'avant-garde de Barberousse, composée de douze vaisseaux et commandée par Ali-Tchélébi, rencontra André Doria sorti de Messine à l'entrée de l'Adriatique. Le soleil n'atteignait encore de ses rayons que les hautes voiles. A mesure qu'il éclaira les ponts, on vit Doria debout sur le banc de sa galère, couvert d'un manteau écarlate, l'épée nue à la main, montrant du geste à ses capitaines, réunis en cercle autour de lui, les vaisseaux turcs auxquels chacun d'eux devait s'attacher. Le feu s'ouvrit avec le jour; en deux heures les douze vaisseaux ottomans, sombrés ou incendiés, avaient disparu devant la flotte de Doria.

Le héros génois avait payé de son sang cette victoire; il rentrait blessé dans le golfe de Messine, quand Barberousse parut avec soixante galères et dix mille hommes de débarquement devant la Pouille, puis se replia à l'ordre de Soliman sur Corfou, l'antique Corcyre, la reine des îles Ioniennes. Cette île était le boulevard maritime de l'Archipel vénitien. Toutes les forces de terre et de mer de la république étaient tendues pour la défendre. Barberousse, se rapprochant de l'armée ottomane commandée par le sultan à Valona, y débarqua vingt-cinq mille hommes sous le commandement du grand vizir Ayas-Pacha. L'île entière, à l'exception de la ville de Corfou, devint la proie des Ottomans. Après un siége meurtrier, Soliman abandonna cet écueil de ses armes comme il avait abandonné Vienne. Ce prince, bien différent de Mahomet II et de Sélim Ier, ne s'obstinait jamais contre la fortune. Il calculait le prix du sang de ses soldats contre le prix d'une conquête trop chèrement payée. Il savait subordonner son orgueil à son humanité. Il rentra humilié à Constantinople.

Ses lieutenants vengèrent ce revers en Hongrie par l'extermination de trois armées de l'Autriche (vers 1538), et Barberousse par l'expulsion des Vénitiens des forteresses de la Morée et des îles de l'Archipel qu'ils avaient reconquises sous le règne de son père. Scyros ou Syra, célébrée par Homère pour son cône vert tacheté par les blanches toisons de ses moutons; Scyros, où Achille, caché sous des habits de femme, avait séduit Déidamie; Pathmos, où l'évangéliste saint Jean avait écrit l'Apocalypse, ce livre des prophéties de la religion chrétienne; Égine, couronnée de son temple de Jupiter, blanchissant au sommet de ses forêts en face du blanc Parthénon d'Athènes; Paros, dont les carrières de marbre avaient fourni des divinités à tout un vieux monde; Tiné ou Ténos, ruisselante de ses sources et conservant la dernière son indépendance au milieu d'un archipel, reconnurent la souveraineté de Soliman.

VIII

Pendant une expédition du sultan en Moldavie pour y établir un prince tributaire expulsé par l'ambition de son frère, Barberousse, sortant du port de Constantinople avec une flotte de cent cinquante voiles, parcourut en maître la mer de l'Archipel et la mer d'Égypte, et ravagea pour la première fois l'île de Candie, véritable royaume insulaire des Vénitiens, défendu par des villes aussi inexpugnables que Rhodes et Malte. De Candie, l'amiral ottoman cingla vers Prévésa, voisine d'Actium. Cette côte était menacée par une flotte de deux cents navires vénitiens, espagnols, pontificaux, génois, commandés par Doria. La seule tactique de Barberousse, celle qui fait toujours triompher sur la mer le plus intrépide, fut l'impétuosité de ses manœuvres. Il lança à toutes voiles ses vingt-cinq galères au cœur de la flotte coalisée, l'aborda, l'incendia, la dispersa en tronçons sur ses ailes, et força Doria vaincu à s'abriter derrière les batteries de l'île de Sainte-Maure (1539). Les vaisseaux captifs ramenés en triomphe à Constantinople consolèrent Soliman du revers de Corfou; il fit de Barberousse l'arbitre presque souverain de la mer.

Pendant que le sultan établissait ainsi la suprématie du pavillon turc sur la Méditerranée, il faisait construire par Suleïman, pacha d'Égypte, une flotte de quatre-vingts vaisseaux sur la mer Rouge pour dominer l'Arabie et menacer même les Indes. Malgré l âge et l'obésité de Suleïman le Gros, qui l'empêchaient de se lever de son divan et de se mouvoir sans le secours de quatre robustes esclaves, cet amiral, d'un esprit aussi actif que son corps était lourd, parcourut la mer Rouge, soumit Aden, franchit la mer des Indes, assiégea et ravagea les possessions portugaises sur la côte indienne, et rentra, après dix mois de navigation, à Suez, chargé de dépouilles et d'esclaves. Le sultan l'appela à Constantinople, et lui donna le rang de vizir en récompense de son expédition navale en Arabie.

IX

Ayas-Pacha, le grand vizir, mourut de la peste au milieu de ces triomphes maritimes. Soliman II nomma à sa place Loutfi-Pacha, Albanais lettré et politique, un des historiens de ce règne, qui éclaire le mieux les événements de son époque. Loutfi-Pacha avait épousé une des sœurs du sultan ; mais sa froideur pour la sultane son épouse, punie par une prompte disgrâce, ne lui laissa pas longtemps l'administration de l'empire. Il conclut, grâce à Barberousse, une paix courte avec Venise.

L'Autriche, de son côté, négociait avec Soliman pour obtenir sa part toujours disputée de la Hongrie (1540). Zapolya, client ingrat des Turcs, avait conclu à leur insu une paix perfide avec l'archiduc Ferdinand : « Ces rois, s'écria Soliman en apprenant cette trahison des deux princes, sont indignes de porter des couronnes, puisque ni la crainte de Dieu ni la crainte de la honte devant les hommes n'ont pu les empêcher de violer la reconnaissance et la foi jurée. »

Zapolya mourut à Ofen peu de temps après que sa perfidie eut éclaté à Constantinople. Quinze jours après sa mort, sa femme, la reine Isabelle de Hongrie, fut accusée d'avoir simulé la grossesse et l'enfantement pour conserver comme mère et comme régente le trône où son mariage avec Zapolya l'avait fait asseoir. Indignée de cette odieuse accusation, la tendresse maternelle pour son fils vainquit dans son âme la pudeur. Elle se présenta avec son enfant sur les bras devant l'ambassadeur de Soliman II, et découvrant en rougissant devant lui son sein gonflé par le lait, elle en fit couler quelques gouttes sur les lèvres de son enfant, pour lui prouver qu'elle était bien mère, puisqu'elle était nourrice. L'ambassadeur, touché de cette grâce à la fois féminine et pudique, s'agenouilla devant la jeune veuve, posa la main sur l'enfant, et jura au nom de Soliman que jamais un autre roi que ce fils innocent de Zapolya ne régnerait sur les Hongrois.

X

Ferdinand d'Autriche s'avançait et assiégeait déjà Ofen. Soliman II accourut pour défendre la veuve et l'enfant. Dans l'année 1541 le sultan, après avoir déjà déposé le grand vizir Loutfi et nommé à sa place Suleïman le Gros, âgé de quatre-vingts ans, mais guerrier jusqu'à la mort, conduisit deux cent mille hommes en Hongrie. Le nouveau grand vizir Suleïman-Pacha resta en Asie sous prétexte d'y surveiller les armements nécessaires à la campagne, mais en réalité pour y surveiller Mustafa-Sultan, fils de Soliman II et de la Circassienne, dont l'ambition et la faveur naissantes inspiraient de l'ombrage à la favorite Roxelane. Roustem-Pacha, gendre du sultan, qui avait épousé une fille de Roxelane encore enfant et qui, avec l'appui de la sultane, avait été nommé second vizir, suivit Soliman en Hongrie, chargé des détails de l'armée. Sa présence répondait à Roxelane des conseils qui domineraient pendant cette absence dans les tentes du sultan. L'ascendant de Roxelane croissait au lieu de décroître avec les années. Sa beauté était encore dans sa fleur, et la maturité de son esprit ajoutait dans l'âme du sultan la confiance à l'attrait. Depuis qu'elle ne redoutait plus un favori dans un ministre, elle cherchait à entourer Soliman des hommes les plus expérimentés dans la guerre et dans les affaires. Roustem et Suleïman-Pacha se partageaient le crédit qu'elle leur prêtait pour la gloire du sultan.

XI

La campagne de Hongrie ne fut qu'une ostentation des forces de Soliman en Allemagne. En approchant d'Ofen, il adressa au jeune roi, fils de Zapolya, un présent composé de quatre chaînes d'or d'un poids énorme et de quatre chevaux de guerre magnifiquement équipés. Des bracelets, des colliers, des mousselines de l'Inde pour la reine mère Isabelle accompagnaient ce présent. Les mœurs ottomanes interdisant à la reine de venir elle-même au-devant du sultan son protecteur, elle lui envoya avec peine l'enfant âgé seulement d'un an, avec sa nourrice, sous la conduite du moine hongrois Martinuzzi, son conseiller. L'enfant était conduit dans un chariot doré. Les magnats de la cour de Zapolya, Pétrovich, Podmaniczky, Tœrœk, Verbœczy, Bathiany, l'escortaient à cheval. Trois suivantes étaient dans le char avec l'enfant roi. Au seuil de la tente du sultan, l'enfant épouvanté par l'éclat des armes refusa de se laisser prendre, et se rejeta en pleurant sur le sein de sa nourrice. Cette femme fut obligée de le porter elle-même dans ses bras devant le trône de Soliman.

Ce prince, se défiant de la fidélité des Hongrois depuis qu'il avait découvert les intelligences de Zapolya avec la cour de Vienne, avait résolu de s'emparer lui-même d'Ofen, et d'emmener la reine Isabelle et son fils à Constantinople, pour être jusqu'à sa majorité le tuteur de cette veuve et de cet enfant. Isabelle, informée de ce dessein par ses affidés dans le sérail, avait recherché par de riches présents l'amitié de Roxelane et de la sultane Mihrmah, fille de Soliman et femme de Roustem. Ces deux sultanes agirent par Roustem sur l'esprit de Soliman, et fléchirent sa politique par son cœur. Il se contenta d'occuper Ofen par ses troupes et d'annexer cette importante forteresse à l'empire jusqu'au règne de l'enfant roi. Il assigna à Isabelle pour séjour royal la Transylvanie. L'aga des janissaires signifia à la veuve de quitter le palais, et d'acheter des couples de bœufs pour transporter ses richesses et ses ameublements dans sa nouvelle résidence. Les magnats complices de la négociation de la cour d'Ofen avec la cour de Vienne furent envoyés captifs au château des Sept-Tours à Constantinople.

XII

Cependant l'archiduc Ferdinand, jaloux de la faveur du sultan, profita de la présence de Soliman II à Ofen pour lui envoyer des ambassadeurs et des présents. Ces présents, énumérés dans les archives du sérail, se composaient d'une grande coupe d'or ciselée par les artistes florentins; d'une horloge qui marquait les heures, les jours, les mouvements périodiques des astres; d'un livre qui expliquait l'invention et le mécanisme de ce chef-d'œuvre. Les ambassadeurs de Ferdinand adressèrent en allemand un long discours au sultan pour l'incliner à la paix. Soliman, assis dans le palais d'Ofen sous un dais de brocart, son bouclier, sa masse d'armes, son arc, ses flèches, son sabre sous la main, ses ministres debout derrière lui, écouta dédaigneusement les orateurs.

« Que disent ces hommes? que veulent-ils? demanda-t-il à Roustem. S'ils n'ont plus rien à dire, laisse-les se retirer. » Il leur refusa toute paix qui n'aurait pas pour préliminaire l'évacuation de tout le territoire hongrois; mais il leur accorda généreusement une trêve pour réfléchir. Un de ces négociateurs, le vieux comte d'Herberstein, s'étant agenouillé pour baiser la main du padischah, fut saisi d'une violente douleur de reins qui l'empêchait de se relever sans l'assistance de la main d'un serviteur. Soliman, qui s'aperçut de l'embarras du vieillard, lui tendit la main pour l'aider à se redresser. « Laissez-les aller, » dit-il encore à ses vizirs.

XIII

L'armée sous les armes, la cavalerie, l'artillerie, les bagages, les soixante mille chameaux qui portaient les tentes et les vivres, étaient rangés en ligne dans la prairie d'Ofen. Roustem les fit défiler devant les ambassadeurs de Ferdinand. « Eh bien! qu'as-tu vu, demanda Roustem à d'Herberstein après cette revue, et que diras-tu à ton maître? —

J'ai vu, répondit d'Herberstein, les forces du plus grand empire de l'univers. »

Soliman rentra lentement à Constantinople, sans avoir rencontré d'ennemis. Pendant son voyage, Barberousse avait vaincu Charles-Quint et Doria, ou plutôt les éléments avaient vaincu pour lui dans la rade d'Alger. Cent cinquante vaisseaux espagnols et italiens avaient été fracassés dans une tempête aggravée par un combat naval, contre les côtes d'Alger (1541). Le vaisseau d'André Doria lui-même s'était englouti dans les flots. Fernand Cortez, qui avait quelques années auparavant conquis l'empire du Mexique à sa patrie, se sauva à la nage et fut un moment esclave des musulmans de la côte. Charles-Quint, privé par ce désastre des secours et des vivres qu'il attendait de la mer, se retira, vaincu par les éléments, des remparts d'Alger, laissant la terre aux Arabes et la mer à Barberousse.

Les ambassadeurs de France Paulin et Laforêt, comme s'ils avaient eu l'instinct que l'Afrique serait un jour une possession de leur patrie, avaient suivi Soliman en Hongrie pour l'encourager à cette campagne navale contre Charles-Quint. Ils s'entremirent également avec un zèle plus ottoman que chrétien dans les négociations de Soliman avec Venise, pour détourner cette république de toute alliance avec l'Allemagne contre les Turcs. Soliman chargea Barberousse de se concerter en tout avec le roi de France. Paulin et Pellicier, envoyés par le roi à Constantinople, s'embarquèrent eux-mêmes sur la flotte de Barberousse pour porter sur l'escadre ottomane l'esprit de leur cour et les désertions politiques du cabinet de Fontainebleau. Ils montaient le vaisseau de Barberousse quand cet amiral aborda à Messine, foudroya le château et enleva parmi les dépouilles la fille du gouverneur espagnol don Diégo, dont la beauté célèbre avait tenté la témérité de l'amiral ottoman. Il l'enleva et en fit son épouse.

La flotte, toujours dirigée par les deux diplomates français, parcourut la Méditerranée, se ravitailla dans les îles du golfe de Gaëte, aborda à l'embouchure du Tibre, fit trembler Rome et fuir les Romains dans les montagnes de la Sabine. Elle vint enfin jeter l'ancre à Marseille comme dans un port ami, et y rallier une escadre française pour assiéger ensemble Nice. Barberousse, le fléau de la mer, fut à Marseille le héros des fêtes et de l'enthousiasme des populations de la Provence (1542). Le patriotisme de la nation voyait bien plus un allié dans un sultan qu'un ennemi dans un musulman. Les antipathies de religion tombaient devant les sympathies politiques. La France redoutait davantage la monarchie européenne de la maison d'Autriche que la prépondérance asiatique de Soliman. Nice vit pour la première fois sur la mer le drapeau ottoman et le drapeau français réunis pour assurer l'équilibre et la liberté des puissances.

XIV

Ces années de paix furent employées par Soliman II à réformer l'administration de ses vastes provinces depuis Bagdad et l'Éthiopie jusqu'à Ofen. Il assigna des gouvernements à deux de ses fils : Mohammed-Sultan eut Saroukhan, avec un traitement de soixante mille ducats d'or;

Sélim fut investi de Koniah. Ils reçurent dans un divan solennel le tambour, l'étendard et l'arc, insignes de leur autorité presque souveraine.

Cependant Ferdinand, las de négocier en vain à Constantinople, avait assiégé Pesth; Soliman indigné reprit la route du Danube. L'empire tout entier semblait sortir avec lui de sa capitale. Le 25 avril 1543, les portes de Constantinople virent défiler le cortége armé du padischah. Les porteurs d'eau chargés d'avoir toujours leurs outres pleines sur leurs chameaux pour désaltérer l'armée; trois cents rangs de mules composés chacun de sept mules portant les bagages et le trésor de la cour; neuf cents chevaux de main conduits par leurs palefreniers; neuf cents rangs de dromadaires ou cinq mille quatre cents chameaux de course chargés des munitions et des vivres; mille armuriers pour réparer les armures, cinq cents mineurs pour saper les murailles, huit cents canonniers pour servir les pièces, quatre cents agas, kiayas, etc., chargés des écritures et de l'administration de l'armée, les grands dignitaires du sérail, l'échanson, le grand trésorier, le maréchal de la cour; deux mille spahis à cheval, sur la tête desquels flottaient leurs étendards rouges; deux mille ouloufedjis ou cavaliers à la solde du sultan, sous leurs drapeaux verts; deux mille cavaliers étrangers sous leurs étendards blancs; deux mille silihdars aux couleurs jaunes; deux mille auxiliaires aux couleurs variées de vert, de blanc, de rouge et de jaune; puis les membres du divan, les secrétaires d'État, les juges de l'armée, les quatre vizirs à la coupole, ainsi nommés parce qu'ils ont seuls le privilége de s'asseoir dans le divan sous la coupole qui l'éclaire; les autres vizirs précédés des queues de chevaux, signes de leur dignité; les veneurs, les fauconniers, les valets de chiens et de furets, les écuyers tranchants; les écuyers du sultan conduisant les chevaux particulièrement affectés à son service, animaux de choix de toutes les provinces de son empire, arabes, persans, turcomans, caramaniens enharnachés de selles brodées d'or, de mors et d'étriers d'argent; trois cents chambellans à cheval; douze mille janissaires armés de sabres, de lances, d'arquebuses, faisant porter devant ce corps d'élite trois queues de cheval teintes de henné; derrière eux sept étendards rayés à bandes d'or, et sept queues de cheval flottant à la pointe de hautes lances, cent sonneurs de trompette et cent batteurs de tambour, leurs instruments suspendus à leurs cous par des chaînes d'or, quatre cents solaks ou gardes du corps enveloppant le sultan d'une nuée de fer, d'aigrettes, de bannières, de carquois en mouvement; enfin Soliman lui-même monté sur un cheval persan dont le poil d'or éblouissant comme un reflet du soleil, et qu'on entrevoyait à peine sous le nuage des plumets ondoyants des solaks : telle était la pompe personnelle du sultan ouvrant la marche de l'armée.

XV

Nous ne décrirons pas cette campagne dont les principaux événements furent la conquête de Gran, l'alliance avec la Pologne qui sollicitait l'appui du plus redouté de ses voisins contre ses propres dissensions, la jonction de dix mille Tartares auxiliaires obligés des Turcs dans leurs campagnes au nord et la délivrance de Pesth.

Le retour du sultan à Constantinople, après avoir distribué l'armée dans ses séjours d'hiver, fut attristé par la mort du plus cher de ses fils, Mohammed, gouverneur de Saroukhan. Il le pleura comme une partie de la gloire qui devait lui survivre et qui s'éclipsait avant lui. Le grand architecte Sinan fut chargé de lui élever une mosquée en forme de sépulcre, dont le caractère sombre et nu attestât le deuil autant que la prière. Le génie de la douleur inspira Sinan. Trois cent mille ducats d'or ou dix-huit millions de francs furent consacrés par le père au tombeau de son fils. Il y joignit des écoles, des hospices et des tables gratuites pour les pauvres, afin de perpétuer les bénédictions des Ottomans sur la mémoire de ce favori de son cœur. Sélim, gouverneur de Koniah, reçut à la mort de son frère le gouvernement plus rapproché et plus important de Saroukhan ou de Magnésie. Sélim, le plus cher après Mohammed, n'était cependant pas l'aîné des autres fils. Mustafa, fils de la Circassienne, suspect à son père, et éloigné à Amasie, ressentit vivement cette injure. Bayézid ou Bajazet, le plus jeune des fils de Roxelane, était destiné au gouvernement de Caramanie; mais sa jeunesse le retenait encore au sérail.

Le grand vizir Suleïman-Pacha, surchargé de quatre-vingt-dix ans d'âge et de son obésité monstrueuse, fut congédié avec honneur et remplacé par le favori des sultanes Roustem-Pacha, époux de la fille du sultan, la sultane Mihrmah. Roustem était né en Croatie, élevé parmi les pages, monté de grade en grade au rang d'écuyer, de beglerbeg, puis de grand vizir. Il n'était qu'un soldat et un courtisan fait pour servir et obéir. Barberousse, chargé de gloire et de dignités, mourut cette année à Constantinople.

Ce fils du pauvre spahi Yacoub de Mitylène légua en mourant au sultan son bienfaiteur douze cents esclaves et cent mille ducats d'or. Il en laissa autant à son fils. On voit son tombeau caché sous le lierre et les cyprès sous un petit promontoire du Bosphore au murmure de ces flots de la mer qu'il ensanglanta dans tant de victoires. Plus heureux que le Thémistocle des Grecs, ce Thémistocle des Ottomans dort sur le rivage qu'il a protégé et grandi.

Des alternatives incessantes de guerre et de négociations entre Vienne et la Porte occupèrent, pendant ces années presque stériles, la pensée du grand vizir. Charles-Quint et Ferdinand, les Vénitiens et les Français, les Polonais et les Russes, se disputaient ouvertement l'amitié de ces Ottomans réputés, si peu d'années auparavant, l'ennemi commun de la chrétienté. La religion n'entrait plus pour rien dans les négociations des puissances. L'Autriche s'abaissa jusqu'à acheter la paix sinon l'alliance au prix d'un tribut annuel de trente mille ducats d'or par un traité signé à Andrinople.

Un esclave bosnien, élevé comme le grand vizir Roustem parmi les pages du sérail, Mohammed-Sokolli, commençait à prendre l'ascendant d'un esprit supérieur dans les conseils du divan. Son nom dérivait du lieu de sa naissance, le château de Sokol, construit comme une aire sur un rocher pyramidal de la Bosnie et appelé, à cause de sa position, *nid de faucon*. Soliman II le nomma après la mort de Barberousse (1546) capitan-pacha ou amiralissime de ses flottes. Il nomma en même temps mufti Abou-Sooud, jurisconsulte consommé.

Un des généraux de son père Sélim Ier, Kosrew-Pacha, tomba en disgrâce pour une insolence adressée par lui au grand vizir devant le sultan. Ce vieux général ne put survivre à la suppression de ses honneurs. La première fois qu'il voulut monter à cheval après sa dégradation, il regarda autour de lui, et ne vit plus ni les pages, ni les gardes, ni les cafetans dorés de sa suite ordinaire dans les camps ou dans les cours; il redescendit avec indignation de sa selle, et s'écria qu'il valait mieux rester à jamais sur les coussins de son harem que de se montrer ainsi sàns appareil aux regards des Ottomans habitués à son éclat. Il rentra et se laissa mourir de faim, suicide d'orgueil inusité dans une race à qui la résignation fataliste est la vertu de l'homme.

XVI

Un envoyé d'Alaeddin, sultan des Indes, qui venait implorer la protection de Soliman contre les Portugais, fut admis à présenter ses présents et sa requête au divan. Le sultan, pour frapper les yeux de l'ambassadeur indien, le fit assister à une de ses entrées à Constantinople après une chasse dans les forêts d'Andrinople. Quand les différents corps de son escorte, les armuriers, les canonniers, les spahis, les silihdars, parurent sous leurs uniformes éblouissants d'argent et d'or, l'ambassadeur, croyant que c'était le groupe des courtisans du padischah, se leva respectueusement de son siége; l'aga des janissaires entouré de ses officiers lui parut être le prince lui-même; les vizirs lui firent une semblable illusion. Détrompé chaque fois par les interprètes qui l'entouraient, il resta tellement anéanti quand Soliman apparut lui-même au milieu du voile éblouissant des sabres, des casques, des panaches et des aigrettes de ses officiers qu'il resta sans mouvement et sans voix devant cette ombre d'Allah sur la terre.

Roxelane envoya au prince indien des présents d'étoffes splendides brodées par ses propres mains. Elle décida Soliman, dans l'intérêt de son fils Sélim et de Roustem le grand vizir son gendre, à soutenir la cause d'Alaeddin contre les Portugais et les Persans. Ismaël-Mirza, fils du schah de Perse, provoqua le premier la guerre par une irruption sur Erzeroum et par la défaite d'Iskender-Pacha, qui défendait cette frontière. Le grand vizir Roustem et Mohammed-Sokolli, beglerbeg de l'armée d'Europe, reçurent ordre d'aller rassembler tous les contingents de l'empire à Tokat. Tokat était en Asie ce que Belgrade était en Europe, la base d'opérations des Turcs sur la Perse. Les deux vizirs y rassemblèrent en peu de mois cent cinquante mille hommes et vingt mille janissaires. Le sultan était indécis encore s'il leur confierait la direction de la campagne de Perse, ou s'il irait lui-même se mesurer une troisième fois avec des ennemis qu'il n'avait pas trouvés dignes de lui. Une raison d'État renfermée longtemps dans le plus impénétrable silence le décida (1548).

XVII

Le poëte guerrier Schemsi, aga des spahis, homme initié à tous les mystères de famille et de politique du sérail, arriva inopinément de Tokat, chargé d'une confidence verbale du grand vizir. Roustem avertissait loyalement ou astucieusement son maître d'une conspiration sourde ou du moins d'une fermentation dangereuse qui couvait dans l'armée et surtout dans les rangs des janissaires depuis l'arrivée au camp du sultan. Mustafa, son fils, avec ses troupes personnelles d'Amasie.

On a vu que ces ombrages contre la popularité et l'ambition du jeune Mustafa n'étaient pas récents dans le sérail; déjà, avant la dernière campagne de Hongrie, son père, informé de la faveur des troupes asiatiques pour son fils, avait laissé le vieux grand vizir Suleïman à Brousse pour surveiller de plus près les manœuvres ou les mouvements de ce prince. Sélim Ier avait trop appris aux Ottomans par son crime qu'un fils ambitieux et impatient était le plus dangereux compétiteur du trône de son père. Bien que Mustafa, fils de la sultane circassienne, fût l'aîné des princes fils de Soliman, l'amour de Soliman pour Roxelane, l'ascendant souverain de cette sultane sur son cœur et la préférence avouée du père pour les fils de Roxelane, Sélim et Bayézid, devaient faire craindre à Mustafa qu'à la mort de son père les intrigues du sérail et du divan vendus aux intérêts de la favorite ne lui ravissent le trône et la vie; de telles craintes pouvaient le pousser au crime. Son titre d'aîné des fils du sultan, son caractère belliqueux, sympathique à une race guerrière, sa libéralité envers les soldats, sa douceur envers le peuple, son adresse et son intrépidité à cheval et aux armes, son éloquence martiale, les grâces de sa figure, le sentiment même d'intérêt et de pitié que sa disgrâce et son éloignement de la cour inspiraient à l'empire, faisaient de Mustafa le favori de l'opinion des camps.

Sa présence à l'armée de Koniah raviva ces impressions

dans l'œil et dans le cœur des soldats. Le grand vizir Roustem, gendre de Roxelane, intéressé à la grandeur future des princes frères de sa femme, découvrit avec l'instinct de la terreur et peut-être de la haine ces prédilections de l'armée pour Mustafa. Les faveurs d'une armée dont un cri peut donner l'empire, bien qu'innocentes dans celui qui les inspire, sont facilement des crimes dans celui qui les redoute : Roustem jugea à quelques révélations et à quelques symptômes que l'occasion seule manquait aux partisans de Mustafa. La longue absence du sultan pendant une campagne où le jeune prince s'attirerait même involontairement les regards et la gloire lui parut fournir trop de tentations à sa vertu.

« Déjà, disait le poëte Schemsi au sultan dans sa confidence, les janissaires, toujours avides de changement, répétaient hautement que le sultan, vieilli avant l'âge par le poids de l'empire et par onze campagnes, n'était plus propre à porter le drapeau des Ottomans sur l'Euphrate, le Tigre et l'Oxus; qu'il fallait un règne rajeuni à un empire qui ne devait jamais vieillir avec ses maîtres; que c'était à l'armée de donner et de retirer le trône; que le prince couronné à Koniah par la main des soldats serait acclamé sans résistance à Constantinople; que l'enthousiasme du camp confondrait à temps les iniques prédilections du sérail; que le grand vizir Roustem, favori d'une favorite, était le seul obstacle dans l'armée à l'explosion de ce sentiment général; que sa tête coupée dans une sédition soldatesque laisserait les troupes libres d'exprimer et d'accomplir ce grand changement; et que Soliman, relégué pour le reste de ses jours dans le sérail des sultans vieillis à Démotika, achèverait en repos sa vie avec les femmes qui avaient amolli son cœur. »

XVIII

Ces murmures de l'armée apportés par Schemsi, et sans doute grossis par Roxelane, ne laissèrent pas Soliman II hésiter un instant sur les moyens de prévenir un tel péril. Il renvoya au grand vizir l'ordre de dissoudre l'armée, à Mustafa l'invitation de retourner à Amasie avec les troupes de sa province; il annonça qu'il irait en personne, au commencement de l'automne, prendre le commandement de l'expédition de Perse.

Il planta en effet ses tentes à Scutari, le 28 août 1553, au milieu de l'élite de ses troupes, commandées par ses vieux compagnons de gloire; il donna à Sultan-Bayézid, l'un des fils de Roxelane, le gouvernement d'Andrinople pendant son absence; il autorisa Sélim, le second fils de Roxelane, alors gouverneur de Magnésie, à l'accompagner dans la campagne de Perse, désirant faire rejaillir sur ce jeune prince, objet de ses prédilections, assez de gloire pour lui mériter après lui la candidature au trône.

Il conduisait également avec lui un troisième fils de Roxelane, nommé Zéanghir. Ce jeune prince, déshérité par la nature des dons extérieurs, n'était pas propre à manier le sabre, ni à paraître à cheval aux yeux des armées; il boitait en marchant; une de ses épaules plus haute que l'autre donnait à sa stature une disgrâce qui le condamnait à la solitude et à l'immobilité du sérail. Mais tous les dons de l'âme, du cœur, de l'intelligence et du caractère compensaient en lui ces infirmités du corps. Ces infirmités avaient rendu cet enfant plus cher à sa mère, plus cher au sultan son père qui se complaisait dans ses entretiens assaisonnés de sagesse précoce, d'une gaieté naïve et d'heureuses reparties. Il l'emmenait avec lui dans toutes ses campagnes comme le plus sûr confident de ses soucis et le plus aimable délassement de ses loisirs. Zéanghir, quoique fils d'une autre mère que Mustafa, nourrissait depuis son enfance pour ce frère une tendresse qui prévalait en lui sur toutes les rivalités de sang et sur toutes les jalousies de famille. Ces deux princes s'aimaient, à travers les haines de leurs mères, d'un de ces attachements passionnés qui sont les despotismes de la nature.

XIX

Au bruit de la marche de son père, Mustafa, sans défiance des préventions semées contre lui, rejoignit avec ses troupes l'armée impériale au quartier général d'Erégli, sur la route de Brousse à Tokat. Sa présence inattendue, le nombre et la discipline de ses cavaliers, la beauté de leurs chevaux, la richesse de leurs costumes et de leurs armes, la mâle confiance du jeune guerrier qui les commandait, répandirent dans le camp une émotion et un murmure d'enthousiasme qui parurent au sultan une confirmation des accusations du grand vizir. Les janissaires, heureux de contempler dans Mustafa le prince qui devait combattre et régner un jour à leur tête, se portèrent en foule autour de ses tentes pour saluer sa présence au camp.

Leurs cris et leurs félicitations imprudentes rapportés

par des délateurs apostés aux oreilles du sultan, furent interprétés comme les indices d'une explosion que rien ne pouvait plus contenir. Des conseils secrets se prolongèrent longtemps dans la nuit, sous la tente, entre les vizirs et le sultan. Zéanghir lui-même en fut éloigné : l'arrivée de son frère chéri dans le camp de leur père l'inondait de joie. Il espérait reprendre avec lui dans la campagne les intimités et les confidences dont l'absence avait sevré depuis si longtemps les deux amis. Il s'étonnait des retards que l'étiquette de la cour apportait à leur entrevue.

Soliman avait fait dire à Mustafa qu'il l'admettrait le lendemain à la cérémonie du baise-main dans sa tente.

XX

Le lendemain en effet, après l'heure de la prière de midi, les vizirs et les généraux allèrent en cortége prendre le jeune prince à ses tentes pour l'accompagner en cérémonie à l'audience du sultan. Mustafa était vêtu d'un riche cafetan ; il montait un cheval turcoman digne, selon l'expression arabe, *d'être le trône d'un sultan.* Les soldats se pressaient tumultueusement sur ses pas pour saluer en lui leur idole. Les acclamations qui s'élevaient autour de lui retentissaient jusque dans le divan de son père. Soliman croyait y saisir à chaque cri la faction dans l'enthousiasme. Cette idolâtrie pour son fils semblait lui commander l'abdication ; il ne s'indignait pas moins comme père qu'il ne s'offensait comme souverain. Ce n'était pas un de ces caractères qui s'écroulent aux clameurs d'une soldatesque ou d'une populace. Son cœur résistait d'autant plus à une dégradation volontaire qu'on la lui insinuait avec plus d'insolence. Il se souvenait de la condescendance de son aïeul Bajazet II, descendu du trône pour l'exil, mais ayant trouvé la mort entre l'exil et le trône. Le meurtre de ses fils de prédilection, la ruine de Roxelane, la tyrannie de l'armée, l'anarchie de l'empire, l'éclipse de sa gloire au déclin de sa vie, se levaient devant lui pour lui commander d'oublier qu'il était père, s'il voulait rester souverain et survivre grand homme à son règne. Ce n'était plus son fils qu'il attendait, c'était un rebelle qui venait lui demander l'empire par la voix de ses complices : il n'hésita plus.

XXI

Mustafa n'était coupable que des murmures de l'armée et des espérances qui s'attachaient à sa jeunesse. Il descendit de cheval et entra dans la tente de son père pour se prosterner à ses pieds, et pour en recevoir le baiser sur les yeux, signe patriarcal de tendresse que les supérieurs, les vieillards, les pères, donnent en Turquie à ceux qu'ils rapprochent de leur cœur. Il avait conservé ses armes, selon l'usage des fils des sultans, qui ont seuls le privilége de paraître armés devant leur père. Les chiaoux qui veillaient dans la première salle le désarmèrent. Cette précaution accusatrice le fit rougir et pâlir. Il obéit néanmoins aux chiaoux.

En entrant dans la seconde enceinte où il croyait voir son père ouvrant les bras pour le recevoir, il ne vit qu'une morne solitude ; il hésitait à pénétrer dans le divan, quand le rideau qui séparait le divan de la salle des audiences se soulevant tout à coup, lui montra au lieu de son père, un groupe sinistre de muets exécuteurs des arrêts de mort dans le sérail. Ces bourreaux se précipitant sur le jeune prince lui jetèrent autour du cou la corde d'un arc, lacet ordinaire dont ils se servent pour étrangler leurs victimes. L'innocence, l'étonnement, l'indignation, l'horreur du supplice, la jeunesse qui se refuse à la mort, donnèrent à Mustafa, quoique désarmé, la force de briser le cordon, d'écarter les bras de ses bourreaux, de les terrasser à ses pieds, de les traîner jusqu'à la porte de la salle des chiaoux comme le taureau traîne la hache mal assénée et les cordes de l'abattoir. Déjà ses cris invoquaient avec le nom de son père le secours des janissaires ameutés en foule autour des barrières qui entourent à distance les tentes du sultan ; sa voix, entendue d'eux, pouvait changer le supplice en couronnement, Soliman, témoin caché de cette lutte, ouvre le rideau qui le séparait de la scène du meurtre ; il lance un regard significatif aux muets, dont il gourmande la lenteur en les menaçant eux-mêmes de la mort. Mustafa, à l'aspect de son père implacable, oublie de se défendre, et meurt terrassé sous le genou des muets. Le rideau retombe.

Soliman ordonne de traîner le cadavre de son fils sur un tapis au seuil de la tente, et de l'exposer en défi aux yeux des janissaires consternés. Il sait que les factions meurent avec leurs idoles, et que nul n'ose avouer la pensée du crime quand le crime n'a plus ni mobile ni lendemain.

L'aspect du corps inanimé de Mustafa répandit avec le deuil la terreur et le silence dans l'armée. Les soldats défilèrent les yeux humides mais les lèvres muettes devant leur idole du matin et rentrèrent dans leurs tentes pour pleurer.

Une décision du mufti, jugement sacré qui ferme la bouche au murmure, fut affichée dans le camp, seule explication imposée aux sultans sur leurs coups d'État. Ces jugements sont toujours conçus sous la forme d'une question anonyme adressée par le souverain à l'interprète de la loi, et sous la forme d'une réponse également anonyme et brève à la question.

« Un marchand de cette ville, disait l'affiche, a confié à son esclave Zaïr, pendant un voyage, son épouse, ses enfants, son commerce. Son esclave, au mépris des lois, a dilapidé les affaires de son maître; quelle peine mérite l'esclave Zaïr?

— L'esclave Zaïr mérite la mort, « répondait le mufti. »

Les murmures tombèrent devant cet arrêt de l'organe suprême de la justice. On supposa le crime du moment que le juge autorisait la mort.

Un seul cœur protesta dans le camp pour l'innocence de Mustafa et contre la rigueur de son père; ce cœur était celui d'un ami. Zéanghir, ce fils de Soliman et de Roxelane, accourut au bruit de la lutte entre Mustafa et les muets; il n'arriva que pour assister au dernier soupir de son frère. Il se jeta sur son corps, couvrit ce cadavre de ses embrassements, remplit la tente de sanglots et d'imprécations contre les calomniateurs et les assassins de son frère. Soliman, pour qui ces reproches étaient les plus cruels des remords, ordonna d'arracher Zéanghir au corps de Mustafa; mais il était trop tard; la douleur avait fait éclater le cœur de Zéanghir; au lieu d'un cadavre on en rapporta deux au père. En frappant le fils de la Circassienne, il avait tué celui de Roxelane : l'amitié fraternelle avait vengé la nature.

XXII

Les esprits restèrent indécis sur le crime ou sur l'innocence de Mustafa, ce don Carlos des Ottomans immolé par son père. Soliman n'était pas un Philippe II. Il est difficile de supposer qu'un prince tel que Soliman, dont les seules faiblesses furent des faiblesses de cœur, et qui préféra souvent l'amitié, l'amour et la famille à ses devoirs de souverain, après avoir soupçonné longtemps, attendu plusieurs années, pardonné une fois, espéré toujours, se soit décidé à frapper un fils en pleine sédition imminente sans faire violence à la nature, et sans avoir une pleine conviction de la nécessité de verser son propre sang pour sauver sa maison et son empire.

Ce fut l'opinion des Ottomans le lendemain du meurtre. On plaignit le père plus qu'on n'accusa le souverain. Le grand vizir Roustem-Pacha, à qui l'armée reprochait d'avoir ou supposé ou exagéré les dangers de la circonstance à son maître, prit sur lui la justice ou le crime pour laisser toute la pitié au sultan. Il demanda à déposer le sceau de l'empire et à emporter dans la disgrâce apparente de son maître la responsabilité et l'odieux de l'exécution. Ahmed-Pacha, général aimé des troupes, fut nommé grand vizir à sa place.

Mais, avant de rendre le sceau de l'État, Roustem avait

assuré par un autre meurtre la sécurité du sultan et la succession au trône dans les enfants de sa belle-mère, la sultane Roxelane. Mustafa avait un fils retenu en otage et nourri par sa mère dans le sérail de Brousse. On craignit que les janissaires, reportant sur cet enfant la prédilection qu'ils portaient au père, ne lui décernassent la couronne dans une nouvelle sédition. La jeune mère, qui tremblait sans cesse à Brousse sur les jours de son enfant, menacés par Roxelane, ne consentait jamais à l'éloigner d'elle un seul instant : elle croyait que son ombre le défendrait de tout piége.

Roustem, au moment de la mort de Mustafa, envoya secrètement à Brousse un chef des eunuques du sérail chargé d'exécuter ce fils de Mustafa. L'eunuque feignit de vouloir donner une fête champêtre à la sultane et à son fils dans une maison de plaisance des environs de Brousse. L'enfant à cheval précédait de quelques pas sa mère, renfermée, selon l'usage, avec ses femmes dans un char aux grillages dorés traîné par des bœufs. Ses regards ne perdaient pas de vue son fils.

L'eunuque, pour tromper sa vigilance maternelle, avait ordonné aux conducteurs du char de briser l'essieu comme par accident sur la route. Pendant qu'on le rajustait, il engagea l'enfant à précéder de quelque distance sa mère pour arriver plus vite au jardin. Le jeune sultan n'entrevit pas le piége et laissa presser la marche de son cheval. Au moment où il descendait sur le seuil du kiosque, l'eunuque tirant de son sein le lacet fatal, le lui présenta au nom de son grand-père. « Le sultan, lui dit-il, veut que vous cessiez à l'instant de vivre. — Cet ordre est pour moi celui de Dieu, » répondit le fils élevé dans l'adoration de la volonté suprême; et il tendit de lui-même sa tête innocente au cordon.

Cependant la mère, saisie d'un pressentiment sinistre, était descendue de son char et accourait tremblante et échevelée sur les pas de son fils. Elle trouva son cadavre sur les marches du kiosque. Ce fut ainsi qu'elle apprit, par le meurtre de son enfant, le meurtre de son mari.

XXIII

Soliman II ne sourit plus depuis ce meurtre. Il ne chercha de distractions à sa mélancolie que dans les campagnes et dans les soins du trône. Son expédition rapide en Perse fut terminée par un traité de paix négocié en combattant, et signé pendant la retraite à Amasie (1554).

Une intrigue attribuée à Roxelane le rappela d'Amasie à Constantinople. Cette sultane, délivrée de toute concurrence au trône du côté des enfants de la Circassienne, voulait maintenant délivrer son fils de prédilection, Bayézid, de la concurrence de son fils aîné Sélim à qui Soliman avait dévolu dans sa pensée le trône après lui. Bayézid rappelait par ses traits et par son caractère la beauté et le génie de sa mère. La mère et le fils imaginèrent ensemble une combinaison romanesque propre à assurer l'empire par anticipation à Bayézid. Ils suscitèrent un esclave de Bayézid dont les traits rappelaient ceux de Mustafa pour jouer le personnage du prince mort, et pour soulever par cette ressemblance et par une fable populaire les partisans de Mustafa dans la Turquie d'Europe. Cette fable devait grouper autour du faux Mustafa les soldats et la populace des bords du Danube; Bayézid devait ou s'unir à eux ou les combattre, également sûr d'être proclamé par les rebelles s'ils triomphaient, en démasquant le mensonge de son esclave, ou de bien mériter de son père s'il les dispersait à l'aide de ses troupes personnelles. Cette ruse trompa aisément des soldats fanatiques et une plèbe ignorante. Le faux Mustafa souleva une écume de casernes et de paysans à Nicopolis et marcha en se grossissant sur Constantinople.

La promptitude de Soliman déjoua ce plan. Dédaignant de se mesurer lui-même avec un imposteur, il fit passer le grand vizir Ahmed-Pacha avec une élite de janissaires et de spahis en Europe. L'imposteur, vaincu au premier choc, tomba dans les mains d'Ahmed. Il avoua dans les tortures la complicité de Bayézid. Soliman en rentrant à Constantinople fit jeter à la mer l'esclave et ses sectateurs : il tremblait d'avoir à punir une seconde fois en face du monde le crime domestique d'un fils, et de déchirer le cœur de sa mère. Roxelane, attribuant à la légèreté de l'âge la faute de son fils, obtint la vie de Bayézid en répondant de son repentir. Mais le coupable ayant devant les yeux le cadavre de Mustafa tremblait de paraître devant son père.

Soliman, comme pour aggraver sa terreur, refusa de le recevoir au sérail. Il lui assigna une audience secrète dans un kiosque isolé entouré des forêts du Bosphore, appelé le caravansérai des Cariens. Bayézid, en descendant de cheval sur ce seuil inusité, fut désarmé par les muets comme son frère. Il ne douta plus de son sort et tressaillit comme sous la main du bourreau.

« Ne crains rien, mon fils chéri, ne crains rien, lui cria du fond d'une tribune grillée une voix dans laquelle il reconnut celle de sa mère; je suis là. » Bayézid, tranquillisé par cette voix, parut cependant interdit en présence de son père. Soliman lui parla en père indulgent. Après un entretien mêlé de sévérité et de larmes, il fit apporter le sorbet de réconciliation. La main de Bayézid trembla encore en approchant la coupe de ses lèvres; cette coupe de paix avait été souvent en Orient la coupe de la mort. Soliman laissa son fils éprouver un moment l'angoisse du doute, puis prenant lui-même la coupe il la vida. Bayézid pardonné retourna dans son gouvernement d'Amasie ourdir, à l'instigation de sa mère, de nouvelles conspirations contre son frère.

XXIV

Cependant Roxelane ne pouvait pardonner au grand vizir Ahmed d'avoir sondé trop avant et révélé trop haut les fautes de son favori. Il fallait étouffer avec sa vie les mystères qu'il avait dévoilés et les mystères plus coupables peut-être qu'il avait entrevus dans la conduite de la favorite et du fils. Elle incrimina ses actes aux yeux du sultan; elle lui rappela que sa nomination au rang de vizir n'avait été qu'une concession aux murmures des janissaires le lendemain de la mort de Mustafa. C'était Roustem qui avait eu le dévouement et Ahmed qui avait eu la récompense. Les janissaires avaient triomphé en lui; qui sait s'il n'aspirait pas à gouverner par eux? Le ministre, entouré de la faveur des séditieux, ne pouvait être innocent lui-même; la prudence, sinon la justice, commandait de l'écarter des marches du trône. La seule disgrâce qui décourage les factions de leurs espérances, c'est la mort : celle du fidèle Ahmed fut résolue.

Rien ne l'annonçait à Ahmed; mais un grand vizir était toujours, à cette époque, entre la faveur et le cordon. La foudre qui les frappait ne grondait jamais sur leur tête. Peu de jours après la réconciliation de Bayézid et de Soliman, Ahmed, en entrant au sérail, fut arrêté sur le seuil par le chef des chiaoux de la chambre. « Fais ta prière, lui dit l'exécuteur, le padischah veut que tu meures. — Je mourrai, » répondit Ahmed sans demander son crime et sans murmurer contre sa destinée. Il demanda pour toute faveur d'être étranglé par la main d'un ami qui l'accompagnait, et non par les mains flétrissantes des muets. Son dernier soupir fut un pardon pour le maître trompé ou ingrat qui commandait son supplice.

Roustem, le gendre de Roxelane, éloigné seulement pour emporter l'odieux de la mort de Mustafa, fut rappelé au pouvoir.

XXV

La mosquée de Soliman II, appelée *Solimanieh*, le plus splendide monument du règne et de la capitale, fut inaugurée le 16 août 1556. Soliman y avait consacré huit cent mille ducats d'or et quinze ans de travail. Le jardin de cette mosquée renfermait le tombeau de son fondateur; les coupoles, les minarets, les portiques rafraîchis d'eaux jaillissantes, les portes ciselées par l'art arabe, les colonnes de granit rouge, les obélisques qui avaient porté autrefois à leurs sommets les statues de Vénus, puis celles de Justinien ; les chapiteaux de marbre de Paros, les galeries, les tribunes, les chaires, les candélabres de bronze doré, les vitraux transparents où le soleil peint des jardins de fleurs ou des lettres étincelantes du nom d'Allah; les écoles, les séminaires, les hôpitaux adjacents, les platanes et les cyprès qui détachent leur sombre verdure sur l'éblouissement des façades, font de la Solimanïeh le diadème de Constantinople.

Pendant que Soliman construisait ce chef-d'œuvre de l'architecture mixte des Arabes, des Grecs et des Ottomans, Roxelane et sa fille la sultane Mihrmah, épouse du grand vizir Roustem, se construisaient également leurs mosquées, l'une pour ombrager le tombeau de Roxelane à Scutari, l'autre le tombeau de Mihrmah au fond du golfe de la Corne-d'Or, sur la pente de la colline d'Aïoub.

Le schah de Perse jugea ces œuvres assez historiques pour envoyer à Soliman une ambassade de félicitation sur leur achèvement sous son règne. Le style de la lettre du schah de Perse atteste la déférence des princes d'Orient pour le fils de Sélim Ier. « O toi, disait la lettre, toi qui es favorisé de la grâce divine, toi qui as été comblé des dons du Tout-Puissant, sultan des deux faces du globe, khan des deux mers! toi qui es l'égal de Salomon, sultan Soliman, que tes étendards flottent à jamais au niveau des cieux, que les titres de ton règne à la mémoire des hommes soient gravés sur des tables éternelles. »

L'épouse favorite du schah de Perse écrivit à l'épouse favorite du sultan, Roxelane, et à sa fille Mihrmah, des félicitations pareilles sur les monuments pieux que ces deux sultanes venaient de fonder.

« Que les plus ferventes prières auxquelles Dieu prête l'oreille, dit la sultane persane à la sultane russe, soient adressées au maître de celle qui est entourée de la splendeur de l'étoile du matin, belle comme *Feringhis*, puissante comme *Balkis*, noble comme *Souleikha*, pure comme *Marie* la favorite des siècles, la sultane *Khasséki*; car le Coran bénit ceux qui élèvent des maisons au Seigneur et se reposent à leur ombre ! »

La réponse de Roxelane empruntait à la religion, à l'histoire et à la poésie les mêmes images. « J'ai reçu, disait Roxelane, comme un don du paradis, les perles des prières les plus éclatantes du rosaire des anges, le corail le plus parfumé des vœux des croyants dans les mosquées; ces vœux me sont adressés par celle qui est douée de la jeunesse des houris, de la vertu de *Souleikha*, de la puissance de *Darius*, et qui est la maîtresse du maître de l'Iran, la Marie inspirée de la sagesse de Jésus, l'étoile de la majesté, la perle de la couronne de chasteté, couverte du voile de pudeur, la femme dérobée à l'œil des profanes! »

Roxelane, aussi chère que jamais à Soliman II, mère de deux fils héritiers de l'empire, redoutée des vizirs, honorée du peuple, illustre par sa renommée dans tout l'Orient, aussi reine dans son âge mûr par son conseil qu'elle l'avait été par sa beauté dans sa jeunesse, encore belle à son déclin, mourut quelques jours après avoir achevé sa tombe (1557).

Soliman, qui perdait en elle le charme de ses premières années et l'appui de ses vieux jours, voulut la rapprocher de lui-même dans la mort; il déposa le corps de sa favorite dans son propre sépulcre. Son deuil fut morne et inconsolable. L'homme capable d'aimer avec tant de constance une seule femme au milieu des licences de la polygamie, et l'esclave capable d'avoir inspiré un tel amour à son maître, ne furent pas sans doute indignes l'un de l'autre. Les grands attachements supposent les grandes âmes; l'amour n'est qu'un attrait, mais sa constance est une vertu.

Les mystères du harem, entr'ouverts par l'ignorance et par l'envie des contemporains, ont fait attribuer à la sultane russe des ambitions et des meurtres dont les véritables causes n'ont pas transpercé les murs du sérail ; mais c'est le malheur des gouvernements despotiques de ne pouvoir ni motiver leurs actes ni justifier leurs motifs. Leur silence terrible laisse tout aux conjectures et beaucoup à la calomnie. Les fantômes sont enfants des ténèbres. L'histoire, dans cette obscurité, n'ose ni louer ni flétrir la mémoire de la favorite de Soliman. Si on lui attribue ses crimes et ses faiblesses, il faut lui attribuer ses vertus et ses grandeurs, car elle eut la grande part dans son cœur, dans sa vie et dans sa gloire.

XXVI

La faveur de Roustem survécut à sa belle-mère. Le sultan, vieilli, lui laissa manier à son gré les détails et les négociations avec l'Autriche, qui remplirent les dernières années du règne. Mais déjà les dissensions ambitieuses de Bayézid et de Sélim empoisonnaient la vieillesse de leur père. Des documents précis et secrets, révélations des ministres de la haine mutuelle de ces deux princes, éclairent aujourd'hui ces rivalités.

Bayézid était retourné à sa résidence d'Amasie; Sélim, gouverneur de Sároukhan, résidait plus près de son père, à Magnésie. Sélim avait intérêt à perdre son frère, dont les intrigues lui présageaient un compétiteur dangereux. Un des confidents de Sélim, Mustafa-Beg, homme à deux faces et à deux langues, jadis confident de Bayézid, lui offrit de tendre un piége à son frère. Sélim y consentit. Mustafa-Beg, ainsi autorisé à la trahison, écrivit à Bayézid que Sélim, jeune prince abandonné à l'oisiveté et aux délices de Magnésie, était le seul obstacle à son avénement au trône, mais que cet obstacle était facile à écarter par une hostilité déclarée et par une guerre ouverte, dans lesquelles la victoire ne pouvait manquer au plus brave. Il conseillait, en conséquence, à Bayézid, d'écrire à son frère une lettre de provocation qui le pousserait à quelques mesures faciles à incriminer aux yeux de Soliman.

Bayézid suivit ce perfide conseil : il envoya à Sélim, avec une lettre outrageante, des insultes symboliques, un bonnet de femme, une robe et une quenouille. Soliman, informé de cet outrage par Sélim, envoya à Bayézid un confident chargé d'une réprimande sévère. Mustafa-Beg, pour inculper Bayézid par une apparence de révolte contre la réprimande paternelle, aposta près d'Amasie des affidés qui tuèrent le confident du sultan. Soliman, trompé par ce crime, envoya Mohammed-Sokolli à la tête de vingt mille hommes contre son fils. Les deux armées se rencontrèrent à Koniah (1559); Bayézid, vaincu, se sauva à Amasie. Il écrivit de là une lettre de repentir à son père, pour lui demander sa grâce et celle de ses quatre fils. Mustafa intercepta également la lettre. Soliman, indigné de ce silence, marcha lui-même vers Koniah. Bayézid, suivi de quelques milliers de ses partisans, s'enfuit avec sa femme et ses quatre enfants en Perse. Le peuple et l'armée le pleurèrent : il avait la faveur des Ottomans comme il avait eu celle de sa mère, à cause de sa beauté, de son courage et de sa constance dans son amour pour une seule femme. La licence des mœurs de Sélim, son visage rond et coloré, ses yeux proéminents comme ceux d'un homme du Nord, son obésité précoce qui le rendait lourd à pied, ridicule à cheval, dépopularisaient Sélim aux yeux des soldats.

XXVII

Soliman II et Sélim écrivirent au schah de Perse de refuser asile au rebelle. Le schah n'obtempéra pas à ces odieuses sollicitations. Bayézid, indépendamment de son titre d'hôte, était pour la Perse un gage d'intervention future dans les affaires de Turquie. Bayézid, en arrivant à Tauris avec son harem et ses troupes, fut reçu en roi. Tahmasp fit répandre sur sa tête trente vases pleins de pièces d'or, de perles et de pierres précieuses. Neuf chevaux de race, caparaçonnés d'or et de rubis, lui furent présentés par l'écuyer du schah. Des tournois chevaleresques sous les yeux des deux princes firent rivaliser d'adresse à cheval et de force à la lutte les courtisans du schah et les compagnons du prince turc. Soliman, offensé de cet accueil à son fils rebelle, écrivit plus sévèrement à Tahmasp : « *L'amour et la colère émanent également de Dieu*, lui disait-il. *Faire du bien aux pervers, c'est faire du mal aux bons.* »

Des correspondances amères et envenimées s'échangèrent longtemps entre les deux cours : « Cet orgueilleux Persan couronné, ce schah privé de raison reçoit chez lui mon fils coupable ; je ne crois plus à ses paroles et je vais m'armer contre lui. »

Cependant le caractère belliqueux de Bayézid et le nombre des troupes qui l'avaient suivi en Perse commençaient à inquiéter le schah. « Défiez-vous, lui disait-on, d'un fils qui a levé la main contre son père ; il médite de vous assassiner pour s'emparer de vos États. »

Un jour qu'il assistait à côté de Bayézid à une fête militaire, les ombrages du schah provoqués par des symptômes calomnieux furent si soudains et si extrêmes qu'il se leva de son siége et rentra dans le palais sous prétexte d'une indisposition subite. Bayézid, informé des alarmes qu'on avait inspirées au schah, et des dangers qui le menaçaient lui-même, se roula de désespoir sur le tapis et voulut tuer de sa propre main sa femme et ses quatre enfants pour les soustraire à la colère des Persans trompés qui assiégeaient sa demeure. L'orage parut se dissiper ; mais peu de jours après, pendant un festin que lui donnait le schah, les gardes fondirent sur Bayézid, le garrottèrent ainsi que ses fils, les jetèrent dans un cachot et tuèrent par trahison mille de ses compagnons d'exil. Cet assassinat n'était que le prélude d'un autre supplice.

Les deux cours s'étaient enfin entendues par leurs négociateurs réciproques. Un ambassadeur de Sélim, Ali-Aga, qui était en même temps un bourreau exercé au meurtre, arriva à Tauris sous prétexte de complimenter le schah. Le roi lui demanda s'il saurait bien distinguer Bayézid parmi d'autres Ottomans renfermés comme lui dans la prison de sa capitale. Ali-Aga répondit qu'il ne l'avait pas vu depuis son enfance, et qu'il n'était pas sûr de le reconnaître, si ce n'est à ses sourcils arqués et à ses yeux noirs. Le schah, pour prévenir toute erreur, ordonna de raser la barbe et les cheveux de l'infortuné Bayézid. Ali-Aga, introduit alors dans la prison, étrangla Bayézid, et ses quatre fils sur le cadavre de leur père.

La Perse entière s'indigna et pleura ce meurtre d'un hôte et d'un captif de la nation et de quatre enfants innocents. Les cinq cadavres, apportés par Ali-Aga à Sélim, furent ensevelis dans la première ville du territoire turc, à Siwas, près de la porte du nord, où leur coupole attriste encore le voyageur.

Ainsi périt (1561) le fils le plus aimé et le plus digne d'être aimé de Roxelane, à qui sa prédilection présageait le trône et ne prépara qu'un tombeau.

Quelques jours après avoir reçu la notification de ce meurtre, Soliman, condamné deux fois à se réjouir de la mort de ses enfants, passa à cheval avec intention devant la demeure de l'ambassadeur de Perse pour lui témoigner sa reconnaissance, et pour lui montrer qu'il portait encore légèrement le poids des soucis et des années. Trois cent mille ducats d'or, envoyés à Tauris par Pertew-Pacha, payèrent aux Persans le sang du rival de Sélim.

Le grand vizir Roustem, qui redoutait le règne de Sélim, et qui nourrissait en secret pour Bayézid la prédilection de Roxelane et de sa femme, la sultane Mihrmah, mourut de douleur du meurtre de ce prince.

La fortune des Ottomans et le génie de Soliman, expérimenté dans la connaissance des hommes, lui avaient préparé un successeur capable de supporter le déclin d'un règne dans Mohammed-Sokolli ; mais Mohammed-Sokolli ne succéda pas immédiatement à Roustem.

La fortune de Roustem égalait les richesses des proconsuls romains Crassus et Lucullus. Huit cents métairies dans l'Europe et dans l'Asie, cinq cents moulins à eau, deux mille esclaves, trois mille chevaux de guerre, douze cents chameaux, cinq mille cafetans d'honneur destinés aux présents, huit mille turbans, deux mille cuirasses, six cents selles brodées d'argent, cent trente étriers d'or, sept cents sabres incrustés de pierres fines, huit cents Corans, dont trente à reliures enrichies de diamants, une bibliothèque de cinq mille volumes, la charge de cent vingt mulets en or et en bijoux, enfin deux millions de ducats d'or monnayé dans son trésor domestique : telles étaient les richesses accumulées en peu d'années dans les mains d'un grand vizir qui les prodiguait cependant avec autant de libéralité qu'il les recevait de son maître. Le trésor public regorgeait également des revenus des provinces et des tributs de la conquête.

XXVIII

Ali le Gros ou le Gras, ainsi surnommé à cause de l'énormité de son corps, qui lui faisait rechercher en vain dans toute l'Arabie un cheval assez robuste pour le porter, reçut le sceau de l'État à la mort de Roustem. C'était le fils d'un Dalmate de Brazza, prisonnier dès sa jeunesse, et élevé dans l'islamisme. Un de ses oncles, kiaya et favori d'Ibrahim, le fit monter de grade en grade aux honneurs, jusqu'au rang d'aga des janissaires. Nommé ensuite gouverneur d'Égypte et pacha à trois queues de cheval, la légèreté de son esprit et la grâce de ses reparties contrastaient avec la pesanteur de sa stature. Soliman II le jugeait propre à négocier plus qu'à combattre. Il négocia en effet avec l'ambassadeur de Ferdinand, Busbek, une paix glorieuse pour Soliman. « Quand on veut la félicité d'un peuple, dit-il à Busbek en signant le traité, il ne faut pas rappeler aux combats le lion endormi. » L'Autriche se reconnut tributaire de trente mille ducats par an à la Porte. C'était acheter la paix.

La jeune sultane Esma, petite-fille de Soliman et fille de Sélim, âgée de seize ans, fut mariée à Mohammed-Sokolli, second vizir. Sa tante Mihrmah, fille de Roxelane et veuve de Roustem, en apprenant le supplice de son frère préféré Bayézid, avait demandé à se retirer de la cour et à cacher son deuil dans le vieux sérail ; cependant elle se rapprocha, peu de temps après, de son frère Sélim, désormais seul héritier du trône, dont sa destinée dépendrait un jour. Sélim continuait à Magnésie le cours de ses déréglements et de ses violences. Soliman lui écrivit une lettre touchante sur les devoirs d'un musulman, d'un fils et d'un souverain. Le prince, pour toute réponse, dégrada le conseiller qui lui avait apporté la réprimande de son père. Voulant punir, du moins, les désordres de Sélim dans les courtisans qui les encourageaient, Soliman fit trancher la tête à Mourad-Tchélébi, le favori et le compagnon de débauches de son fils.

XXIX

Un ambassadeur de Soliman II assista, le 30 novembre 1562, au couronnement de Maximilien, comme roi des Romains, à Vienne. La Hongrie, la Moldavie, la Valachie, la Transylvanie, furent agitées par un aventurier, nommé Jean Basilicus, fils d'un marchand de l'île de Candie, qui avait été adopté par le despote de Samos, Héraclidès. Cet aventurier, ambitieux et remuant, obtint de l'empereur d'Autriche la reconnaissance de ses prétentions à la principauté de Moldavie. Aidé de quinze cents cavaliers allemands, il détrôna le wayvode de Moldavie, Alexandre. Le wayvode, dépossédé, vint demander secours et vengeance à Constantinople. Mais n'ayant ni armée ni trésors pour appuyer ses réclamations, il succomba devant les intrigues des envoyés d'Héraclidès, qui offrirent à la Porte un tribut de quarante mille ducats par an pour l'investiture de la Moldavie.

Les excès et les démences de cet aventurier soulevèrent bientôt les boyards. Dans de secondes vêpres siciliennes, les patriotes moldaves égorgèrent, en une nuit, tous les soldats hongrois et allemands dont Héraclidès avait infesté leur patrie, sa mère reléguée dans un couvent, sa femme, et sa fille au berceau. Lui-même, assiégé dans un de ses châteaux et forcé de capituler, fut tué d'un coup de massue par le féroce Tornza, à qui les Moldaves avaient décerné le trône. Tomza, après avoir rompu le pain en forme de croix au jeune Démétrius, fils d'Héraclidès, en signe de pardon, l'enferma dans un cachot et lui fit mutiler les narines par le bourreau en signe d'esclavage. Soliman II, indigné, réprouva cette sanguinaire révolution des barbares et rétablit l'ancien prince Alexandre sur le trône de Moldavie.

La France demanda au sultan le concours de sa flotte pour conquérir la Corse. Florence signa avec lui un traité qui l'égalait à Venise dans ses relations commerciales avec la Turquie, et qui lui assurait, pour ses fabriques, le monopole des soies de Brousse, les plus abondantes et les plus estimées de l'Anatolie.

Une inondation qui submergea tout à coup les campagnes de Thrace pendant l'équinoxe de septembre, en 1563, emporta les aqueducs, les ponts, les villes et les villages des environs de Constantinople. La foudre, pendant un orage de trois jours, écrasa des centaines de maisons de plaisance, de minarets et de mosquées. Soliman, qui chassait ce jour-là dans la vallée de Khalkalidéré, se réfugia avec peine sur une éminence dans le palais d'Iskender-Tchélébi, un de ses vizirs. Les eaux, arrêtées à l'embouchure des torrents par la mer, refluèrent en nappes écumantes autour du mamelon, l'isolèrent comme une île, s'élevèrent au niveau des étages supérieurs du palais et menacèrent pendant toute une nuit de submerger le sultan. Il fut sauvé miraculeusement par un Bulgare aux formes gigantesques qui l'arracha au courant, et qui, le chargeant sur ses épaules, le porta sur le toit d'un kiosque inaccessible au débordement. Il y attendit la retraite des eaux.

La vallée des eaux douces, le faubourg d'Aïoub, la Corne-d'Or, l'arsenal, les pentes de Péra, de Galata, de Tophana, étaient semés des ruines des constructions, des récoltes et des arbres. La mer de Marmara, souillée du limon de la Thrace, y perdit sa couleur pendant plusieurs semaines, et parut changée en une mer de boue. Des millions de ducats furent consacrés par Soliman à réparer et à prévenir un semblable désastre. L'aqueduc de Justinien et de Valens, renversé, porta de nouveau sur ses arches, de collines en collines, les eaux de l'Hydralis, ruisseau du village de Belgrade, à Constantinople; les ponts d'Adrien, sur le Mélas et l'Athyras, près de leur embouchure, sur la mer, furent reconstruits.

L'architecte Sinan éleva sur des arches de pierre, au-dessus des bas-fonds de Tchekmedjé (Regium), une chaussée qui assura contre les débordements l'approvisionnement de la capitale du côté de la plaine de Thrace.

XXX

L'île de Malte offusquait seule, à la fin du règne de Soliman II, la puissance ottomane. Le sultan, vainqueur de Rhodes, souffrait impatiemment une autre Rhodes relevée dans les mers de Sicile et interposée entre ses provinces tributaires d'Afrique et ses ports d'Europe et d'Asie. Sa fille chérie, la sultane Mihrmah, ne cessait de le provoquer à cette conquête comme à une œuvre pieuse qui lui mériterait les bénédictions du Prophète.

La mort de Barberousse l'avait privé du seul bras capable de conquérir Malte. Cependant un jeune Croate, nommé Pialé, d'abord page du palais impérial, puis chambellan, et bientôt amiral, s'était élevé, par son goût pour la mer et par ses expéditions hardies en Morée, au rang de capitan-pacha ou d'amiral suprême des flottes ottomanes. Le sultan, pour récompenser son zèle et pour relever son autorité sur les marins, avait donné pour épouse à Pialé une de ses petites-filles, la sultane Géwher, fille de Sélim. Pialé avait appelé au service du sultan un autre Barberousse, le corsaire Salih-Reis, dont le nom était l'effroi des mères et des femmes sur toutes les rives de la Méditerranée. Salih était fils d'un berger du mont Ida, qui domine la plage de Troie, sur la mer de Ténédos. La mer, sans cesse sous ses yeux, l'avait attiré de bonne heure à ses hasards.

Un autre corsaire célèbre, nommé Dragut en Europe, et en Asie Torghoud, avait également été recherché par le capitan-pacha Pialé, pour illustrer la marine ottomane. Torghoud était fils d'un paysan chrétien du petit village de Séroulout, sur la côte de Caramanie. Habile archer, vigoureux lutteur dès son enfance, l'instinct de la guerre et des aventures l'avait entraîné à bord d'une barque de pirates qui écumaient le golfe de Satalie. Son audace et son bonheur l'avaient élevé au commandement d'une escadre de corsaires qui avait fait une descente en Corse; fait prisonnier par André Doria dans une rencontre sur les côtes, il avait ramé comme esclave sur les bancs de la galère de Doria. Racheté par Barberousse, chargé d'une expédition contre Naples, il avait ravagé Castel-a-mare, ramené mille enfants et femmes en esclavage, attaqué des galères de Malte, enlevé un trésor de cent mille ducats à l'Ordre, formé une escadre rivale de celle de Barberousse, fondé un empire flottant sur la mer Égée.

Soliman II, qui recrutait partout les généraux de mer,

rares dans sa nation, l'avait pris à sa solde et lui avait donné le droit d'élever un fanal sur sa poupe, insigne du commandement d'un chef d'escadre. Son retour dans le port de Constantinople, après de longues campagnes contre Doria, les Vénitiens et l'ordre de Malte, sur la Méditerranée, ressembla à un étalage des dépouilles du monde chrétien. Sa galère d'avant-garde, montée par le capitan-pacha Pialé, traînait derrière sa poupe, sur l'écume des flots, le grand étendard de l'armée espagnole vaincue en Afrique, représentant un Christ en croix. Sur le pont des navires qui suivaient celui des amiraux, cinq amiraux napolitains, siciliens et espagnols, captifs, étaient chargés de chaînes. Les vaisseaux conquis, démâtés et sans gouvernail, flottaient à la remorque des vaisseaux ottomans. Le peuple et l'armée bordaient les rives du Bosphore. Soliman assistait à ce retour triomphal des fenêtres d'un kiosque ouvrant sur la mer. Les prisonniers, délivrés de leurs fers après cette ostentation de la victoire, furent enfermés à l'arsenal, et traités avec les honneurs que méritait leur courage.

Ces triomphes, dus principalement à Torghoud et à Salih, encouragèrent le sultan à tenter l'assaut de Malte. Pialé commanda la flotte en chef; Torghoud et Salih, les divisions; le vieux vizir Mustafa-Pacha, les troupes de débarquement. Son titre de descendant de Khaled-ben-Walid, porte-étendard du Prophète, et son âge de soixante-quinze ans passés dans les camps lui donnaient un ascendant presque religieux sur l'armée. Sept mille spahis asiatiques, mille de Mitylène, cinq mille janissaires d'Asie, treize mille volontaires, quatre mille spahis et janissaires d'Andrinople, composaient, avec une nombreuse artillerie, les troupes de siége. Cent quatre-vingt-deux vaisseaux, navires ou galères, portaient les hommes, les canons, les boulets, les poudres.

Le 19 mai 1565, ces deux cents voiles blanchirent aux yeux des chevaliers de Malte, entre la Sicile, et débarquèrent le lendemain vingt mille Ottomans sur la plage méridionale de l'île. Torghoud, en retard sur la flotte ottomane, parut le surlendemain avec quinze vaisseaux chargés de l'élite de ses guerriers. Les batteries foudroyèrent le fort Saint-Elme, qui répondit comme un volcan au feu des Ottomans. Torghoud, dont l'audace était la seule tactique, ordonna l'assaut du fort à ses trois mille Africains. Ils s'élancèrent à sa voix sur les murailles comme à l'abordage. Pendant que Torghoud, debout sur une brèche du parapet, les encourageait de la lame de son sabre, un boulet du fort frappant contre une pierre et ricochant sur sa poitrine l'étendit sanglant et expirant dans la poussière, aux pieds du séraskier. Le vieux Mustafa lui jeta son manteau sur la figure pour cacher sa mort à ses soldats et, s'asseyant tranquillement à sa place, attendit la victoire ou le martyre du feu avec l'impassibilité d'un héros.

Le fort conquis par le sang de Torghoud se rendit après trois jours d'assaut à Mustafa. Sept cents chevaliers étaient ensevelis sous ses décombres. Le vainqueur barbare et fanatique fit écarteler les cadavres et clouer leurs membres déchirés sur des planches flottantes en forme de croix que les vagues poussèrent au pied des murs de la ville. Le grand maître Lavalette, Français comme Villiers de L'Ile-Adam, avait juré de ne rendre aux Turcs qu'un sépulcre. Il consterna l'humanité et il déshonora sa cause en surpassant l'atrocité des barbares. Les chevaliers massacrèrent à froid les esclaves turcs enfermés dans l'île, et chargèrent les canons de leurs têtes coupées pour les envoyer en défi de mort aux Ottomans.

Hassan, fils de Barberousse, rejoignit la flotte quelques jours plus tard avec trente vaisseaux et trois mille canonniers. Gendre de Dragut, il venait venger le père de sa femme. On lui confia l'assaut du fort Saint-Michel, promontoire avancé qui fermait le port. Deux mois, douze assauts, six mille cadavres dans l'armée et sur les galères de Pialé ne purent prévaloir sur l'intrépidité de Lavalette et de sa poignée de héros.

Le 11 septembre (1565), le capitan-pacha Pialé et le séraskier Mustafa reprirent la mer, sans rapporter au sultan d'autre fruit de leur expédition que l'humiliation de ses armes. Le christianisme avait triomphé par le bras de quelques chevaliers sur un écueil.

Le capitan-pacha Pialé eut ordre de ne faire rentrer la flotte et l'armée que pendant les ténèbres, pour que le jour ne vît pas la honte des Ottomans. Le vieux séraskier Mustafa s'étant présenté au divan comme cinquième vizir, Soliman ne lui adressa pas la parole.

Soliman, incapable de supporter l'abaissement de sa renommée aux yeux de son peuple au déclin de sa vie, voulut se relever lui-même sur terre par une dernière campagne du Danube. Sa fille Mihrmah, zélée musulmane, lui reprochait sans cesse d'oublier trop longtemps la première vertu du Coran qui consiste à répandre son sang en combattant de sa personne contre les infidèles. Arslan ou le Lion, gouverneur d'Ofen, impatient de la lutte avec l'Autriche, l'engagea de lui-même sans attendre les ordres du divan. Le comte de Salm, général des troupes de l'empereur, combattit Arslan, refoula ses troupes, et massacra sans distinction les Ottomans et les Hongrois, dont il se proclamait le libérateur.

Soliman accourut enfin avec le grand vizir, les deux armées d'Europe et d'Asie et tous les généraux formés sous lui dans ses quatorze campagnes. L'âge et les infirmités l'empêchaient de faire la route à cheval. Il traversa la Thrace, la Bulgarie, la Servie dans un char semblable à une tente roulante, d'où il ne descendait que la nuit. Le grand vizir le précédait de quelques heures afin de faire aplanir et élargir la route des Balkans pour le passage de sa voiture. A Belgrade, Soliman, retrouvant sa vigueur à la vue du territoire ennemi, traversa le Danube à cheval entre les rangs de ses deux armées, et planta ses tentes à Semlin. Le jeune roi de Hongrie, Sigismond Zapolya, vint l'y saluer comme son protecteur, entouré de quatre cents magnats à cheval. Les présents qu'il apportait à Soliman étaient dignes de payer un royaume; celui de Soliman était un trône. Il jura au jeune roi qu'il ne rentrerait pas à Constantinople avant de l'avoir à jamais affermi dans ses États. L'empereur scella ce serment en embrassant Sigismond sur les yeux.

Un pont sur la Drave, formé de cent vingt pontons, et long de cinq mille coudées, fit passer l'armée dans la Transylvanie. Soliman, assis sur le pont d'une galère dorée qu'on avait fait remonter pour lui des bouches du Danube, assista à ce passage, salué par les salves de son artillerie et par les acclamations de deux cent mille soldats. Il dirigea l'armée sur Szigeth, dont il voulait faire un boulevard ottoman comme Ofen et Belgrade.

Le gouverneur d'Ofen, l'intrépide et malheureux Mohammed-Beg, surnommé Arslan ou le Lion, rejoignit le sultan au fameux village de Siklos, célèbre entre tous les coteaux de Hongrie pour l'excellence de ses vins. Les revers d'Arslan au commencement de la campagne, son agression prématurée contre le comte de Salm, et surtout des lettres interceptées de ce général dans lesquelles il parlait injurieusement du grand vizir Mohammed-Sokolli, arrachèrent à Soliman le consentement secret à son supplice.

Le lendemain, Arslan, sans soupçon du sort qui l'attendait, parut escorté d'une magnifique troupe de cuirassiers devant les tentes du sultan. Il descendit de cheval devant la tente du conseil et s'assit sur le divan en qualité de vizir pour prendre part à la délibération. Le grand vizir se leva, et s'avançant vers lui avec un visage indigné :

« Que prétends-tu faire ici? lui dit-il. Par quel ordre as-tu abandonné tes troupes? Et à qui as-tu remis le commandement d'Ofen qui t'est confié? Le padischah t'avait nommé beglerbeg, et tu as livré ses provinces aux infidèles. Malheur à toi, misérable! Ta sentence de mort est prononcée... Faites disparaître cet homme de la surface de la terre, « ajouta-t-il en s'adressant aux chiaoux.

Arslan sortit de la tente traîné par les chiaoux, le sabre nu sur sa tête. Le vieux vizir Ayas-Pacha, son ancien ami, devant qui il passait, lui dit avec compassion : « Tu le vois, Arslan, les choses de ce monde sont transitoires et courtes; repens-toi et tourne tes regards vers le ciel. » Arslan le remercia d'un regard, et s'adressant au bourreau : « Mon cher maître, lui dit-il, abrége la douleur, et applique bien le pouce sur la gorge. » Puis, s'agenouillant de lui-même sur le tapis, il se laissa étrangler sans gémissement.

Ce supplice, infligé à un général et à un brave dont le

crime était d'avoir désobéi et de n'avoir pas vaincu, retrempa l'obéissance et le dévouement dans les âmes. L'armée et le sultan, arrivés le 5 août 1566 devant Szigeth, trouvèrent la ville défendue par les replis de l'Almas moins encore que par le héros Zriny qui la commandait.

Zriny, sans effroi des deux cent mille hommes qui couvraient les deux rivages et les collines, fit planter une croix de fer sur le donjon de la forteresse, tendre les remparts extérieurs d'une draperie couleur de sang et recouvrir la grande tour de plaques d'étain étincelantes aux rayons du soleil pour servir de but aux boulets des batteries turques. Forcé bientôt d'abandonner la ville basse, il l'incendia lui-même avant de se replier dans la citadelle. Soliman fit offrir en vain à Zriny la souveraineté de la Croatie pour prix de la capitulation de la place; en vain il fit conduire sous les murs un fils de Zriny, fait prisonnier dans une sortie, le sabre du bourreau levé sur sa tête, comme s'il eût voulu arracher une faiblesse au père par le danger du fils; rien n'ébranla le héros. Il était moins lent de démolir Szigeth que de la conquérir.

Après quinze jours d'inutiles assauts, les Ottomans firent éclater sous le principal bastion une mine semblable à un cratère de poudre, qui lança un pan de muraille dans les airs. La tour centrale, qui contenait les poudres, restait seule debout au milieu des décombres. Zriny, décidé à s'ensevelir sous ce monument de son devoir et de son nom, demanda à ses compagnons quels étaient ceux qui voulaient mourir. Six cents se présentèrent; il les harangua moins en soldat qu'en martyr; puis il se fit apporter par son chambellan, François Csérenkoe, sa veste de soie, passa sa chaîne d'or autour de son cou, se coiffa de sa toque noire brodée d'or et surmontée de plumes de héron, dans une tige d'aigrette formée de gros diamants, prit dans sa bourse cent ducats à l'effigie du sultan, « afin, dit-il, que le soldat qui relèverait son corps ne se plaignît pas d'avoir relevé une dépouille vulgaire, » et plaça dans son sein les clefs de la citadelle.

« Aussi longtemps, dit-il, que ce bras pourra se lever pour les défendre, nul ne m'arrachera ces clefs ni cet or. Sur mon cadavre s'en emparera qui voudra ; mais j'ai juré que, dans le camp turc, personne ne me montrera du doigt vaincu et captif. »

Il choisit alors, parmi quatre sabres d'honneur qu'il avait reçus en récompense de ses exploits pendant sa vie de soldat, la plus ancienne de ces décorations du champ de bataille. « C'est avec cette arme, dit-il à ses compagnons, que j'ai mérité mes premiers honneurs et acquis ma première gloire ; c'est encore avec celle-là que je vais paraître aujourd'hui devant le trône de Dieu pour y entendre mon jugement. »

XXXI

Son drapeau était porté devant lui, son page tenait derrière lui son bouclier ; sans casque et sans cuirasse, il descendit dans la cour ; il harangua avec une martiale et sainte éloquence les six cents chevaliers et soldats auxquels il avait communiqué son héroïsme, et fit retentir trois fois par-dessus les murailles le nom du Christ. Au troisième cri, les portes s'ouvrirent ; un mortier chargé de mitraille vomit sur la colonne des Turcs qui couvrait le pont-levis la flamme et la mort. Zriny s'élança, le sabre à la main, avec sa poignée de héros, sur cette multitude d'ennemis. Percé de deux balles dans la poitrine et de cinq flèches dans le cou, il tomba sur les corps de son écuyer et de son page, frappés comme lui. Les janissaires, écartés par la terreur de cette sortie, se rapprochèrent à sa chute, le relevèrent, et l'emportèrent, respirant encore, sur leurs épaules, devant leur aga. Ils le couchèrent sur un des canons monstrueux qui avaient foudroyé la ville, et lui tranchèrent la tête sur ce billot digne de lui.

XXXII

Les Turcs se précipitèrent dans la citadelle, sur les cadavres des six cents compagnons de Zriny, enchaînèrent, immolèrent, enlevèrent les femmes, les enfants qui restaient dans la place. Ils coupèrent la barbe et brûlèrent les cheveux du chambellan, du trésorier, de l'échanson de Zriny.

Le grand vizir ayant demandé au jeune échanson quels étaient les trésors de son maître enfouis sous les décombres : « Mon maître, répondit avec ostentation le Hongrois, possédait cent mille ducats hongrois, cent mille écus, mille coupes d'or de toutes dimensions, et une riche vaisselle ; il a tout détruit ; c'est à peine s'il laisse cinquante mille ducats déposés dans une cassette ; mais il laisse des trésors de poudre qui vont éclater sous vos pieds, et vous engloutir sous les décombres auxquels vous avez mis le feu vous-mêmes. »

A ces mots, les poudres de Zriny, allumées par la main

désespérée de son page, éclatèrent en effet, et ensevelirent cinq mille vainqueurs sous les pans de la forteresse.

Le dernier soupir de Soliman s'exhala à la lueur et au bruit de cette explosion de Szigeth. Malade d'une dyssenterie, et affaibli par les longues fatigues de cette guerre, il mourut dans cette nuit du 5 au 6 septembre 1566, emportant avec lui la joie de ce dernier triomphe.

Le grand vizir Mohammed-Sokolli, qui cachait par son ordre sa maladie à l'armée, cacha avec plus de soin encore sa mort. Dans la crainte d'une indiscrétion qui pourrait ébruiter l'événement avant l'heure, il fit disparaître le médecin qui avait assisté ses derniers moments. Féridoun, secrétaire intime de Soliman, et Djafar, son premier écuyer, amis tous deux de Sokolli, furent les seuls confidents de ce mystère. Le grand vizir, falsifiant le style et l'écriture du mort, répandit dans l'armée des lettres de Soliman, dans lesquelles ce prince félicitait ses troupes, se plaignait de ne pouvoir les récompenser encore de sa propre main, et ordonnait à son vizir de ramener l'armée à Belgrade.

Les troupes, accoutumées à voir le vieux sultan renfermé dans les grillages dorés et sous les rideaux de sa litière, n'eurent aucun soupçon de sa mort. L'armée reflua lentement vers Belgrade, traînant à sa suite le cadavre de son prince, qui semblait faire refluer avec lui la fortune des Ottomans, portée à son apogée par Soliman et destinée à décroître après lui. C'est en effet à Soliman II, que M. de Hammer appelle Souleyman, que se mesure le mieux, à cette époque, la grandeur de l'empire ottoman.

XXXIII

L'histoire l'a comparé à Louis XIV : il eut en effet de ce prince le long règne, la majesté, le choix des hommes, le bonheur de les faire naître, de les discerner, de faire converger sur sa personne l'éclat dont ils éblouissaient leur siècle, l'autorité qui se fait obéir, la fidélité qui soutient ses bons serviteurs; mais il n'eut pas pour précurseurs un Richelieu et un Mazarin pour lui préparer et lui aplanir le règne. Il fut à lui-même son Mazarin et son Richelieu. Fils d'un père barbare, soldatesque et parricide, il fit sortir de l'anarchie et de la tyrannie des camps, dans lesquels il trouvait l'empire, la civilisation, la hiérarchie et la légitimité du pouvoir monarchique restaurées ou créées par ses institutions. L'état dans lequel il trouva son peuple et l'état dans lequel il le laissa en quittant la vie sont le jugement le plus impartial de son règne. Les Ottomans n'étaient qu'une armée, il en avait fait une nation.

XXXIV

Cette nation s'était conquis et assimilé sous sa main, pendant les quatorze dernières campagnes, Rhodes et Belgrade, ces deux bastions de l'empire, l'un sur la mer, l'autre sur la terre. L'Égypte, la Syrie, la Mésopotamie, Médine, la Mecque, Bagdad, la Crimée, les deux rivages de la mer Noire, les bouches du Danube, la Valachie, la Moldavie, la Servie, la Transylvanie, la Croatie, l'Albanie, la Morée, la Hongrie jusqu'à Ofen et Szigeth, une partie de la Pologne, étaient solidement annexées à la monarchie ou par des gouverneurs directs ou par des princes nationaux mais tributaires, inféodés à l'empire comme des clients à leur patron : confédération immense qui se prolongeait du Tigre, du Nil, de l'Euphrate au Danube, sans acception de races ou de religions, et qui enserrait l'empire ottoman dans un cercle d'alliés dont le moteur était à Constantinople. L'empire romain, dans les plus beaux temps de son expansion, et l'empire de Constantin à Byzance, n'avaient pas couvert une aussi vaste superficie du globe de leurs légions. Cent vingt millions de sujets reconnaissaient l'autorité de Soliman II.

Mais c'était peu d'avoir achevé la conquête, il fallait créer le gouvernement; c'est là qu'éclate le génie de ce législateur. Un coup d'œil sur ses institutions éclairera l'histoire sur l'économie religieuse, civile, judiciaire, administrative, financière et militaire des Turcs à la fin du grand règne de Soliman. Un peuple se résume dans ses institutions. Ses armes le grandissent; son organisation seule le perpétue. Neuf règnes avaient donné l'espace à la Turquie; Soliman, par ses lois, lui avait donné l'avenir.

XXXV

Le Coran était tout le code; le corps des oulémas en était l'interprète. La théologie et la jurisprudence n'étaient qu'une même profession. Mais il fallait assurer au corps de ces théologiens jurisconsultes la lumière, la science, la hiérarchie, le contrôle naturel, l'indépendance, la dignité morale qui répondissent de l'intelligence, de la moralité et de l'autorité de leurs décisions. Toute la partie civile du gouvernement était en eux; ils étaient aux Turcs de Soliman au seizième siècle ce qu'était l'Église avec son autorité, ses dignités, ses richesses, son enseignement universel et ses tribunaux ecclésiastiques après Charlemagne dans l'Occident.

Mais Soliman, à la fois calife et souverain, leur avait imposé une organisation, une discipline, un avancement, des règles que les princes chrétiens d'Occident n'osaient pas imposer aux ministres du pontife de Rome. Les deux pouvoirs, le pouvoir spirituel et le pouvoir temporel, ne coexistaient pas en Turquie et ne luttaient pas dans une anarchie organique. Le souverain se confondait avec le pontife, le mufti nommé et déposé par lui et les oulémas n'étaient que son conseil de conscience. Seulement, pour que ce conseil de conscience parût indépendant comme la voix de Dieu dans les choses humaines, Soliman en avait fait un corps qui avait quelque analogie avec les parlements sous la monarchie française.

Ce corps s'instruisait et se recrutait dans les médressés ou séminaires des mosquées entretenues par des fondations et par le salaire de l'État. Soliman avait hiérarchisé ces candidats aux premières dignités de la magistrature des oulémas en dix classes ou grades distingués par des traitements gradués. Il fallait passer d'un grade à l'autre au jugement de ses pairs pour parvenir au sommet de la hiérarchie. Les oulémas ainsi admis dans le corps jouissaient du double privilége d'être affranchis de tout impôt et de transmettre héréditairement, non leurs fonctions, mais leurs propriétés à leurs enfants. Ce privilége, dans un pays où la confiscation était la loi commune, constituait dans les oulémas une prompte aristocratie de fortune qui indiquait une véritable perpétuité indirecte de richesses, d'indépendance, de considération et de supériorité sur les autres classes de la nation. C'est ainsi que Soliman voulait assurer dans l'avenir la prépondérance d'une classe civile sur l'oligarchie militaire, vice essentiel d'un peuple conquérant.

XXXVI

Les lois pénales, jusqu'à lui arbitraires, furent écrites pour la règle des jugements. Les délits contre les mœurs ou les crimes contre l'inviolabilité de la femme, première propriété des Ottomans, furent, les uns adoucis, les autres aggravés. Des amendes punirent chaque regard et chaque parole adressés par un homme à l'épouse ou à la fille d'un Ottoman. La mort punit l'enlèvement d'un garçon ou d'une fille à la maison du père ou de l'époux. Les rixes entre les hommes ou entre les femmes, la barbe arrachée, l'injure, la main levée, les coups, les blessures, le meurtre, furent gradués dans la peine comme dans le dommage.

Le vol, le pillage, le brigandage, réprimés par des peines proportionnées à la gravité du crime, ne furent passibles de la peine de la main coupée que pour le vol du cheval; de la mort, que pour le vol avec effraction ou pour le vol d'un esclave. Les villes et les villages furent responsables du prix des choses dérobées avec violence sur leur territoire. Le faux témoignage, le faux en écriture, la fausse monnaie, furent punis de la peine de la main coupée. Les calomniateurs, les diffamateurs, les usuriers prêtant au-dessus de onze pour cent, les mauvais traitements envers les animaux auxiliaires de l'homme et ouvrages animés du Créateur, reçurent des châtiments légaux. Des maximums, modifiables suivant l'abondance ou la rareté des denrées, fixèrent le prix de toutes les choses de consommation ou même de luxe. L'usage du vin, défendu par le Coran, toléré par l'habitude, redevint un attentat à la religion, aux mœurs, à la loi.

L'usage du café venait d'être introduit en Syrie par les chameliers de l'Arabie. Ils avaient remarqué que leurs chameaux fatigués reprenaient vigueur et donnaient des marques de gaieté et d'ivresse après avoir brouté cet arbuste. Les mêmes sensations éprouvées par eux après avoir bu une décoction de cette fève en répandirent le goût dans le désert. Il se communiqua de proche en proche jusqu'à Constantinople. Des maisons s'ouvrirent pour préparer ce breuvage aux oisifs; on les appela cafés, du nom de l'arbuste dont on y vendait la séve; elles devinrent des lieux de réunion dangereux pour la tranquillité publique, comme les maisons où l'on vendait le vin. Le gouvernement fit examiner par les oulémas si le café, comme boisson enivrante, n'était pas impliqué, par extension du texte du Coran, dans la proscription du vin. Les décisions furent contradictoires et les peines ajournées, les uns appelant le café un ennemi du sommeil et de *la fécondité;* les autres l'appelant *le génie des songes et la source de l'imagination.*

Le caractère dominant du code pénal de Soliman fut l'adoucissement des peines, la suppression de la peine de mort pour les délits secondaires, l'amende prononcée par le juge substituée à la loi féroce du talion, appliquée par la vengeance de l'homme outragé ou de sa famille.

XXXVII

Les finances de l'empire se simplifièrent et se régularisèrent sous le règne de Soliman II; le revenu public coula abondamment de quatre sources régulières :

Les droits de douane, s'élevant à deux pour cent pour les musulmans, à cinq pour cent pour les sujets tributaires, à dix pour cent pour les étrangers.

La dîme imposée sur toutes les productions de la terre était d'un vingtième sur les produits cultivés, d'un dixième seulement sur les fruits ou récoltes produites spontanément par le sol, telles que bois et pâturages.

L'impôt territorial portait également sur les produits agricoles ou sur le sol lui-même indépendamment de ses produits. Cet impôt assis d'après un cadastre, institution de toute antiquité en Orient, est invariable; il est remis au contribuable en cas de sécheresse, d'inondation, de stérilité.

Enfin la capitation, cet impôt par tête, est proportionnelle et progressive. Les sujets sont divisés en trois classes: les riches, les aisés, les pauvres; chacun paye selon la catégorie dans laquelle il est classé. Les personnes incapables de procurer par le travail ce tribut à l'État, les femmes, les mineurs, les aveugles, les esclaves, les infirmes, les hommes voués à la vie contemplative et à la mendicité religieuse, en sont exceptés.

Deux autres sources irrégulières, les confiscations et les produits des mines, versaient des sommes considérables au trésor. Toute mine d'or, d'argent, de fer, de plomb, de cuivre doit un cinquième du produit à l'État. Presque tous ces impôts, à l'exception des confiscations, étaient affermés à des spéculateurs chargés à leurs risques et périls du recouvrement et payant au trésor un abonnement fixe.

XXXVIII

Ces revenus se versent dans quatre caisses du trésor, ayant chacune sa destination de dépense particulière : la première de ces caisses reçoit le produit de la dîme et des mines, ainsi que la part du butin légal (le cinquième) attribué au souverain sur les dépouilles de la guerre ; elle est chargée de pourvoir aux besoins des orphelins, des indigents, des voyageurs, et à la subsistance des pauvres.

La seconde caisse perçoit le produit de l'impôt territorial, de la capitation, des confiscations, des tributs ; elle est consacrée à la construction et à l'entretien des places fortes, des ponts, des caravansérais, hôtelleries publiques, au traitement des oulémas et des militaires ; c'est le budget de l'instruction publique, de la magistrature et de l'armée.

La troisième caisse reçoit le produit des successions sans héritier dévolues à l'État ; elle est absorbée par les hospices, le soin des malades, les frais de leur sépulture, l'entretien des enfants trouvés ; elle sert aussi, par la même destination charitable, à payer les amendes imposées aux coupables pauvres hors d'état de satisfaire à la justice, selon ce principe du Coran : « L'aumône touche la main de Dieu avant de tomber dans la main du pauvre. »

La quatrième reçoit le produit des douanes et des dîmes. Elle est affectée aux secours que l'État reconnaît devoir, conformément aux préceptes fraternels de la religion musulmane, aux musulmans non propriétaires, aux débiteurs insolvables, aux volontaires qui s'arment pour la patrie, aux pèlerins de la Mecque hors d'état de subvenir aux frais du pèlerinage, aux voyageurs même étrangers qui se trouvent dénués d'argent au milieu de leur route, aux esclaves qui n'ont pas le moyen de payer le prix de leur rançon convenu avec leurs maîtres et de racheter ainsi leur liberté.

XXXIX

Le sultan prélève sur le revenu général une liste civile ou subside consacré à la splendeur du trône. L'intendant de sa maison reçoit pour cet usage une somme fixe de huit cent cinquante mille piastres (une piastre turque vaut environ vingt-cinq centimes) ; de neuf cent mille piastres pour l'entretien du vieux sérail, retraite des sultans et des sultanes ; une autre de deux cent cinquante mille piastres pour l'hôtel des pages. L'intendant des cuisines dispose de neuf cent mille piastres ; celui des écuries de trois cent mille ; le chef des eunuques noirs de six cent soixante mille pour l'entretien du harem impérial.

La sultane *Validé* ou mère des princes régnants a des domaines et des apanages personnels, ainsi que les princes et les princesses de la maison impériale. Des terres d'un revenu considérable sont attribuées en supplément de traitement aux grands vizirs, aux capitans-pachas, aux gouverneurs de provinces.

Les fiefs militaires ou *timars* payent la cavalerie, et sont dévolus comme traitement au plus grand nombre des fonctionnaires publics.

Le clergé, les mosquées, la magistrature, les écoles, les bibliothèques, ne sont pas payés par l'État, mais reçoivent leurs allocations sur les fondations pieuses et sur les wacoufs, lieux de mainmorte inviolables sous la tutelle et sous l'administration des mosquées.

XL

Le budget des revenus et des dépenses se règle chaque année; l'État n'a pas de dette publique. Le trésor particulier du sultan et le trésor public sont distincts. Le sultan prête au trésor dans ses besoins et se rembourse dans ses prospérités.

Le defterdar est ministre des finances; il reçoit tous les soirs le compte des opérations en recettes ou en dépenses du trésor public; il le communique deux fois par semaine au grand vizir. La solde régulière des troupes est son premier devoir et sa plus terrible responsabilité.

XLI

L'administration de la guerre est la plus grande sollicitude d'un peuple conquérant. La paix est cependant le principe des Ottomans, d'après cette parole du Prophète : « L'homme est l'ouvrage de Dieu, maudit soit celui qui ose le détruire. » La guerre, ajoutent les commentateurs sacrés, ne doit avoir pour objet que de propager et de glorifier la parole de Dieu, de servir la foi, de prévenir les calamités nationales. Quand elle est déclarée, tout musulman est soldat; tous doivent marcher et combattre sans solde, si le trésor public ne peut pas solder les dépenses de la guerre. Ceux qui possèdent des biens doivent y concourir spontanément de leur fortune.

Quand l'État ne fait marcher qu'une partie du peuple, on doit prendre de préférence les célibataires. Le sultan doit faire précéder les hostilités de sommations. On doit épargner le sang des prisonniers, des femmes, des insensés, des enfants, des infirmes. La loi défend de mutiler l'ennemi, de couper le nez, les oreilles ou toute autre partie du corps humain.

Les sujets non musulmans ne sont pas admis dans l'armée. La religion est le principal titre de la patrie.

XLII

Soliman réforma et compléta sous beaucoup de rapports l'état militaire des Ottomans sur terre et sur mer. La flotte se composait de trois cents voiles; l'armée régulière de trois cent mille hommes; l'artillerie mobile de trois cents canons. Les janissaires dont on sait l'origine, les djébedjis ou armuriers, les topdjis ou canonniers, les soldats du train de l'artillerie, formaient l'infanterie ottomane ; les spahis et les silihdars, la cavalerie.

On avait cessé d'enrôler de force les enfants des chrétiens dans les janissaires, et, si quelques-uns s'y enrôlaient d'eux-mêmes, on ne les contraignait plus d'adjurer leur religion. Ce corps, devenu presque héréditaire, se recrutait des enfants et des proches parents des janissaires morts. Des écoles civiles et militaires étaient attachées à ces régiments. La réception d'un janissaire dans le corps était solennelle et imposante. Le candidat, introduit après la prière dans la caserne, devant le régiment rassemblé, était revêtu du bonnet et du manteau, puis il allait baiser la main du colonel, qui lui donnait le nom de camarade yoldasch. On inscrivait son nom sur le rôle, et l'aga des janissaires, prenant d'une main le nouveau soldat par l'oreille, lui donnait de l'autre main un léger coup sur la nuque, signe de la discipline à laquelle il allait être soumis.

Ce corps, longtemps composé de douze mille hommes, s'éleva jusqu'à soixante mille sous Soliman, et bientôt après à plus de deux cent mille. La réprimande, l'emprisonnement, la fustigation, la prison perpétuelle, enfin la mort, furent les peines disciplinaires prescrites par les règlements de Soliman.

Le sultan voulut être inscrit honorifiquement parmi les janissaires. Une salle du trône fut, en souvenir de cette confraternité du prince et des soldats, réservée dans la caserne de l'orta impérial. Chaque fois que l'empereur passa devant les casernes, les janissaires eurent le privilége de lui présenter une coupe pleine de sorbet. Le chef des eunuques noirs remplit la coupe d'une poignée d'or, et la rend au nom de son maître à l'officier pour ses soldats.

Outre ces corps d'infanterie, de cavalerie et d'artillerie, nerfs de l'armée, les milices fournies par les fiefs ou timars comme condition de leur investiture féodale, envoyaient, sous Soliman, deux cent mille hommes à l'armée active.

XLIII

Des revenances provinciales en bois de construction, résine, poix, goudron, chanvre pour les cordages, toiles pour la voilure, furent imposées aux provinces pour l'entretien de la flotte. Nicomédie fournissait le chêne et le sapin; la Cavalle, le fer; l'île de Négrepont, le goudron; les bords de la mer Noire, le chanvre; les fabriques des Dardanelles, les toiles. Les grandes villes maritimes furent taxées à un ou plusieurs vaisseaux tout équipés. Gallipoli, Salonique, Constantinople, virent s'élever des fonderies de canons de bronze, des forges pour les ancres, des fabriques de poudre. Indépendamment de l'escadre de la mer Rouge, qui naviguait entre Suez et l'Inde, deux escadres sortaient chaque printemps du port de Constantinople pour aller croiser, l'une dans la mer Noire (le Pont-Euxin), l'autre dans la mer de Syrie (la Méditerranée), pacifier les révoltes, recevoir les tributs, réprimer les pirates, montrer aux tributaires d'Afrique, aux alliés, aux ennemis, la puissance navale de l'empire.

Le grand amiral ou capitan-pacha, presque absolu dans son autorité, fut appelé le *souverain de la mer*. Les trente petites îles de l'Archipel lui sont attribuées pour traitement; six cents officiers, serviteurs ou esclaves, composent sa maison; il jouit d'honneurs presque égaux à ceux du grand vizir.

Aucune puissance en Europe et en Asie ne reçut de la nature, par la géographie et par le matériel de marine, plus de conditions de prépondérance navale; mais les règlements de Soliman et des sultans ses successeurs ne purent prévaloir sur le génie originel des Tartares, créés pour la terre, et non pour la mer. Les Mores d'Afrique, les Arabes et les Grecs, tributaires des Ottomans, donnèrent seuls des jours de gloire et de domination navale aux flottes de l'empire. Sur terre, les Turcs faisaient la guerre par eux-mêmes; sur mer, ils la faisaient par leurs alliés ou par leurs esclaves. De là leur infériorité dans les campagnes navales, quoiqu'ils fussent supérieurs dans leurs arsenaux.

XLIV

Soliman avait achevé de convertir en lois, par la constitution de la famille, les mœurs, les usages, les traditions, les prescriptions ou les tolérances religieuses des musulmans.

Le mariage était déclaré religieusement et civilement obligatoire pour la propagation de la race humaine. Bien que le Coran, qui avait réformé la promiscuité des sexes en Arabie, permît d'épouser jusqu'à quatre femmes, les Turcs en épousaient rarement plus d'une. Ils ne pouvaient épouser leurs esclaves avant de leur avoir donné la liberté. Tout mariage entre une femme mahométane et un infidèle était prohibé.

Le mari de plusieurs femmes ne pouvait favoriser aucune d'elles aux dépens des autres; même en cas de maladie, il lui était interdit d'habiter chez une de ses femmes sans le consentement de ses autres épouses. S'il voyageait et s'il ne pouvait emmener avec lui qu'une de ses femmes, ce n'était pas le choix, c'était le sort qui décidait. La première épouse avait néanmoins quelques priviléges, d'après la maxime du Prophète : « On aime ce qui est nouveau, on respecte ce qui est ancien. »

Le traitement que le mari devait à ses épouses pour logement, entretien, nourriture, service, était prescrit par la loi en proportion de sa fortune. Il ne pouvait les contraindre à changer de patrie ou de ville sans leur consentement, ni à le suivre dans ses voyages si elles y répugnaient; il ne pouvait leur refuser de voir leur père, leur mère, leurs proches parents au moins une fois par semaine. La répudiation était soumise à des conditions sévères qui assuraient la femme contre les caprices ou contre les calomnies du mari.

La répudiation avait pour correctif ce passage du Coran : « Que Dieu maudisse quiconque répudie sa femme pour le seul motif du plaisir. » La femme répudiée avait le droit de garder et d'élever ses enfants des deux sexes.

Les devoirs des père et mère envers leurs enfants étaient de nourrir, d'élever les filles jusqu'à l'époque de leur mariage, les garçons jusqu'à leur majorité.

Les devoirs des enfants étaient de pourvoir à la subsistance non-seulement de leurs père et mère, mais de tous leurs proches parents. Le père avait droit de s'approprier le fruit du travail du fils, de marier à son gré ses enfants mineurs; une fois parvenus à l'âge de majorité, il ne pouvait disposer d'eux sans leur consentement.

La paternité de l'État s'étendait aux enfants trouvés et abandonnés. Ces enfants sans père étaient adoptés par la société collective, allaités, nourris, vêtus, élevés, instruits aux dépens de l'État. La loi les présumait et les déclarait libres. « Celui qui trouve un enfant à la porte d'une mosquée, d'un bain, dans la rue ou dans la campagne, dit le code, doit le porter d'abord chez lui, et ne rien négliger pour le sauver. Si celui qui a recueilli l'enfant l'adopte, il contracte envers lui tous les devoirs et tous les droits du père et réciproquement. Si personne n'adopte l'enfant, il devient pupille de l'État. »

XLV

L'administration de l'empire, cette face toujours défectueuse, jusqu'à nos jours, de la civilisation ottomane, se ressentait de la nature du gouvernement de conquête, de sujets tributaires plus que citoyens, de proconsulats délégués au lieu d'administrateurs responsables, des diversités de races, de mœurs, de religions, dans les provinces successivement annexées. L'unité nationale, qui n'était pas accomplie dans les sujets, se refusait à l'unité administrative. Tout était féodal ou arbitraire dans une société conquérante qui dominait par ses délégués, mais qui ne gouvernait pas par elle-même. Cependant, le régime administratif se régularisait déjà sous la main de Soliman.

L'administration de l'empire était régie et surveillée par deux grands conseils d'État ou *divans*.

Le premier de ces divans, ou le divan politique, judiciaire, administratif, suprême, se rassemblait au sérail du sultan sous une coupole construite par Soliman pour ces séances. Il y assistait, ou il était censé y assister, derrière une fenêtre voilée d'un rideau. Le divan se rassemblait une fois par semaine. Il n'était formé, sous la présidence du sultan, que de huit conseillers politiques, les plus hauts fonctionnaires de l'État. Un sofa semi-circulaire, couvert de drap d'or, placé sous la coupole, servait de siége aux vizirs, aux grands dignitaires admis à cette discussion des affaires d'État. Le grand vizir s'asseyait seul au milieu et en face du reste du conseil; le grand amiral ou capitan-pacha s'asseyait à sa droite; à sa gauche, les deux grands juges d'armée et les grands officiers de l'empire. Les pachas à trois queues et les vizirs qui se trouvent à Constantinople peuvent y assister.

Une étiquette minutieuse, réglée par le grand maître des cérémonies, assigne à chacun son rang, sa place, son pas dans la salle. La séance s'ouvre au lever du soleil. Après la première partie de la séance, on sert un repas au divan dans la salle; on en sert un autre en même temps sous le péristyle, aux douze cents janissaires, aux spahis et aux silihdars, qui forment la garde du divan. Des pyramides de riz cuit et assaisonné de safran sont servies devant eux, dans des vases de cuivre. S'ils refusent d'y toucher, c'est un signe de murmure muet et de révolte prochaine qui avertit les vizirs de rechercher les causes de leur mécontentement.

Après le repas, le grand vizir et les membres du divan sont reçus par le sultan dans la salle du trône. Tel est le divan impérial ou conseil des ministres.

Celui de la Porte ou du grand vizir, présidé par ce premier ministre, s'ouvre cinq fois par semaine; il est entouré de moins de mystère, mais d'autant de solennité. Tous les grands officiers du gouvernement y assistent; le peuple y est admis à présenter ses réclamations; c'est un tribunal de requêtes et de justice plus qu'un conseil d'État. D'autres divans plus confidentiels sont convoqués par le grand vizir pour la délibération et la solution des affaires administratives; leurs décicions sont soumises par le grand vizir au sultan. Il expose lui-même la matière en discussion; il ne donne son avis que le dernier pour ne pas gêner la liberté d'opinion de ses collègues et de ses inférieurs.

XLVI

Sous le grand vizir et sous ces divans, les gouverneurs et les pachas étaient les délégués presque souverains du sultan pour l'administration de l'empire. Ce proconsulat universel s'exerçait par les *azams* ou *cheiks*, magistrats municipaux de chaque ville, ou village, ou tribu, et annulait, à l'exception de la justice rendue par les cadis, toute autre hiérarchie administrative. L'empire n'était ainsi qu'une confédération de provinces arbitrairement régies par des gouverneurs absolus sous un grand vizir absolu répondant de son administration non pas aux lois, mais à un maître plus absolu encore, tenant dans sa main la tête mais non la main de ses lieutenants. Le même gouverneur, le même pacha confondait en lui tous les pouvoirs : l'armée, l'administration, les finances, la police, l'exécution ou la prévarication des lois; levait les impôts, affermait les dîmes ou les douanes, conférait ou retirait les fiefs et les timars, enrôlait les troupes, infligeait les amendes, imposait les avanies (punitions pécuniaires extraordinaires), les percevait, infligeait les peines corporelles, la prison, la mort même, déclarait et faisait la guerre aux tribus voisines de son gouvernement, en un mot régnait, gouvernait, administrait, père ou tyran de sa province, selon ses vices ou ses vertus.

C'était l'administration d'un empire à forfait; l'état de siége à perpétuité remis à un proconsul militaire. On conçoit les inconvénients d'une telle confusion de pouvoirs administratifs arbitrairement exercés loin de l'œil et de la main du souverain sur des populations qui n'avaient pour recours que le gémissement ou la révolte. Aussi pendant que l'empire s'agrandissait au centre par la conquête, se perfectionnait par les lois, les lettres, les arts, le luxe, la gloire, la diplomatie, il se dégradait à la circonférence par l'administration. Le vice organique de la race ottomane, vice inhérent à sa nature originelle de tribus indépendantes et de peuple conquérant, était le défaut d'organisation administrative. Le ministère de l'intérieur manquait; il y avait mille rouages et pas un grand ressort, pour régler le mouvement hiérarchique et uniforme de la vie nationale. Aucun progrès administratif n'était possible ou durable dans un système où les provinces n'étaient que des *satrapies* comme en Perse. L'administration c'était l'administrateur.

C'est par ce vice que l'empire ottoman déclinait, s'appauvrissait, se stérilisait, se dépeuplait dans les provinces comme nation, pendant qu'il s'élevait à son apogée comme armée et comme capitale aux regards de l'Europe. Le génie de la religion, le génie de la justice, le génie de la législation, le génie de la guerre respiraient dans ce peuple; le génie de la règle, de l'unité, de l'uniformité, de la responsabilité hiérarchique, qui est celui des peuples occidentaux, faisait une grande lacune dans sa nature et dans sa destinée jusqu'à nos jours. Il possédait un territoire immense, des richesses de sol, de climat, de population, actives, incalculables, et il ne savait pas les exploiter. Tout devait tarir sous ses mains : sol, peuple et richesses.

C'est en se comptant qu'il s'est aperçu trop tard de ce vice d'organisation administrative ; c'est en le corrigeant

par la main de ses princes réformateurs et de ses hommes
d'État, qu'il peut se régénérer. Ce n'est plus seulement la
grandeur, c'est l'existence qui est à ce prix pour ce peuple.
C'est à cette régénération nationale que ses deux derniers
sultans Mahmoud et Abdul-Medjid ont dévoué leur règne
et leur vie. Si leur peuple les comprend, ils ne seront pas
seulement les derniers empereurs, ils seront les premiers
patriotes de la race d'Othman.

XLVII

La cour sous Soliman s'était élevée à la majesté d'institution politique ; la tente d'Othman s'était changée en palais comparable au palais des successeurs de Chosroès ou de Constantin. Ce prince avait complété le sérail. Le sérail, avec ses cours, ses jardins, ses eaux, ses forêts, ses kiosques, ses coupoles, ses harems, ses dépendances sur la presqu'île avancée de Byzance, entre les deux mers, était à lui seul une capitale.

La première cour était une avenue d'édifices renfermant le trésor public, l'orangerie, l'hôpital, la paneterie, le dépôt des armes, l'hôtel des monnaies, les grandes écuries. La seconde cour était séparée de la première par une voûte sous laquelle les vizirs, les gouverneurs, les pachas disgraciés attendaient, près du logement du bourreau, leur arrêt, faveur ou supplice. Cette cour renfermait les archives, la nouvelle salle du divan, le magasin des tentes, l'entrepôt des vêtements d'honneur, le logement du chef des eunuques noirs ; les cuisines.

Une troisième porte, à l'extrémité de cette cour, nommée la *porte de la Félicité*, introduisait dans le sanctuaire intérieur du palais habité par le sultan et par son harem. Ce palais multiple était composé d'un grand nombre d'édifices ou kiosques séparés les uns des autres par des jardins. Une multitude de coupoles couvertes en plomb étincelaient parmi les cyprès, les pins, les platanes, à travers lesquels on voyait se découper, en horizon d'azur, le ciel et la mer. La nature agreste, le silence et la solitude des forêts semblaient ainsi avoir suivi, jusque dans le tumulte d'une vaste capitale et dans la majesté du trône, le génie pastoral et méditatif des princes ottomans.

XLVIII.

La cour du sultan rappelait à la fois une famille, une tribu et une armée. Le sérail ne renfermait pas moins de douze mille commensaux mangeant le pain du maître.

Par une réminiscence de l'autorité paternelle, si révérée des Orientaux, l'officier le plus intime et le plus inséparable du sultan régnant était son ancien précepteur ou *khodja*, vieillard dont les conseils remplaçaient souvent les leçons qu'il avait données dans sa jeunesse.

Venait ensuite l'*iman* ou grand annoncier du palais, assisté de trente-deux *muezzins*, choisis parmi les hommes doués d'une voix mélodieuse pour appeler à la prière du haut des minarets, et pour psalmodier avec l'iman dans la mosquée particulière du sérail.

Puis le grand médecin (*hakim-baschi*), secondé par vingt-deux médecins et chirurgiens secondaires, membres du corps des oulémas.

Des astronomes et des astrologues officiels chargés d'étudier le ciel pour déterminer les heures propices aux actes de la vie publique ou privée du sultan.

Le *miralem* ou porte-étendard du prince, commandant les huissiers extérieurs, dirigeant les corps de musique militaire du palais, chargé de remettre aux gouverneurs et aux pachas les drapeaux et les queues de cheval, insignes de leur dignité.

Le chef des *bostandjis*, gouverneur du sérail, des maisons de plaisance du souverain, des rives du Bosphore et de la Propontide, et tenant le gouvernail des barques du sultan quand le prince navigue sur les deux mers. La police du sérail lui appartient; les geôliers et les bourreaux exécutent ses ordres; il assiste aux supplices; il est invisible; son nom répand la terreur; il a sous ses ordres quinze cents bostandjis ou jardiniers armés, choisis parmi les six mille jardiniers des palais impériaux qui font partie de la garde du sultan.

Le grand écuyer (ou *mirakor*) administre les prairies du domaine personnel du souverain depuis Andrinople jusqu'à Brousse. Deux mille six cents écuyers et un corps de six mille paysans bulgares, palefreniers et valets d'armée, sont sous ses ordres.

Cent cinquante *capidjis-baschis* ou chefs des huissiers des portes, choisis parmi les fils des grands dignitaires, des pachas, des begs, gardent les portes du sérail. Ils accompagnent par détachements le sultan à la mosquée; ils introduisent les ambassadeurs aux audiences; ils portent aux gouverneurs des provinces, aux généraux, aux vizirs disgraciés, des messages d'exil ou de mort.

Huit cents dresseurs de tentes chargés de planter et de tendre les tentes du sultan et du harem sur les collines du Bosphore ou dans les jardins du sérail pour les haltes ou pour les délassements de la cour. Ils font les fonctions de bourreaux. Un certain nombre d'entre eux se tiennent toujours sous la voûte de la porte qui conduit de la seconde cour à la porte *de la Félicité.*

Le grand trésorier (ou *kaznédar*), qui tient les registres du trésor, et qui surveille le dépôt des armes, des habits d'honneur, des fourrures, des plumes, des cafetans que le sultan fait distribuer à ses audiences.

L'intendant de la table du sultan, avec cinquante sous-intendants sous ses ordres. Il est chargé de faire servir aux vizirs, les jours de séance du *divan*, le repas qu'ils prennent au palais pour hâter l'expédition des affaires.

Le grand panetier, surveillant cent cinquante boulangers; le grand chef des cuisines, dirigeant deux cents cuisiniers; le grand officier des glaces, des sorbets, des fruits, des sucreries, avec un pareil nombre de serviteurs des offices.

XLIX

La garde militaire ou domestique se compose de *solaks* ou gardes du corps, divisés en quatre compagnies. Ils sont incorporés honorifiquement dans les janissaires.

Cent cinquante *peïks*, vêtus de tuniques de drap d'or serrées autour du corps par une ceinture enrichie de pierreries et portant un sabre court à manche d'or. Douze d'entre eux enveloppent le sultan quand il sort en cérémonie.

Deux mille cinq cents *bostandjis* faisant partie des janissaires pour la solde, gardiens des maisons de plaisance, des potagers, des fleurs, des jardins du sultan et du harem.

Quatre cents *baltadjis* (ou fendeurs de bois), chargés de la garde spéciale des princes et des princesses du harem impérial.

Quinze compagnies de *chiaoux*, sorte de troupes de police toujours sous la main du souverain, des grands vizirs, pour exécuter les ordres d'urgence.

Huit cents gardes des portes extérieures du palais. L'un d'entre eux porte toujours un tabouret d'argent sur lequel le sultan pose le pied pour monter à cheval ou pour en descendre. On l'appelle l'officier du tabouret.

Le *silihdar*, grand maître de la maison ou grand chambellan du prince, porte le sabre du sultan suspendu derrière son épaule gauche.

Le *tchokadar*, ou grand maître de la garde-robe, suit le souverain à la mosquée et jette au peuple des poignées de pièces d'or.

L'aga de l'étrier présente l'étrier quand le sultan monte à cheval.

L'aga du turban a le soin des turbans du prince.

Le secrétaire privé (ou *katib*) porte dans une bourse brodée d'or ce qui est nécessaire pour écrire en toute circonstance. Il reçoit les suppliques et les lit au sultan.

Le *tchokadar-baschi*, ou premier valet de chambre, marche dans les cortéges à la droite du prince, touchant de la main la croupe du cheval.

Les gardes du trésor impérial. Ces trésors sont renfermés

dans quatre grandes salles voûtées et dans de vastes souterrains à l'abri des incendies. C'est là que sont rangés en ordre tous les objets précieux accumulés depuis l'origine de la monarchie. On y conserve un portrait et un vêtement complet de chaque prince qui a traversé le trône. Des registres fréquemment vérifiés, et revêtus après chaque vérification de la signature du ministre des finances, constatent l'état de ce trésor ou de ce musée de l'empire.

Les *muets*, sorte d'eunuques de la parole, attachés aux appartements et aux tentes du sultan et des grands dignitaires. Ils entendent et ils parlent par signes un langage convenu, compris par les personnes du sérail, du harem et par l'empereur lui-même.

Les *nains*, monstres difformes qui amusent la cour par leurs bouffonneries. S'ils sont eunuques, ils portent du sérail au harem et rapportent du harem au sérail les messages des sultans aux *cadines* (favorites), et des cadines aux sultans.

Six cents pages, jeunesse élevée avec les plus grands soins à Galata et dans le sérail pour recruter les services publics de la cour et de l'armée. Ils font sept ans dans le palais un service honorifique et passent de là aux grades supérieurs de l'armée.

Deux cents eunuques noirs, sous la main du *kislar-aga*, surveillent l'intérieur et l'extérieur du harem impérial.

Quatre-vingts eunuques blancs. Ils ne sortent jamais du palais. Leur chef est le premier officier du sérail. L'ambition d'arriver à ce premier rang dans la domesticité intime compense pour eux la perte de la virilité. Comme dans le palais des empereurs grecs chrétiens successeurs de Constantin, quelques-uns d'entre eux se vengent par le génie, le courage et le gouvernement de l'affront fait à la nature. Ghaznéfer-Aga, jeune Hongrois élevé parmi les pages et qui plaisait à Sélim, consentit volontairement à subir la mutilation pour devenir chef des eunuques blancs ou capou-aga. Il parvint en effet à ce poste et l'occupa pendant trois règnes consécutifs avec un ascendant souverain.

L

Le harem est le palais des femmes. Par des raisons d'État que nous avons énumérées plus haut, depuis Ibrahim Ier, qui se maria à une des femmes libres de son harem à laquelle il donna le nom de Schah-Sultane ou d'impératrice, aucun souverain ottoman ne se maria civilement. Quelques-uns contractent des mariages religieux devant l'iman; mais le harem n'est peuplé que de filles esclaves. Quelques-unes sont achetées par la grande maîtresse du harem; le plus grand nombre sont des présents offerts par les sultanes mères, les sultanes sœurs ou les gouverneurs de province, heureux d'avoir éventuellement un jour une protection ou une intelligence secrète près du cœur ou dans la familiarité du maître. On donne préalablement à ces esclaves de choix une éducation digne de leur destinée. On leur enseigne les principes de la religion musulmane, la lecture, l'écriture, la musique, la danse, la broderie.

Les favorites en titre, choisies parmi cette élite de beautés par le souverain, sont appelées *cadines* ou *khatouns*, noms qui signifient de haute condition. Elles sont, comme les épouses légitimes, au nombre de quatre. Chacune d'elles jouit d'un palais séparé. Un grand nombre d'autres filles esclaves sont attachées à leur service. C'est ainsi que Roxelane frappa les regards de Soliman parmi les filles esclaves de la sultane Validé, sa mère. Le harem impérial est quelquefois habité par cinq ou six cents filles esclaves. Une grande maîtresse appelée Kiaya-Khatoun, femme d'une grande autorité, les gouverne. Le sultan lui donne le nom de *mère* ou de *Validé*, quand la sultane mère n'existe plus.

Une haute muraille entoure le harem. On y pénètre par un couloir voûté fermé par deux portes de fer et par deux portes de bronze. Au centre de l'enceinte est le kiosque du sultan. Les deux pièces principales de ce kiosque sont la salle du trône et la chambre du lit. Il communique à une vaste salle de bain pavée en marbre et dont la coupole est soutenue par des colonnes de porphyre. Une autre salle circulaire appelée *le Sofa* s'élève entre le kiosque du sultan et les appartements des *cadines*. Ces appartements, composés de douze chambres chacun, sont distribués par rang d'ancienneté entre les quatre favorites. Chacun de ces petits palais a son bain particulier, ses jardins, ses parterres, ses jets d'eau, ses fleurs, ses ombrages. Un bain commun au reste du harem est ouvert et chauffé nuit et jour.

Les favorites ne peuvent se visiter qu'avec l'autorisation du sultan ou de la grande maîtresse. Leurs toilettes étalent tout le luxe de l'Orient; les châles de cachemire, les fourrures, les diamants, les perles couvrent leurs vêtements ou leurs meubles. Chacune d'elles reçoit pour sa toilette un traitement de soixante mille piastres par an sur la caisse de dotation de la Mecque et de Médine. Le sultan visite rarement l'intérieur du harem. Toutes les fois qu'il y pénètre, il porte des babouches ferrées d'argent dont le retentissement sur les dalles de marbre avertit les femmes d'éviter son regard.

Quand une des *cadines* devient mère, des fêtes splendides, auxquelles participent toutes les femmes du harem, célèbrent le bonheur du père et la gloire de l'épouse. Le grand vizir fait hommage du berceau; les sultanes y jettent des poignées d'or et de riches étoffes. — Les divertissements du harem consistent surtout en journées d'été passées dans les jardins du sérail sous des tentes dressées pour cet usage, en courses en voitures grillées ou en barques voilées à travers les sites délicieux du Bosphore, et en séjour avec le sultan dans ses jardins d'été sur les rives d'Asie et d'Europe. Elles sortent du sérail avant le lever du soleil. Les eunuques noirs les escortent et veillent à ce qu'aucun regard accidentel ne profane le mystère de leur promenade.

A l'avénement du prince héréditaire au trône, la sultane mère est ramenée avec une pompe éclatante du vieux sérail au palais. Les dépenses de sa maison sont payées par le trésor du sultan son fils. Elle jouit, de plus, d'un apanage de quatre-vingt mille piastres par an. Elle devient alors la véritable impératrice. Elle règne par la maternité, par la tendresse, quelquefois par le génie. Les sultanes Validés ou mères n'appellent jamais leur fils sur le trône que *mon lion*.

On appelle sultanes les filles du souverain et ses nièces. Elles sont élevées par leurs mères. Si elles perdent leurs mères, elles sont confiées aux soins d'une autre *cadine* sans enfants. On les marie très-jeunes avec des vizirs, des pachas, des dignitaires de l'empire que le sultan veut favoriser de son alliance. Leurs maris ne peuvent épouser d'autres femmes. Ils sont même obligés de se séparer des femmes qu'ils auraient précédemment épousées. Leurs enfants mâles, victimes de la raison d'État, sont condamnés à mort en naissant : on ne leur lie pas le cordon ombilical.

Les sultans leurs pères ou leurs frères leur rendent de fréquentes visites. Elles exercent une influence intime sur le cœur et souvent sur la politique des princes.

LI

Pendant la vie du sultan régnant, ses fils jouissent de la liberté. Leur circoncision à l'âge de sept ans est célébrée par des fêtes nationales. A la mort de leur père, on les renferme dans le sérail. Leur habitation touche au harem. Elle est entourée de murs tapissés de buis sombre. Elle se compose de douze kiosques ou palais séparés. Chacun de ces kiosques est enceint de murailles qui renferment aussi un petit jardin et une fontaine. Chacun de ces princes séquestrés du monde est servi par douze filles esclaves et par quelques pages. Ils ne peuvent se voir entre eux sans la permission du sultan. Il leur est interdit d'entamer aucune correspondance au dehors. Ils n'ont d'entretien qu'avec leurs mères quand elles sont autorisées à quitter le vieux sérail pour visiter leurs fils. Des eunuques noirs et des femmes stériles sont la seule distraction à leur ennui. C'est là qu'à la fin d'un règne, l'empire vient chercher son maître.

LII

En sortant du harem, le sultan, rendu à la vie publique, passe dans les appartements du palais accessibles à ses officiers, à ses ministres, à ses serviteurs. Là le silihdar lui présente le café; le tchokadar, le sorbet; les chambellans, le repas du matin sur un plateau de vermeil et dans des vases de porcelaine. Une prescription religieuse interdit, par respect pour les dons de Dieu, l'usage de la vaisselle d'or ou d'argent. Le repas est court et distrait par la musique du palais. Les travaux ou les plaisirs du jour leur succèdent.

Le prince, après les audiences ou les divans, monte à cheval ou en barque pour visiter un des innombrables jardins de plaisance, palais ou kiosques qui font ses délices, dans les sites les plus riants d'Europe ou d'Asie sur le Bosphore. Les barques impériales, imitant le corps et le bec des oiseaux qui rasent les vagues, s'appellent *kirlanguichts*, du nom de l'hirondelle. Treize paires de rames cadencées les font voler sur le Bosphore. Un dais d'écarlate, garni de franges d'or et surmonté de pommeaux de vermeil, ombrage le prince. Le bostandji-baschi tient le timon du gouvernail. La cour suit ou précède dans des barques aussi magnifiques, mais d'un nombre de rames inférieur à celles du sultan.

L'équitation, la chasse, le djérid, le tir à l'arc, l'entretien avec les favoris, le spectacle des courses ou des danses, la vue de la mer, des jardins, des eaux jaillissantes, des fleurs, reposent le prince des soucis du sérail. Quelquefois, vêtu d'un costume vulgaire et suivi de loin par quelques vizirs déguisés comme lui, le sultan, à cheval, parcourt les rues de la capitale pour s'assurer, par ses propres yeux, de l'exécution des lois, de l'état de la police et des mœurs. Le peuple, qui le reconnaît, respecte le mystère dont son maître s'environne. Le reste de ses heures est à l'empire dans les splendeurs du sérail, ou au délassement dans les mystères du harem.

LIII

L'empire, ainsi fixé par Soliman dans ses lois, dans ses mœurs, dans sa constitution militaire, dans l'administration de ses provinces, dans l'économie de ses finances, dans son appareil monarchique, ne se caractérisait pas moins dans sa politique. Cette nation, cette famille, ce divan, qui n'avaient eu jusque-là que des débordements, du fanatisme, des ambitions, avaient désormais une politique.

Cette politique du divan, instinctive d'abord, était devenue un système continu et raisonné, perceptible à l'œil de l'histoire dans tous les actes et à tous les pas de la monarchie ottomane. Les souverains et les grands vizirs se la transmettaient déjà depuis un siècle comme une tradition du génie de l'empire. Soliman l'avait dessinée de plus en plus pour ses successeurs dans ses guerres comme dans ses négociations. Elle se reconnaissait à quelques traits généraux; elle se distinguait à ces symptômes réfléchis de la politique passionnée, fanatique et désordonnée de ses prédécesseurs.

Cette politique de Soliman, devenue celle de son empire jusqu'à nos jours, la voici :

Conquérir et s'assimiler, en Orient, depuis l'Oxus jusqu'au Nil, depuis les Tartares de Crimée jusqu'aux Mores d'Afrique, toutes les populations musulmanes, les resserrer en un faisceau plus ou moins homogène dans la seule main des sultans, à Constantinople; refaire militairement et politiquement au bénéfice des Turcs et à leur gloire la monarchie universelle et religieuse des califes; dans ce but, s'annexer l'Égypte, s'incorporer la Syrie, s'inféoder les puissances barbaresques, subjuguer, séduire ou protéger les peuplades géorgiennes, circassiennes, caucasiennes, tartares du littoral de la mer Noire et de la mer Caspienne; créer une marine dans la mer Rouge pour dominer de là les deux côtes d'Arabie, et porter le nom et les armes des Ottomans jusqu'aux Indes mahométanes; envelopper ainsi la Perse, seule puissance guerrière et musulmane capable de disputer l'Asie aux Turcs, et, sous prétexte d'y étouffer le schisme, incompatible avec l'unité du patriotisme religieux des mahométans, réduire la Perse à l'état de vassalité ou de ruine.

En Asie donc, paix, tolérance, protection aux populations, même chrétiennes, qui adhéraient à cette universalité de l'empire ottoman, centre et pivot de la ligue musulmane; guerre éternelle aux schismatiques persans : voilà le système raisonné ou instinctif du divan. L'apostolat y colorait la conquête.

LIV

En Europe, ce système variait déjà au gré des événements, des facilités ou des résistances que la politique ottomane rencontrait devant elle sur terre et sur mer dans son invasion au delà de l'Archipel d'un côté, au delà du Danube de l'autre.

Les obstacles que le christianisme patriotique des puissances occidentales avait opposés au delà du Danube aux armes ottomanes avaient fait désespérer Soliman et ses prédécesseurs de la conquête de l'Occident. Ils avaient plusieurs fois déjà englouti des armées dans les plaines de la Hongrie, reculé devant Huniade et combattu à Varna, non plus pour l'extension illimitée, mais pour le salut et pour le territoire de l'islamisme. Le siége de Vienne, vainement tenté, et qu'ils devaient tenter vainement encore, leur avait révélé la valeur du patriotisme occidental, évoqué en Allemagne, en Italie, en Espagne, en France et en Angleterre par la fraternité de race et par la communauté du christianisme. Une ligue des puissances chrétiennes, motivée par le danger de l'ambition et du prosélytisme ottomans au delà du Danube, était désormais en Europe le seul véritable écueil des Turcs.

Le divan et Soliman avaient enfin compris ce danger; aussi avaient-ils sagement étouffé ou ajourné à un avenir inconnu toute idée d'étendre leurs conquêtes en Allemagne. Leur système, de ce côté, devenait défensif au lieu d'être offensif, politique plus que musulman. Ce système européen du divan se résumait en quelques axiomes qui formaient déjà le fond de toute la diplomatie de Soliman et de ses ministres :

Créer des boulevards de l'empire inexpugnables, comme Belgrade sur la rive droite du Danube, entre ce fleuve et les gorges du Balkan ; protéger au delà du Danube une ligue de puissances secondaires détachées par la force et par l'intérêt du bloc allemand, et se faire de ces puissances une avant-garde, une confédération danubienne sous l'influence et sous le protectorat ottomans ; dans cette pensée, faire de la royauté hongroise une vice-royauté tributaire de la Porte, cointéressée, par son antipathie contre l'Allemagne, à fournir aux Turcs ses places fortes, ses champs de bataille, ses armées ; faire de la Valachie et de la Moldavie deux provinces tributaires chrétiennes de religion, mais ottomanes de patrie ; caresser et protéger l'inquiète et anarchique Pologne contre l'Allemagne d'un côté, contre les Russes et les Tartares de l'autre ; ménager les Russes, puissance encore obscure et indécise entre l'Europe et l'Asie, qui pouvaient devenir indifféremment un jour des alliés utiles ou des ennemis dangereux de l'empire.

Enfin traiter au lieu de combattre avec les empereurs d'Allemagne ; tenir la cour de Vienne dans une perpétuelle négociation entre la guerre et la paix, selon que cette cour jalouse de la Hongrie et de la Pologne se prêterait ou se refuserait trop tard à l'ascendant des Turcs sur le littoral de l'Adriatique ; dans cette situation forte sur le Danube, s'occuper persévéramment de consommer la conquête et la nationalisation du bloc de montagnes européennes qui s'étendent de la Macédoine au golfe de Venise ; s'incorporer solidement l'Albanie, la Servie, la Grèce, la Dalmatie, l'Illyrie, la Styrie, la Bosnie, la Croatie, les îles Ioniennes; en un mot, cerner la puissance vénitienne jusqu'à ce que Venise, désarmée et enclavée dans le territoire ottoman, fût contrainte de laisser tomber de ses mains trop faibles les ports de la Morée, les îles de Candie et de Chypre, véritable royaume que cette république défendait encore contre les Turcs dans les mers du Levant.

Dans ce dessein, la politique du divan consistait, avec une habileté diplomatique qui lui avait été soufflée par l'astuce grecque, à prévenir à tout prix la ligue des empereurs d'Allemagne et des Vénitiens, à soutenir la république contre l'empire et l'empire contre la république, affaiblissant ainsi ses ennemis l'un par l'autre jusqu'à ce que Venise, victime de cette diplomatie, fût livrée comme une proie par l'Allemagne aux Turcs au prix de la paix précaire que le divan accorderait aux empereurs d'Allemagne en Hongrie.

Quant aux autres puissances européennes, la politique du divan consistait tout entière à prévenir entre elles une ligue anti-ottomane qui pourrait refouler les Turcs au delà du Danube et peut-être au delà du Bosphore. Les antipathies et les rivalités de ces puissances entre elles, et surtout la guerre éternelle entre la maison d'Autriche et la France, servaient assez cette diplomatie du divan. Des égards pour l'Angleterre, des prévenances à l'Espagne et une amitié indissoluble avec la France, étaient les nécessités et les gages de cette politique à longue vue des Ottomans.

Il fallait, pour la rendre acceptable aux cours et aux populations chrétiennes de ces différentes puissances, effacer de plus en plus entre la Turquie et l'Europe l'antagonisme religieux que les croisades avaient semé comme un second esprit national en Occident et en Orient ; il fallait proclamer des deux côtés la tolérance et l'inviolabilité des cultes, le droit des gens égal pour les adorateurs du Christ et pour les disciples de Mahomet ; il fallait de plus assurer aux populations chrétiennes grecques ou catholiques enclavées dans l'empire, sinon les droits et le titre des Ottomans, du moins leur nationalité, leur patrie, leurs villes, leurs propriétés, leur commerce, leurs mœurs et leurs autels. C'est ce que commandait le Coran lui-même à l'égard des peuples conquis et tributaires ; c'est ce que la politique libérale de Soliman consacrait de plus en plus en Moldavie, en Valachie, en Hongrie, en Grèce, en Syrie et même à Constantinople. La différence de religion y constituait pour les chrétiens une infériorité civile et politique, mais n'y autorisait aucune tyrannie légale sur la personne, sur les mœurs, sur la propriété ou sur la conscience des sujets chrétiens. La Turquie était en guerre avec les princes, mais elle ne l'était plus avec les dogmes. Son apostolat en s'étendant s'était sécularisé. On pouvait s'allier avec elle sans abjurer son Dieu.

LV

La littérature ottomane avait suivi, sous les derniers règnes et surtout sous le règne de Soliman, les progrès de la civilisation et de la politique. Les arts, les sciences, les lettres qui s'éclipsent sous les princes conquérants, se relèvent sous les princes législateurs. Il cultivait lui-même la philosophie et la poésie; il signait ses poésies d'un nom de convention, *Mouhibbi*, mot qui signifie *l'homme au cœur sympathique*. Ses vers, empreints d'une morale pieuse et d'une passion tendre pour la félicité de ses peuples, ont les négligences d'un homme de guerre et d'un homme d'État qui ne prend la plume qu'en déposant le sabre. Mais il admirait dans les autres avec enthousiasme le génie qu'il n'avait pas le loisir d'exercer lui-même en polissant assez ses œuvres. Il pardonnait même aux poëtes de son temps les offenses excusées par le génie.

Le plus grand des poëtes lyriques ottomans, Abdoul-Baki, l'*Immortel*, surnom qui lui avait été donné de son vivant, chantait sous son règne. Il osa célébrer, dans une élégie semblable à celle de La Fontaine sur la disgrâce de Fouquet, la mort de l'infortuné Mustafa, ce fils de Soliman sacrifié pour son crime et peut-être pour sa vertu. Ces vers funèbres, bientôt populaires en Turquie, rejaillissaient en reproches inarticulés contre le père de Mustafa. Les larmes du poëte étaient cuisantes sur la blessure du cœur du sultan et du père. On crut au supplice d'Abdoul-Baki.

Soliman honora, au lieu de punir, son courage; il adressa lui-même au poëte un poëme dans lequel il se félicite d'avoir régné par le droit du sang sur un siècle illustré par un de ces génies qui règnent même par le droit de la nature sur l'esprit humain; il lui décerne le surnom d'*Immortel*, et lui prédit que les âges futurs ratifieront ce plus beau des titres parmi les hommes qui vivent si peu.

Baki, à la mort de Soliman, écrivit une ode funèbre considérée par les Ottomans comme le plus *splendide sépulcre* dans lequel la poésie ait jamais embaumé la mémoire d'un grand homme.

Neuf poëtes inférieurs à l'*Immortel*, mais supérieurs à tout ce que les Ottomans avaient admiré jusque-là dans leur langue, rivalisaient avec Abdoul-Baki la popularité de ce Pindare des Turcs et les faveurs de Soliman. Le Quintilien de la littérature ottomane, Hammer, énumère d'après les annales et les bibliothèques de l'empire leurs noms et leurs œuvres : c'étaient le mufti Abou-Sooud, qui célébra aussi, dans une *ghazèl* de deuil, la mort de Soliman, son maître et son ami; Khiali, si éblouissant d'images que le sultan comparait ses paroles à des diamants, et qu'il lui assigna sur son trésor un revenu de dix mille piastres; Ghazali, le cynique, qui profanait l'amour, cette vertu du cœur, en l'associant avec la débauche, ce sacrilége de l'amour; Fouzouli, l'Anacréon des Turcs, qui chanta les délires de l'opium et du vin, et les tendresses de Leïla et de Medjnoun : Djélili, qui s'inspira des aventures persanes de Schirin, sujet inépuisable pour les Orientaux; Fikri, qui décrivit en vers la marche lumineuse des astres; Rewani, auteur du livre *des Plaisirs;* Lamii, qui importa en Turquie les fables de Bidpaï, cette poésie puérile mais parabolique qui plaît éternellement à l'enfance des hommes et des peuples.

Cent cinquante autres écrivains ou poëtes éminents décorèrent ce règne littéraire à Constantinople. Trois cents autres illustraient les provinces éloignées de l'empire. Une histoire universelle du Persan Lari, que Soliman avait appelé de Tauris à sa cour, servit à répandre en Turquie les notions générales de l'histoire, et à décréditer les fables qui faussaient les idées et la route du peuple. Birgéli, dont on réimprime encore aujourd'hui les œuvres, écrivit les commentaires les plus complets sur la jurisprudence et la législation.

Les Annales de l'empire, rédigées successivement par cinq historiographes, enregistrèrent jour par jour les événements nationaux. Le caractère de ces historiens ottomans est le scrupule poussé jusqu'à la minutie, la sincérité et l'emphase; mais, corrigés par le contrôle des historiens vénitiens et par les correspondances des ambassadeurs résidant à Constantinople, ces mémoires historiques ne laissent dans l'ombre aucun caractère et aucun événement de l'histoire ottomane. Nul peuple ne possède dans ses archives de plus nombreux documents sur lui-même. La plupart sont écrits par des vizirs ou par de hauts fonctionnaires du sérail, témoins, confidents ou acteurs eux-mêmes dans les drames qu'ils racontent. Quand l'événement est de nature à déshonorer le sultan ou le règne, ils ne mentent pas, mais ils se taisent. Le silence est leur seule flatterie. Cette lacune dans le récit est toujours facilement comblée par les récits que les agents étrangers adressent à leurs cours. Le ministre des affaires étrangères, Féridoun, et les deux nischandjis, Mustafa-Djélalzadé et Mohammed-Ramazanzadé, sont, sous le règne de Soliman, les plus illustres et les plus complets de ces historiens hommes d'État.

LVI

La philosophie et la religion, cette philosophie populaire, ne s'épurèrent pas moins que la politique, les mœurs, les lois, les arts, les lettres, sous ce règne culminant de la civilisation ottomane. Les dogmes jusque-là puérilisés par les fables que l'Arabie avait surajoutées à la simplicité du Coran s'en dépouillaient de jour en jour davantage dans les réformateurs et dans les commentateurs du livre sacré. L'islamisme remontait de plus en plus de sa nature à un théisme organisé en culte et une conscience humaine écrite. La seule définition de Dieu enseignée dans les chaires des mosquées et dans les écoles de l'empire suffit pour donner ici l'idée du dogme fondamental d'où découlent tous les autres.

« Qu'est-ce que le Coran? disait le catéchiste musulman.

» — Le Coran, répondait le néophyte, est la parole de Dieu incréé; il est écrit dans nos langues, gravé dans nos cœurs, articulé par nos lèvres, entendu par nos oreilles dans lesquelles est reçu le son de la parole, mais non la parole (le verbe) elle-même, qui est éternelle et existante par soi.

» — Que dit le livre? poursuit le catéchiste.

» — Il dit, reprenait le néophyte, que le Créateur de ce monde est Dieu (Allah); que ce Dieu est unique et éternel, qu'il vit, qu'il est tout-puissant, qu'il sait tout, qu'il est doué par lui-même de volonté et d'action, qu'il n'y a en lui ni forme, ni figure, ni bornes, ni limites, ni nombres, ni parties, ni multiplications, ni divisions, parce qu'il n'est ni corps ni matière, qu'il n'a ni commencement ni fin, qu'il *est* par lui-même, sans naissance, sans génération, sans place dans l'espace, sans habitation hors de l'empire, de l'espace et du temps, insaisissable dans sa nature et dans ses attributs.

» — Ainsi, poursuit le catéchiste, Dieu est doué par lui-même de vie, de puissance, de volonté, d'action et de parole (verbe); cette parole éternelle est sans lettres, sans caractères, sans sons, et sa nature peut se définir seulement le contraire du silence. »

La prière, la vie morale et la charité étaient les prescriptions uniques mais impératives et générales du culte, et l'autorité de ces prescriptions ne subissait ni exceptions, ni complaisances, ni faiblesses dans ses ministres pour les sultans eux-mêmes. Leur langage ne se pliait pas aux vices du prince. Amurat II, livré aux débauches réprouvées par le Coran, est apostrophé sur le pont d'Andrinople par le prédicateur :

« Sultan auguste! lui dit l'homme de la loi sacrée, vous n'avez pas de temps à perdre pour vous arrêter sur la pente de l'abîme creusé sous vos pas par vos péchés et par vos prévarications contre la religion sainte! Vous touchez au terme de votre règne et au dernier souffle de votre vie; l'ange de la mort est aux portes de vos sérails; ouvrez vos bras et recevez avec résignation ce messager du ciel; c'est la destinée commune à tous les hommes. Heureux celui qui y songe et qui s'y prépare toute sa vie! Hâtez-vous donc, ô padischah, d'effacer par vos larmes de repentir et de componction les taches de vos péchés, pour mériter la félicité éternelle promise à ceux qui marchent et qui meurent dans la voie des bons. »

Le sultan, ému et repentant, arrêta son cheval, et, prononçant à l'instant l'acte de foi, frappa sa poitrine, corrigea ses mœurs, et vécut dans la prière et l'austérité jusqu'à sa mort.

Bajazet II, livré au même déréglement de vie, ne subit pas avec moins de déférence la réprimande religieuse des *mollahs* et des juges de *Brousse*. Ce prince ayant voulu être entendu lui-même en témoignage dans une cause qui intéressait un de ses favoris :

« Nous croyons à votre parole, lui dit le mollah Fénarizadé, juge religieux qui présidait le tribunal; mais nous ne pouvons entendre Votre Hautesse en témoignage dans une cause juridique. »

Le sultan, étonné et offensé, demanda le motif de cette récusation au mollah. « La loi exige, lui répondit Fénarizadé, que l'on admette à rendre témoignage les seuls musulmans pratiquant le culte extérieur, et comme Votre Hautesse néglige de faire les cinq prières prescrites en commun avec les fidèles, nous ne pouvons l'entendre en conscience comme témoin. »

Bajazet, humilié mais repentant, s'astreignit dès ce jour à faire ses *namaz* ou prières prescrites dans la mosquée avec le peuple.

Les dogmes de l'islamisme s'élevaient de plus en plus pour les sages à l'époque de Soliman, dans les sectes et dans les écoles, à la philosophie transcendante.

Kamran, racontent les annales du temps, voyant approcher sa fin, dit à ses disciples qui entouraient sa natte de mort : « Je crois à la divinité du Créateur, à la prophétie de l'intelligence, à la sainteté de l'âme raisonnable, au ciel universel étoilé pour *kiblah* (temple, autel, horizon de la Mecque vers lequel on doit se tourner dans l'acte de la prière), et je déteste toutes les autres superstitions.

Avant de rendre le dernier soupir, ce philosophe recueillit ses forces, et prononça avec conviction le nom de l'Être existant par lui-même, de l'âme, de l'intelligence, de la raison et du monde, œuvre du Créateur. Les disciples répétèrent en chœur les mots qu'il prononçait comme formule de foi jusqu'au dernier et éternel silence. Il avait vécu au delà de cent ans, et conservé jusqu'au terme de la vie son intelligence et sa piété dans toute sa lumière et dans toute son ardeur.

LVII

Telle était la hauteur des institutions, du gouvernement, des arts, des lettres, de la philosophie, de la religion des Ottomans, à la mort de Soliman II. La civilisation et l'empire n'avaient pas cessé de s'élever et de s'étendre depuis Othman jusqu'à lui. On ne peut conjecturer jusqu'à quel degré de puissance, de civilisation et de durée l'empire aurait continué à monter, sans les causes sourdes de décadence qui commençaient à se révéler dans la nature du gouvernement ottoman. Les causes principales de la décadence de l'empire, perceptibles dès cette époque à l'œil du philosophe et de l'homme d'État, nous paraissent avoir été :

1° La polygamie, qui, en constituant anarchiquement la famille privée, portait jusque dans la famille impériale la confusion des droits de naissance, nuisibles à la constitution incontestable et évidente des droits de souveraineté héréditaire par primogéniture ;

2° La succession au trône, mal réglée dans la personne des fils du sultan, et forçant ainsi les frères à s'entre-tuer à la mort de leur père pour prévenir les compétitions de famille par le meurtre contre nature ;

3° La constitution primitive des Turcs en tribus patriarcales, les unes nomades, les autres sédentaires, et se prêtant mal à l'unité et à la compacité d'une nation, seule forme vitale et durable des empires;

4° Le défaut d'homogénéité de race, de religion, de mœurs et de patriotisme dans cette vaste et confuse agglomération de sujets que la conquête donne, mais qu'elle n'assimile pas si vite au peuple conquérant, d'où résulte l'inégalité et, par conséquent, l'iniquité dans les conditions civiles des sujets;

5° Le gouvernement des provinces par des satrapes, gouverneurs ou pachas, l'absence d'administration une, universelle et uniforme, sans laquelle on exploite un territoire, mais on ne gouverne pas, on ne civilise pas, on n'enrichit pas, on ne repeuple pas une nation;

6° Enfin l'identité, dans la constitution civile des Ottomans, de la loi religieuse, de la loi civile et de la loi politique, en sorte que le législateur et le souverain ne pouvaient toucher à la loi pour la corriger sans paraître en même temps toucher au dogme inviolable et éternel, vice organique des théocraties, qui fait de tout abus une chose sacrée, et de tout progrès un sacrilége.

Voilà les causes sommaires de la décadence de l'empire, que la prospérité du règne de Soliman cachait encore aux regards des Ottomans, et que nous allons voir se développer sous ses successeurs avec une rapidité égale à son époque ascendante.

Voilà les vices que l'expérience, cette seule école des peuples, la vertu des derniers sultans et les lumières des hommes d'État ottomans travaillent depuis un demi-siècle à extirper pour rendre la jeunesse, la vigueur et la durée à l'empire.

LIVRE VINGT ET UNIÈME

I

Sélim, fils de Soliman II et de Roxelane, était âgé de quarante-cinq ans au moment où l'empire, si longtemps convoité, tombait dans ses mains (1566). Favori d'abord. sans mérite de sa mère, à cause de sa ressemblance efféminée avec elle, favori ensuite sans reconnaissance de son père, à cause de cette médiocrité même qui rassure les princes vieillis contre les entreprises de leurs enfants, Sélim II était un de ces hommes qu'une vie dissolue a énervés pour le trône avant d'y monter. Il semblait avoir été formé en tout par la nature et par l'éducation pour faire mesurer par sa petitesse la grandeur de Soliman. Les grandes choses qui échurent encore à son règne ne furent que les conséquences et la prolongation posthume du règne de son père.

Sa figure était aussi déteinte que son caractère ; les yeux bleus et lumineux de sa mère, mais habituellement voilés des vapeurs de l'ivresse, y rappelaient seuls la beauté de Roxelane. La petitesse du front, la mollesse des joues, l'épaisseur des lèvres, la coloration vineuse du teint, la largeur du cou, l'affaissement des épaules, l'obésité lourde et chancelante de la taille, révélaient une de ces natures de Vitellius ottomans détendus par la débauche, délavés par le vin, et qui n'ont plus de sens que pour les engourdir dans les vils appétits de la table. Seulement, par une heureuse compensation de la destinée, cette même mollesse du corps qui enlevait toute énergie morale à Sélim lui enlevait aussi toute tentation de régner par lui-même ; la fatigue de son corps semblait s'étendre jusqu'à son âme ; l'effort même d'une volonté aurait importuné sa faiblesse et troublé son loisir ; déposer le règne, aussitôt qu'il l'aurait saisi, entre les mains d'un homme qui le dispenserait de penser et d'agir, était sa plus pressante ambition. Régner, pour lui, c'était se reposer au rang suprême. Par un hasard et par un bonheur de la fortune des Ottomans, le grand vizir Mohammed-Sokolli, entre les mains de qui Sélim allait trouver et laisser le pouvoir, était un grand homme capable de continuer après sa mort la politique de Soliman, et de masquer l'insuffisance de son successeur.

II

Ce grand vizir, à la tête d'une armée victorieuse de trois cent mille hommes et faisant parler à son gré le cercueil qu'il traînait après lui, était maître de l'empire. Il pouvait suspendre les événements, prolonger l'interrègne, marchander l'armée, dicter des conditions à l'héritier du trône. Il s'oublia lui-même et ne songea qu'à bien mériter de sa patrie. Une lettre courte et respectueuse, écrite sous sa dictée par le secrétaire de Soliman, le sage et savant Féridoun, et portée par le tschaousch Hassan-Aga, avertit Sélim de la mort de son père. Dans cette lettre, le grand vizir engageait le nouveau sultan à se rapprocher de Constantinople pour être prêt à saisir l'héritage paternel. Il se chargeait d'y ramener l'armée avant qu'elle connût la mort de son maître. Il le conjurait de ne pas venir lui-même au-devant des janissaires à Belgrade ou à Andrinople, dans la crainte de s'y trouver en personne l'objet et le jouet des exigences séditieuses des soldats, trop habitués depuis cinq règnes à exiger des souverains, dans des gratifications forcées, le prix de l'empire.

III

Hassan traversa avec tant de rapidité la Hongrie, la Bulgarie, la Thrace, la mer Noire et la moitié de l'Asie

Mineure, qu'il arriva le huitième jour à Kutaïah, capitale du gouvernement où résidait Sélim. Ce prince était absent; il chassait en ce moment avec quelques-uns de ses favoris dans la vallée de Kara-Hissar, plus rapprochée de Constantinople. Sans descendre de cheval, après avoir lu la lettre de Féridoun, il prit au galop la route de Constantinople. Son khodja ou précepteur, Atallah, son grand chambellan, Houseïn-Pacha, son écuyer, Kosrew-Aga, et son favori, Djelal-Tchélébi, le suivaient, plus impatients que lui de sa toute-puissance. La nuit du troisième jour après leur départ de Kara-Hissar, ils arrivèrent inattendus à Scutari, faubourg asiatique de Constantinople, séparé du sérail par un bras de mer large de trois ou quatre jets de flèche. Ils se firent ouvrir, au nom de Sélim, le palais de campagne de la sultane Mihrmah, fille comme lui de Roxelane; c'était elle qui avait tant pleuré Bayézid, sacrifié à l'ambition de Sélim. On a vu qu'après le supplice de ce frère chéri en Perse, elle s'était réconciliée avec Sélim, de qui dépendait désormais toute sa fortune.

Sélim s'étonna du calme qui régnait à Scutari et au sérail, dont il pouvait apercevoir les portes, les jardins et les kiosques dans l'ombre devant lui. Il fit traverser le bras de mer au tchaousch Hassan, pour aller avertir Iskender-Pacha, gouverneur de la capitale, de sa présence à Scutari, et lui demander compte de cette immobilité et de ce silence. Iskender-Pacha craignit un piége dans le message d'Hassan. Ce gouverneur n'avait reçu du grand vizir aucun avis formel de la mort de Soliman, aucun ordre de préparer la ville et le sérail à l'avénement d'un nouveau maître. Une lettre en termes obscurs et énigmatiques, destinée à être comprise à demi-mots, lui avait seulement été adressée par Féridoun, au moment du départ d'Hassan pour Kutaïah. Iskender, soldat illettré, avait mal déchiffré l'énigme. Responsable à Soliman du trône et de la capitale, redoutant dans cette apparition inattendue de l'héritier une usurpation sur la vieillesse de son père absent, il hésitait entre le doute et la crédulité. Il écrivit à Sélim par Hassan qu'il ignorait les événements dont on lui parlait, et qu'il n'avait pas d'ordre du grand vizir d'ouvrir le sérail à un nouveau maître. Sélim répliqua que des événements d'État de cette gravité ne s'écrivaient qu'en langage symbolique, pour rester illisibles à l'intelligence du vulgaire, mais que c'était à lui seul, fils et héritier de Soliman, à les interpréter souverainement. Pendant cet échange de messages entre le gouverneur de la capitale et le nouveau sultan, le bostandji-baschi, intendant absolu du sérail, averti par l'écuyer de Sélim, envoya la barque impériale à Scutari pour conduire le sultan au palais. Sélim y entra sans suite et sans bruit pendant les ténèbres. Au moment où il posait le pied sur le seuil de la porte qui ouvre sur la mer, en face de Scutari, les canons du château de Léandre, petite forteresse bâtie sur l'écueil de ce nom, entre les deux rives, apprirent à la capitale endormie que Soliman n'était plus. On se précipita au sérail pour saluer le nouveau règne.

IV

Un cheval couvert des ornements impériaux attendait le sultan sur la grève, au seuil du sérail. Le bostandji-baschi, suivant l'étiquette, saisit Sélim par-dessous le bras pour l'aider à monter en selle. Le grand écuyer Houseïn, vieux compagnon d'exil de Sélim, voulut repousser le bostandji, comme s'il eût trouvé son geste irrespectueux; mais Sélim, qui se souvenait des usages de la cour, où il avait passé son enfance, dit en souriant à l'aga des bostandjis : « N'écoute pas cet étranger, aga; il n'a pas été élevé comme nous dans le sérail; il n'en connaît pas les coutumes et les priviléges; marche en paix devant mon cheval, et montre-nous le chemin à travers ces jardins que je ne connais plus. »

Le capou-aga, ou chef des eunuques blancs, le reçut à la porte du palais; sa sœur, la sultane Mihrmah, se jeta dans ses bras en le baignant de larmes. Elle lui apportait un présent de cinquante mille ducats d'or qu'elle avait épargnés pour les lui offrir au moment où il aurait besoin de prodiguer les libéralités à la cour et à l'armée. Le mufti, le gouverneur, les juges d'armée, les defterdars, les mollahs, les dignitaires de Constantinople lui baisèrent la main. Il visita les mosquées et les tombeaux de ses pères pendant deux jours, comme pour faire hommage à Dieu et à ses ancêtres du règne qu'il allait inaugurer sur leurs *turbés*. Mais les conseils inhabiles ou ombrageux de ses courtisans de Kutaïah lui firent éluder les conseils du grand vizir. Au lieu d'attendre l'armée à Constantinople, il courut à Belgrade se jeter dans les séditions des soldats.

V

Le grand vizir avait réussi à dérober pendant cinquante jours aux troupes le secret de la mort de Soliman. L'armée, convaincue qu'elle était encore commandée par lui, marchait en ordre autour de sa litière, saluant à chaque halte le sultan mort de ses acclamations. Elle approchait de Belgrade et elle était campée pour la nuit sur la lisière en feu d'une forêt de la Hongrie, lorsque Mohammed-Sokolli, apprenant par un courrier la prochaine arrivée de Sélim, laissa éclater dans les ténèbres la voix des lecteurs du Coran, conviés secrètement par lui pour révéler aux troupes la mort de leur padischah. Au bruit de ces voix qui psalmodiaient autour de la litière le premier verset de la soura des morts : « Toute puissance finit, tous les hommes ont leur dernière heure, l'Éternel seul ne connaît ni fin ni mort, » les soldats, se communiquant les uns aux autres la fatale nouvelle, éclatèrent en sanglots. Pressés tumultueusement autour des cordes de l'enceinte des tentes impériales, ils se refusaient à lever le camp pour pleurer à loisir leur souverain. « Camarades, leur dit le grand vizir, qui monta à cheval à l'aurore pour les haranguer, pourquoi refusez-vous de poursuivre votre marche pour exhaler votre douleur? Ne devons-nous pas plutôt entonner des versets de joie et féliciter ainsi l'âme de notre padischah d'être entrée dans la félicité éternelle? N'est-ce pas lui qui vient de faire de la Hongrie la maison de l'islamisme? N'est-ce pas lui qui a comblé la religion, l'empire et nous de ses dons? Est-ce par des larmes séditieuses et de lâches lamentations que nous lui témoignerons ainsi notre reconnaissance? Ne devons-nous pas plutôt charger sur nos têtes ses restes précieux et les porter au-devant de son fils et de son successeur Sélim, qui nous attend à Belgrade pour exécuter les derniers vœux de son père et vous accorder des présents et des augmentations de solde? Reprenez donc vos cœurs; laissez dire en paix les prières aux lecteurs du Coran et marchez. »

L'armée silencieuse reprit sa marche comme un cortége plutôt que comme une armée victorieuse. Le grand vizir tremblait de la rencontre prématurée des soldats et du sultan. Les troupes demandaient à haute voix que Sélim II vînt au-devant du cercueil de son père au delà du Danube pour recevoir leur serment au nouveau règne et pour leur donner les gratifications d'avénement. Sélim s'offensa de ces exigences, que le grand vizir l'encourageait désormais à subir, puisqu'il était venu si témérairement s'y exposer; il craignait que l'impatience trompée n'envenimât jusqu'à la révolte l'esprit des soldats. Les nouveaux conseillers du sultan, qui l'entouraient à Belgrade, le prémunissaient, au contraire, contre ces complaisances avilissantes, selon eux, pour sa dignité : « N'avez-vous pas déjà reçu le serment de l'empire dans sa capitale? lui disaient-ils. Qu'est-il besoin de nouveau serment? L'armée se croirait-elle donc le droit de décerner seule le sceptre à son maître? Dans les premiers temps de la monarchie, on disait que, pour monter au trône, les sultans devaient passer sous le sabre de leurs soldats; cela était vrai alors, mais aujourd'hui que le trône est un héritage et non une élection des troupes, de tels souvenirs sont une offense à la majesté du souverain. »

Sélim se borna donc à attendre l'armée sur le trône d'or qu'il avait fait dresser sous une tente au bord du Danube, au sommet d'une colline qui incline vers le fleuve sous les remparts de Belgrade.

« C'est ainsi, s'écria le grand vizir en confiant ses craintes à Féridoun, que des conseillers inexpérimentés et irresponsables perdent les empires. »

Féridoun lui montra une lettre qu'il venait de rédiger et qu'il lui proposait de signer, pour démontrer au sultan le péril de cette conduite.

« Non, dit le grand vizir, je ne signerai plus aucune représentation, elles sont inutiles; d'ailleurs, sais-je même si je suis grand vizir encore, et le sultan n'est-il pas maître de nommer à ma place un autre conseiller? »

VI

Il parvint cependant, par son autorité sur l'armée, à retenir jusqu'au lendemain les soldats dans l'ordre et dans le silence. Au lever du jour, le char funèbre qui portait le corps de Soliman s'avança, suivi d'une multitude innombrable, à travers la plaine, vers la rive du Danube. Sélim, en vêtements de deuil, sortit à la tête d'un cortége muet des murs de Belgrade et marcha à pied au-devant du cercueil et de l'armée. Son précepteur Atallah et son grand écuyer Houseïn le soutenaient sous les bras. Les deux cortéges s'arrêtèrent en se rencontrant. Le sultan leva les mains au ciel et les muezzins entonnèrent les prières funéraires. Les vizirs, les troupes, le peuple de Belgrade, qui suivaient Sélim, mêlaient leurs sanglots au murmure du fleuve. Jamais, depuis les funérailles d'Alexandre, l'âme d'un grand homme n'avait paru, en s'évanouissant, faire évanouir ainsi l'âme d'une armée. Sélim, inconnu à ces soldats, n'osa les aborder avec cette majesté qui impose ou avec cette familiarité qui attire. Il rentra dans sa tente et s'enveloppa de son invisibilité.

Le murmure de ces deux cent mille soldats trompés dans leur attente ne tarda pas à l'y assiéger. Ils quittèrent leurs rangs et, s'encourageant les uns les autres à l'audace, ils entourèrent les tentes du sultan.

« Est-ce là, se disaient-ils, ce qu'on nous avait promis? Que sont devenus les anciens usages? Où sont les récompenses et les présents qui nous sont dus? Ingrats vizirs, espérez-vous éluder ainsi les droits de ceux qui donnent et qui retiennent la victoire et le trône? Sultan invisible, qui crois nous échapper derrière ce rempart de courtisans pusillanimes, nous te retrouverons près du char de foin. »

La menace de retrouver le sultan près du char de foin était une menace séditieuse contenue dans une allusion soldatesque à des précédents de l'armée mécontente des vizirs. Quand les soldats mutinés, dans une marche, contre leurs généraux, voulaient semer le désordre dans la colonne et faire naître avec impunité un tumulte dont personne ne paraissait coupable, ils profitaient de la rencontre fortuite ou préméditée d'un char de foin qui obstruait la route pour arrêter la marche de l'armée jusqu'à ce qu'on eût fait droit à leurs exigences.

Les conseillers de Sélim II, tremblant que la révolte imminente de l'armée ne profanât le cercueil même de Soliman, le firent enlever pendant la nuit et conduire à Constantinople par un détachement de sa garde. Le grand vizir et les pachas, appelés le lendemain au conseil de Sélim, le convainquirent de la nécessité de céder à la sédition militaire qu'ils avaient voulu prévenir en le détournant de se livrer si témérairement aux soldats avant le licenciement des troupes. Le prince, convaincu trop tard de la sagesse du grand vizir, sortit de ses tentes, reçut le serment et accorda les gratifications d'usage à tous les corps de l'armée. Les deux grands juges profitèrent de l'ascendant pris par les troupes pour lui demander en leur nom le maintien sévère des lois qui proscrivaient la vente et l'usage du vin dans l'empire. Cette allusion indirecte au vice qu'on reprochait à Sélim lui-même, tolérée à Belgrade, fut punie quelques jours après, à Semendria, par l'exil des deux juges.

Le cortége impérial et l'armée s'arrêtèrent avant Constantinople au village d'Halkalü, pour laisser achever les préparatifs de l'entrée solennelle. Le sultan logea avec sa cour dans une maison de plaisance impériale que Soliman avait construite à Halkalü. Le grand vizir descendit de cheval dans une ferme qu'il possédait à quelque distance du village. L'ordre et le silence de l'armée depuis Belgrade ne laissaient présager aucun ressentiment. Ce calme couvait une conjuration soldatesque. Les troupes semblaient vouloir secouer la main qui allait les conduire, pour connaître sa force ou sa faiblesse. Au milieu de la nuit, les surveillants du camp accoururent à la ferme du grand vizir; ils avertirent Mohammed-Sokolli du désordre nocturne qui préludait à ceux du jour. Des bandes de janissaires, à la lueur de torches de branches de pin, tenaient des conciliabules autour de tonneaux de vin défoncés où ils puisaient l'insolence et l'ivresse. Tous les villages voisins où l'on avait cantonné les troupes offraient les mêmes symptômes de sourde agitation.

Cependant tout parut rentrer dans l'ordre à l'aurore. Le gouverneur de Constantinople Iskender-Pacha, le mufti, le capitan-pacha Pialé, presque aussi populaire que Barberousse, étaient accourus en grande pompe de la capitale pour baiser la main du sultan et pour l'escorter jusqu'à son palais. Les troupes, rassemblées par leurs généraux, défilèrent aux cris accoutumés de « Vive le padischah ! » Une foule innombrable couvrait la plaine, les collines, les toits des édifices pour contempler son nouveau maître. Les janissaires, en colonne compacte, fendaient difficilement ces flots de spectateurs. Déjà les portes de la capitale étaient franchies, quand un reflux soudain arrêta le sultan lui-même près des murs de la ville. Les vizirs interrogèrent avec anxiété les chiaoux chargés de la police de la cérémonie sur les causes de ce ralentissement et de cette confusion dans la marche.

« C'est un char de foin, répondirent les chiaoux, qui obstrue le passage des janissaires déjà parvenus à la hauteur de la mosquée des princes. »

A ce mot, signal de trouble prémédité, les généraux et les vizirs fendirent les rangs du poitrail de leurs chevaux, et s'élancèrent à la tête de la colonne pour gourmander les janissaires.

« Qu'y a-t-il, braves camarades? leur dit tout d'abord le second vizir Pertew-Pacha jusque-là cher aux soldats par sa bravoure, votre insubordination est une offense à la majesté de votre padischah.

» — Crois-tu donc être encore ici en Transylvanie, imposant des lois arbitraires à tes soldats? » lui répondirent les mutins en le renversant de son cheval dans la rue, où son turban roula, aux applaudissements de la populace, dans la boue. Le capitan-pacha Pialé voulut interposer son autorité, jusque-là inviolable même aux factieux.

« N'est-il pas infâme à des soldats d'attenter à la dignité des vizirs qui les ont conduits à la victoire? » s'écria-t-il avec indignation. On ne lui répliqua que par des huées.

« Qu'as-tu à nous dire à ton tour, vieil écumeur de mer? » lui crièrent les soldats; et ils l'arrachèrent également de son cheval en déchirant ses habits. Le vieux Ferhad-Pacha, vétéran de deux règnes, crut qu'ils respecteraient sa barbe blanche. Il fut précipité sous les pieds des chevaux, sous les crosses de fusil. L'aga des janissaires lui-même, ajoutant le geste aux supplications, noua de ses propres mains une corde de soie autour de son cou pour dire à ses soldats : « Je suis à votre merci, serrez le nœud, étranglez votre général, mais respectez votre padischah!

» — Ah! vil flatteur, lui crièrent mille voix obstinées, entrecoupées d'éclats de rire, tu veux nous donner du biscuit sucré au lieu de pain? Mais tu ne sauveras ainsi ni les trésors du sultan, ni ceux du grand vizir; nous te ferons voir à ton tour le chariot de foin renversé. »

Pendant ces désordres de l'avant-garde, Sélim, inquiet et humilié, attendait honteusement sur la place de la porte d'Andrinople qu'il plût à ses soldats de lui rouvrir l'accès de sa capitale et de son palais. Il ordonna au grand vizir de satisfaire à tout prix le caprice des troupes. Sokolli, contristé de la sédition et de la faiblesse, fit jeter à profusion des sacs de piastres aux janissaires ameutés. Ils reprirent à ce prix leur marche, et relevèrent le char de foin renversé. Ils atteignirent bientôt les portes du sérail, se précipitèrent en tumulte dans la première cour et s'y barricadèrent de nouveau; ils envoyèrent de là une députation accompagnée des vizirs désarmés et outragés à Sélim, à qui leur rébellion fermait son propre palais. Sélim, arrêté auprès de la mosquée de la sultane Khasseki, céda encore à toutes leurs exigences. Les vizirs délivrés remontèrent à cheval, l'empereur entra dans le sérail porté par les flots d'une sédition impunie.

Le trésor se vida pour les janissaires; les spahis et les autres corps de l'armée murmurèrent et outragèrent à leur tour les vizirs pour l'égalité du pillage. Le grand vizir, qui épiait l'occasion de ressaisir l'autorité avilie, se servit habilement des séditieux assouvis pour punir les séditieux insatiables; il fit décapiter les chefs des spahis et pendre trois lutteurs qui s'étaient constitués les tribuns de la populace. Les trésors de l'île de Chio, ravagés quelques mois auparavant par le capitan-pacha Pialé et offerts par cet amiral au sultan, comblèrent le vide du trésor. Pialé, fils d'un cordonnier de Croatie, élevé par les hasards et les exploits de mer au rang de gendre de Sélim, fut récompensé de ses services dans cette sédition par le titre de vizir de la coupole, c'est-à-dire qu'il fut autorisé à s'asseoir dans le divan sous la coupole en face du grand vizir, pour discuter les affaires d'État.

Ali-Aga Muézzinzadé (ou fils du muezzin) fut nommé capitan-pacha à la place de Pialé. Mahmoud-Pacha, surnommé Sal, du nom d'un héros persan célèbre par sa force comme lutteur, reçut également le titre de vizir. Sélim récompensait ainsi dans Mahmoud le dévouement brutal que ce lutteur avait montré à ses intérêts en étranglant de ses propres mains, sur l'ordre de Soliman, le prince Mustafa, échappé par sa vigueur aux muets de son père. Lala-Houseïn (ou le père Houseïn), ce conseiller inexpérimenté de Sélim qui l'avait conduit si fatalement à Belgrade, fut éloigné par le grand vizir de la personne du sultan par le gouvernement de l'Anatolie. Djelal-Beg, le favori de Sélim, plus complaisant au grand vizir, fut comblé d'honneurs et de revenus par Sokolli, pour qu'il fût intéressé à maintenir ce grand dignitaire dans la confiance du sultan. Sûr ainsi de son ascendant dans le conseil familier de Sélim, Sokolli se délivra de toute opposition à sa politique dans le sérail. Le ministre des finances, Yousouf-Aga, qui combattait avec acharnement toutes ses mesures, fut saisi de la propre main du vizir à l'issue du conseil et livré au bourreau, qui lui trancha la tête sous la voûte de la porte du sérail.

Sokolli régna sans obstacles. Il négocia et signa une paix glorieuse avec l'empereur. Il reçut une ambassade des Persans. Cette ambassade splendide, décrite par les annalistes du règne, ramenait à Sélim les esclaves, les armes, les chevaux et les chameaux de son frère Bayézid, tué par eux pour lui complaire, malgré la loi de l'hospitalité. Un fanatique religieux attenta à la vie de l'ambassadeur persan Schahkouli au moment où il faisait son entrée solennelle dans la capitale. L'assassin fut attaché à la queue d'un cheval indompté, et traîné sur le pavé jusqu'à ce qu'il eût rendu le dernier soupir. Les présents du schah de Perse présentés par son ambassadeur attestent les merveilles de l'industrie persane au milieu des guerres civiles qui donnaient ou retiraient le trône aux dynasties de ce royaume. Des Corans reliés en velours d'or et agrafés par des serrures de pierres précieuses; des cassettes de bijoux pleines de rubis et de perles; huit tasses creusées dans des turquoises massives; deux tentes où la broderie dessinait et colorait des paysages pittoresques; vingt tapisseries de soie tissées de fleurs, d'oiseaux, d'animaux; neuf tapis de pied en duvet de chameaux arrachés au sein de leurs mères; des rideaux de tente éblouissants comme des portes d'or et d'argent; des selles de chevaux incrustées de pierreries; sept sceptres et sept sabres recourbés enfermés dans des fourreaux de velours cramoisi; des pièces d'étoffe de laine si soyeuses et épaisses pour les pieds qu'une seule de ces pièces d'étoffe faisait la charge de dix hommes.

Un ambassadeur de Pologne, nation toujours flottante dans sa politique, qui caressait les Turcs pour échapper aux Allemands, aux Russes, aux Tartares, apporta à Sélim les fourrures et les armes à feu, présents du Nord. Sokolli accorda aux Polonais tout ce qu'ils demandaient à la Porte, pour les désintéresser de la cause des Hongrois et des Allemands. Ce grand vizir gouvernait si despotiquement Sélim, que le sultan ayant voulu élever son ancien précepteur Lala-Mustafa au grade honorifique de vizir de la coupole, n'osa pas en parler d'avance à Sokolli. Le sultan convoqua un divan à cheval au retour de la chasse, et s'excusa timidement devant le grand vizir d'avoir nommé sans son aveu à une si haute dignité de l'État.

Sokolli, fidèle aux traditions d'alliance avec la France, envoya Ibrahim-Beg à Paris. Cet ambassadeur demanda au roi Charles IX la princesse Marguerite en mariage pour le prince Sigismond de Transylvanie, que la Porte voulait élever au trône de Pologne. Le mois de septembre 1569 vit réduire en cendres en une seule nuit vingt mille maisons de Constantinople. Sokolli, entouré de flammes dans un quartier où il était accouru pour combattre l'incendie, faillit périr dans ce vaste foyer. Les soins et l'or de ce ministre effacèrent promptement les traces de ce désastre.

Il fonda en même temps à Andrinople, au nom de Sélim, la merveilleuse mosquée Sélimïeh, sur les dessins de l'architecte Sinan, ce Palladio turc. La coupole de cette mosquée, portée sur des piliers comme celle de Saint-Pierre à Rome, dépasse en hauteur et en largeur la coupole de Sainte-Sophie. Sinan, qui regardait cet édifice, comme son chef-d'œuvre, disait lui-même que la mosquée des princes à Constantinople était l'essai d'un apprenti; celle de Soliman, l'œuvre d'un ouvrier consommé; mais que la Sélimïeh d'Andrinople était l'œuvre d'un grand maître. Quatre minarets, obélisques creux, élevaient par-dessus la coupole leurs flèches dans le ciel, semblables aux fleurons d'une couronne de marbre blanc détachés sur le bleu du firmament; trois escaliers, dont les spirales superposées et entrelacées les unes aux autres se suivent sans se rencontrer jamais, font monter et descendre à la fois trois muezzins du seuil au faîte et du faîte au seuil de ces minarets; les piliers écartés du centre de ce dôme et dissimulés dans les murailles donnent à la coupole l'apparence d'un prodige aérien.

VII

Mais ces édifices n'étaient que des décorations du règne; Sokolli songeait à la force et à la prospérité durable de sa race. Son génie avait devancé son époque dans la théorie de l'économie politique, cette science de la richesse des nations. Il voyait cette richesse dans l'agriculture, dans le commerce, dans la navigation, ce véhicule des échanges entre les peuples. Il voulait faire de Constantinople, par l'industrie, ce que la nature en a fait par le site, l'entrepôt de l'Asie, de l'Europe et de l'Afrique, la *grande échelle* de l'univers. Le plus grand éloge qu'on puisse adresser à la mémoire de Sélim II, c'est de n'avoir pas contrarié les vues et les plans de son ministre pour la réalisation de ses projets.

Sokolli masqua sa véritable pensée de civilisation, trop avancée pour son temps, sous l'apparence d'une entreprise politique qui flattait le préjugé et la haine populaires des Turcs contre les Persans. Il représenta au divan et il répandit dans le peuple que la seule tactique pour triompher à jamais du schisme d'Ali, en Perse, c'était de tourner par la Crimée les boulevards naturels du Caucase et de la Géorgie, qui protégent cet empire du côté de la mer Noire, et de cerner peu à peu la Perse par Bagdad d'un côté, par la mer Caspienne de l'autre. La haine nationale répondit avec enthousiasme aux conceptions de Sokolli. Les regards se portèrent au fond de la mer Noire.

Les Russes, nation encore barbare sortie des marais de la Baltique pour asservir et nationaliser des tribus plus barbares qu'eux dans les forêts de la Moscovie, menaçaient déjà de couper aux Turcs la route de la Perse, de la Tartarie et de la mer Caspienne. Devenus chrétiens au signe d'un de leurs czars, Wladimir, quatrième descendant de Rurik, leur premier chef, ils avaient adopté par imitation et par voisinage le schisme des Grecs. Les empereurs byzantins avaient scellé cette conformité de religion en donnant leurs filles pour épouses aux chefs de ces nouveaux peuples. Ils s'étaient multipliés à l'abri de leurs frimas et de leurs forêts. Ils commençaient à sentir leur force et à se répandre vers l'Orient, du côté du soleil, comme leurs neiges, fondues au printemps, prennent leur courant sur les pentes qui les déversent dans la mer Caspienne. Ivan V, Wasiliéwitz, leur czar, contemporain de Sélim, venait de caractériser cette pente des Russes vers l'Orient en conquérant Cazan et Astrakan sur les Tartares, et en se rapprochant ainsi du bassin de la Crimée.

Le Don, l'ancien Tanaïs, fleuve boréal, se précipite dans la mer Noire, après avoir, dans un cours de trois cents lieues, sillonné la Russie. Le Volga, sorti des mêmes steppes de la Moscovie, se détourne, au milieu de sa course, de la mer Noire pour s'engouffrer dans la mer Caspienne par soixante embouchures. Entre ces deux fleuves, longtemps parallèles, règne un isthme de trente mille pas. En coupant cet isthme par un canal navigable aux grands vaisseaux, la mer Noire et le Palus-Méotide, qui la prolonge vers Azof, pourraient communiquer avec le Volga, et le Volga porter les flottes et les armées ottomanes dans la mer Caspienne, qui baigne le nord de la Perse. Ce royaume, envahi par mer et par terre du côté où il se croyait inabordable, derrière les vagues de la mer Caspienne, comme du côté de l'Arabie, devenait une enclave des Turcs. La servitude lui arrivait d'où il attendait son indépendance. Le Bosphore aurait envoyé par deux mers, par un canal maritime et par soixante embouchures, ses lois à Ispahan; mais le commerce ottoman aurait imposé plus pacifiquement son monopole au monde oriental et occidental. Les produits de l'Europe, recherchés par les Indes, et les produits mille fois plus riches des Indes revendiqués à tout prix par l'Europe, au lieu d'emprunter le long et périlleux trajet de six mois du cap de Bonne-Espérance, à peine découvert, allaient s'échanger de la main à la main, par les caravanes et par les vaisseaux, sur le marché ottoman de la mer Caspienne. Les deux mondes étaient condamnés à y trafiquer sous les tentes, sous le pavillon, sous les tarifs tributaires de Sélim II et de ses successeurs; le Gange et l'Indus trouvaient leur confluent commercial avec la Tamise, le Danube, la Seine, le Rhin, le Tibre, le Tage, dans le bassin de la Tartarie turque; la mer Noire devenait le Nil d'une nouvelle Égypte. Nul ne peut mesurer l'opulence que l'exécution d'un tel plan préparait à l'empire, et cette opulence devenait en même temps un gage de paix pour l'univers. Sokolli, dans cette conception gigantesque, se révélait aussi grand économiste que grand patriote. Les jours où nous vivons démontrent assez combien il importait à la Turquie et à l'Europe de refouler dès le principe le reflux de la Russie vers l'Orient.

Cette pensée était romaine dans son origine : Pline l'historien l'attribue au règne de l'empereur Claude, ce Sélim de Rome. Séleucus Nicator l'avait présentée déjà aux Romains; la géographie la présente à tous les siècles; mais Sokolli l'avait simplifiée et facilitée en se servant du Don et du Volga comme de deux canaux déjà tout creusés pour porter dans la mer Caspienne les flottes de la mer Noire.

Sokolli succomba non sous la grandeur de l'entreprise, mais sous les préjugés des cinq mille janissaires et des vingt mille pionniers turcs qu'il envoya à Azof pour creuser le canal. Le khan des Tartares Dewlet-Ghéraï, quoique tributaire et allié des Turcs, craignit pour l'indépendance de la Crimée, si les deux mers réunies ne faisaient plus de ses États qu'une grande route de l'empire. Il craignit de plus que le secours toujours chèrement payé de ses Tartares ne cessât de paraître aussi nécessaire aux sultans contre les Russes, le jour où le Don et le Volga asservis leur permettraient de porter leurs armes au cœur de la Moscovie, comme Timour l'avait fait en partant des mêmes embouchures. Il fit donc secrètement tous ses efforts pour dépopulariser dans le camp des janissaires et des bataillons ottomans la pensée du grand vizir.

Le préjugé religieux seconda de lui-même la malveillance du khan de Crimée. Les musulmans, entendant raconter par les Tartares la longueur des jours de vingt heures et la brièveté des nuits de quatre heures dans ces steppes boréales voisines de la Moscovie, se persuadèrent les uns aux autres qu'un pareil climat était en contradiction avec les préceptes du Coran, qui leur ordonnait de faire la prière du soir deux heures après le coucher du soleil, et celle du matin à l'aube du jour. « Comment, disaient-ils, dans des nuits de quatre heures trouverons-nous le temps de prier deux fois et de dormir? L'entreprise qui commande aux musulmans de pareilles violations du Coran est donc réprouvée de Dieu! La religion du Prophète n'est faite que pour les climats où sa loi peut être obéie! » Le murmure et le découragement firent tomber les armes et les outils des mains des soldats et des ouvriers. Une colonne de vingt-cinq mille cavaliers turcs et tartares, qui marchait sur Astrakan pour en expulser les Russes, ayant été refoulée par les troupes d'Ivan, revint en désordre rapporter la panique et la sédition parmi les ouvriers du canal. La désertion, favorisée par les Tartares, dispersa le camp; les généraux cédèrent aux soldats; ils se rembarquèrent sans ordres pour Constantinople. Les tempêtes de la mer Noire semblèrent se liguer avec le fanatisme des soldats pour décourager à jamais les Ottomans de la plus vaste pensée de leur grand ministre. Les naufrages engloutirent au retour une partie de la flotte; sept mille hommes seulement rentrèrent à Constantinople.

VIII

Mohammed-Sokolli, découragé de son projet d'unir deux mers pour ouvrir aux Ottomans la route de la Perse et des Indes, voulut tenter par l'Arabie ce que l'ignorance de sa nation avait fait échouer par la Perse. Il résolut de couper l'isthme de Suez pour faire passer les flottes de la Méditerranée dans la mer Rouge et de la mer Rouge dans l'océan Indien. Une révolte générale de l'Arabie suspendit fatalement l'exécution de cette œuvre que rêvent encore aujourd'hui les maîtres de l'Égypte et les nations commerçantes de l'Occident. L'invention des chemins de fer, cette navigation terrestre, la rend moins urgente sans la rendre moins probable un jour.

Les causes toutes locales de ce soulèvement de l'Arabie Heureuse ou de l'Yémen contre les gouverneurs d'Égypte tiennent à des rivalités de familles parmi les dynasties obscures de ces contrées, trop imperceptibles et trop puériles pour occuper l'histoire. Mais ce soulèvement menaçait de s'étendre au reste de l'Arabie jusqu'en Égypte. Sokolli, pour l'étouffer dans son germe et pour éloigner en même temps un rival dont il redoutait le vieil ascendant sur Sélim, ordonna à Lala-Mustafa, ancien précepteur du sultan, déjà relégué en Anatolie, de lever en Syrie et en Égypte une armée pour aller soumettre l'Arabie.

Quelques milliers de janissaires formaient le noyau de Mustafa. Sinan-Pacha, gouverneur d'Égypte, au lieu de seconder l'enrôlement des soldats pour l'armée d'Arabie, opposa l'inertie calculée aux ordres du séraskier. Sûr de plaire à Sokolli en ruinant la renommée de son rival, il accusa Mustafa de lui tendre des piéges au Caire, d'avoir tenté de l'empoisonner dans une coupe de sorbet, de rêver pour lui-même la souveraineté indépendante d'Égypte et d'Arabie. Sokolli, soit qu'il crût à ces accusations, soit qu'il feignît d'y croire, envoya un tchaousch au Caire pour porter à Mustafa sa destitution et l'ordre de venir se justifier à Constantinople. Sinan-Pacha reçut à sa place le titre de séraskier et le commandement de l'expédition contre l'Yémen.

Othman-Ouzdemir-Pacha, né en Arabie, depuis grand vizir, alors simple général de Sinan, avait précédé le séraskier dans l'Yémen. Dans une campagne heureuse et rapide, Othman avait dissipé les rebelles; il avait emporté d'assaut leurs places fortes. Pour accroître ses ressources et pour se rendre plus nécessaire aux yeux du divan, il avait enrôlé dans son armée des tribus et des cavaliers arabes attirés par la popularité de son nom en Arabie. Sinan, jaloux des triomphes trop complets de son lieutenant, le destitua et nomma au commandement de son armée un esclave russe parvenu, nommé Hassan-Pacha. Othman, indigné de l'ingratitude du séraskier, s'enfuit à la Mecque avec une partie de ses alliés arabes, et, traversant les montagnes de la Mésopotamie sous un déguisement, il vint demander justice à Constantinople.

Informé de son approche, le grand vizir, qui craignait ses liaisons avec Lala-Mustafa, disgracié comme lui, pour la même cause, lui fit défendre d'entrer dans la ville. Othman dressa ses tentes hors des murs, dans un cimetière voisin, à la porte d'Andrinople, que la peste qui sévissait alors couvrait chaque jour de nouvelles tombes. On y venait sans cesse, au milieu des neiges et des pluies d'hiver, contempler ce grand jouet de l'ingratitude de son maître.

Cependant, un jour que Sélim II rentrait de la chasse par la porte d'Andrinople, Lala-Mustafa, victime de la même intrigue, mais qui approchait encore familièrement de son ancien élève, dirigea, comme par hasard, la marche du sultan du côté du cimetière où Othman languissait sous ses tentes. « Qui donc habite un si misérable abri contre les rigueurs de l'hiver? demanda le sultan. — C'est le fils d'Ouzdemir, votre fidèle esclave Othman-Pacha, répondit le précepteur. Celui qui, sous le règne du sultan votre père et sous le vôtre, a agrandi l'empire de deux vastes provinces, la Nubie et l'Yémen, après avoir égalé en Arabie les services et les exploits de son père, est récompensé par l'ingratitude de vos vizirs, et subit la pluie et le froid hors des murs de la ville, où il lui est interdit d'abriter sa tête. » Sélim se tut et rentra pensif au sérail. Le lendemain un khattischérif (ordre de la main du souverain qui annule tout ordre contraire des ministres) nomma Othman-Pacha au gouvernement de Bassora, sa patrie. Sokolli ayant voulu représenter au sultan le danger de nommer un homme si populaire au gouvernement d'une province limitrophe de l'Arabie:

« Garde-toi d'y toucher désormais, » lui dit sévèrement Sélim. Mais Sokolli, plus inquiet d'assurer la sécurité de l'empire que de complaire à son maître tout-puissant, changea le jour même la destination d'Othman, et le nomma à un gouvernement moins important.

L'Arabie entière, vaincue ou pacifiée par Sinan-Pacha, reconnut en 1570 la loi des Turcs. Sinan, à la tête de son armée, entra à la Mecque, y rétablit la liberté des pèlerinages, et les trois caravanes de Syrie, d'Égypte, d'Yémen, sous la conduite de leurs émirs, y célébrèrent les cérémonies de la Kaaba. Rien ne ralentit plus à Constantinople les préparatifs de Sokolli pour l'expédition contre Chypre (1570). L'ordre rétabli en Arabie, la réconciliation avec les Russes satisfaits de leurs empiétements impunis en Crimée, la paix avec l'empereur d'Allemagne, l'amitié des Polonais, l'alliance de plus en plus intime avec la France, la prospérité du trésor, l'armement de la flotte, l'impatience des troupes longtemps oisives, permettaient enfin au grand vizir de porter tout le poids de sa politique patiente contre les Vénitiens, et de leur arracher le royaume de Chypre. Cette conquête nécessaire à l'empire était de plus, dans l'esprit du grand vizir, une condescendance habile à un vieux caprice de Sélim II.

Pendant que ce prince, suspect à son père, relégué à Kutaïah ou à Magnésie, languissait dans l'oisiveté, dans la disgrâce et souvent dans la détresse d'argent, sort ordinaire des princes héritiers ou victimes du trône alors en Turquie, il avait contracté avec un compagnon de sa jeunesse une amitié et une reconnaissance qui devinrent funestes aux chrétiens de Chypre.

Cet homme était un juif portugais nommé alors Joseph

Nassy et auparavant don Miguez. C'était un de ces Hébreux jetés par la dispersion de leur nation chez tous les peuples, et à qui la persécution et la crainte des outrages populaires avaient fait adopter une apparence de christianisme qu'ils désavouaient en secret. Le plus grand crime des persécutions n'est pas seulement de faire des proscrits, mais aussi des hypocrites. Joseph Nassy avait le génie insinuant et les grâces habiles que la nécessité de leur situation donne aux hommes qui ne peuvent aspirer à la puissance que par la servilité. Riche déjà par le commerce en quittant le Portugal, il était venu en aventurier hardi chercher à Constantinople à agrandir et à ennoblir sa fortune. Épris jusqu'au délire d'une jeune fille juive dont la beauté et l'opulence ravissaient également ses regards et son ambition, don Miguez n'avait pas hésité à abjurer par amour un christianisme adopté par convenance. Il avait épousé cette fille de sa tribu.

Ses richesses décuplées par ce mariage, les sommes qu'il prêtait avec une politique libéralité aux grands de la cour, les présents en pierreries qu'il prodiguait au sérail, la possession des vignobles les plus renommés de Chio, de Chypre, de Sicile, dont il faisait servir les produits à corrompre la sensualité peu scrupuleuse alors des courtisans et du jeune héritier de Soliman lui-même adonné à l'ivresse, l'avaient introduit dans la familiarité de Sélim. En homme qui savait braver la disgrâce présente pour assurer la faveur future, il avait suivi le prince à Kutaïah. L'intimité du jeune prince musulman et de l'aventurier juif était telle, qu'on disait dans Constantinople que Sélim n'était pas le fils de Soliman et de Roxelane, mais l'enfant d'une juive, sœur de don Miguez, qu'une intrigue de sérail avait substitué dans le harem à un fils mort-né de la favorite. Argent, plaisirs, débauches, goût des vins délicieux de l'Archipel, tout était commun entre les deux amis. Le favori, en excitant la convoitise enthousiaste du prince pour les ducats d'or et pour les outres savoureuses de Chypre, ne cessait pas de lui représenter cette île opulente comme le paradis des voluptueux. Un jour où le vin des coteaux de Limasol avait enivré plus que d'habitude les sens et l'imagination de Sélim, le prince se jetant dans les bras de son ami lui jura que, s'il montait jamais sur le trône des Ottomans, il lui donnerait en propriété le royaume de Chypre pour reconnaître les délices qu'il devait à sa bourse et à ses dons.

Don Miguez, qui avait vu dans la promesse du sultan futur une sorte d'investiture, fit peindre et suspendre dans sa maison les armoiries de Chypre avec cet exergue : « Joseph Nassy, roi de Chypre. »

A l'avénement de Sélim au trône, Nassy, qui était accouru à Belgrade pour le féliciter, se jeta à ses pieds. Sélim, en le relevant et en l'embrassant, lui donna, comme en prélude d'un don plus royal, le titre de duc de Naxos et des douze Cyclades. Pour redevance de ces immenses possessions, le sultan n'exigea de son ami qu'un léger tribut de deux mille ducats sur les vins, qui rapportaient an nouveau possesseur des Cyclades cent cinquante mille ducats. L'ancien prince dépossédé de Naxos et d'Andros vint traîner sa dégradation et son indigence à Constantinople.

Mais tant de dignités et tant de richesses ne paraissaient au favori que des degrés pour s'élever à son rêve, le royaume de Chypre. Il ne cessait d'encourager Sélim II à étendre la main sur cette possession de la république. Les ambassadeurs vénitiens, qui connaissaient son crédit et qui craignaient tout de ses richesses, tremblaient des résolutions du divan. Toute la jeune cour de Sélim, Nassy, Lala-Mustafa, le capitan-pacha et son frère Pialé penchaient pour la déclaration de guerre à Venise. Le grand vizir et le mufti résistaient seuls à cet entraînement du sérail. Ils ne trouvaient ni la cause juste ni le moment opportun. Venise ne fournissait aucun grief, et ses forces navales à l'ancre dans son port pouvaient couvrir de voiles et de canons les rivages de Chypre.

L'ambitieux Nassy, dont l'opulence pouvait acheter les trahisons et les crimes, corrompit, dit-on, quelques écumeurs de mer et brûla l'arsenal de Venise par leurs mains. Le 13 septembre 1569 une explosion nocturne éveilla les Vénitiens à la lueur de leur arsenal et de leur flotte en feu. Les munitions de la république avaient sauté avec l'arsenal. La darse, couverte la veille de l'armement et de l'équipement de cent cinquante navires, ne voyait plus le lendemain flotter que des cadavres et des débris sur les lagunes.

Ce désastre décida le divan à tout oser. Après une impérieuse sommation inacceptable par une république fière et libre, l'expédition ottomane fit voile pour le royaume de Chypre (1570). Sélim la confia à ceux qui l'avaient inspirée. Son précepteur, Lala-Pacha, fut nommé séraskier ou général de l'armée de débarquement; le capitan-pacha Pialé commanda la flotte; Iskender, beglerbeg d'Anatolie, Hassan-Pacha, vainqueur de l'Arabie sous Sinan, Behram-Pacha, gouverneur de Caramanie, et tous les généraux vétérans des guerres de Hongrie, commandaient les troupes de terre ; trois cent soixante voiles en tout partirent successivement, en mars et en avril, de Constantinople pour aller porter cette expédition à Chypre.

Dix mille hommes débarquèrent en passant sur l'île montueuse de Tine, et l'incendièrent d'une extrémité à l'autre, pour la punir de sa liberté qu'elle avait su conserver contre les prétentions de Joseph Nassy, duc de Naxos. Mais les habitants, réfugiés et invincibles dans la citadelle, ne laissèrent conquérir que leurs maisons, leurs arbres et leurs troupeaux. Leurs âmes libres respirèrent de nouveau la liberté après la courte apparition des Turcs.

La flotte, contournant lentement les caps avancés de l'Anatolie, entre Macri et Rhodes, longea la côte de Caramanie, en embarquant à chaque rade de nouveaux renforts. Ces quatre cents voiles, formant une colonne continue de Rhodes jusqu'à Satalie, jetèrent l'ancre le premier jour d'août 1570 sur la plage d'Amathonte, à l'extrémité méridionale de l'île. Les habitants, du haut des promontoires et des montagnes de l'île, comptèrent avec terreur le nombre de leurs ennemis.

IX

L'île de Chypre, l'ancienne terre de Chétim des Phéniciens et des Hébreux, l'ancienne Kypros des Grecs, avait mérité par son site, par son climat et par sa fertilité, d'être divinisée dans la fable comme le séjour des dieux et des déesses qui symbolisaient la beauté et l'amour, ces dieux de nos sens. Les mines de cuivre qui abondaient dans l'île furent dédiées à Vénus, et de *kypros*, *cupros*, cuivre, on fit Cypris et aujourd'hui Chypre. Les jardins, les bois sacrés, les temples de cette déesse dont la volupté était le culte couvraient ses promontoires. Amathonte et Paphos étaient les plus fameux. Leur poussière encore aujourd'hui n'est formée que des débris de sanctuaires, de bains, de fontaines, de statues mutilées de cet Olympe féminin. L'homme, qui adore presque par toute la terre ce qu'il redoute, adore aussi ce qui le charme dans son court passage ici-bas et ce qui lui fait rêver les félicités d'un autre monde. C'est la nature qui avait consacré l'île de Chypre à la sensualité et au bonheur. Cette terre était et elle est encore l'Éden des mers. Les vagues, la terre, le soleil et l'air semblent l'avoir fait surgir comme Aphrodite d'une amoureuse harmonie entre les éléments.

Semblable à un berceau flottant que les vents d'Égypte ont mollement poussé de vague en vague de leur souffle tiède jusqu'au fond oriental du grand lac de la Méditerranée, l'île abritée du nord par la chaîne dentelée du Taurus, et du simoun du désert par les cimes du mont Liban, s'étend sur un espace de près de sept cents milles de circonférence entre la Syrie et la Caramanie. L'ombre alternative de ces hautes montagnes semble se prolonger le soir et le matin jusqu'à ses rives, et peindre d'un azur plus foncé les lames de la mer abritée qui la caressent de leur écume.

Du côté qui regarde la Syrie, l'île prolonge, en s'abaissant au niveau des vagues, son promontoire de Dénarétum, comme si elle voulait s'insinuer dans le golfe profond d'Alexandrette, dans les embouchures de l'Oronte, et tendre un pont aux caravanes d'Alep et de Damas. Du côté qui fait face à la Cilicie, l'île, plus relevée de bords, se rapproche par le promontoire d'Epiphania du golfe de Satalie, ce lac salé de la Caramanie, encaissé dans les forêts du Taurus. Le cap Crommyon, renflement du noyau de l'île entre ces deux promontoires, semble vouloir rivaliser avec les aspérités des caps du Taurus, qu'il regarde. Ce cap n'est séparé du continent d'Anatolie que par un canal de mer que les voiles de pêcheurs traversent en une nuit d'été.

Le cap Crommyon se rattache, par des pentes douces mais continues, au bloc fondamental et central de l'île, l'Olympe de Chypre, le moins élevé mais le plus serein des quatre Olympes de cette terre où l'antiquité semble avoir hésité à placer le séjour de ses dieux. Le poëte Euripide fait des vallées boisées et murmurantes de l'Olympe de Chypre la patrie de Vénus Aphrodite et la demeure des Muses, ces Vénus intellectuelles qui inspirent aux hommes, pour la beauté morale, l'amour que la Vénus corporelle inspire aux sens.

A droite et à gauche de ce mont Olympe deux chaînes de montagnes, moins élevées, courant et déclinant jusqu'aux extrémités des terres, présentent comme un sillon leurs pentes à deux soleils opposés. C'est ce renflement du muscle dorsal de Chypre qui a fait sans doute comparer, par les anciens géographes, l'île à une toison de mouton flottante sur la mer, à un bouclier convexe sur lequel rejaillissent les rayons du jour; enfin au dos d'un dauphin nageant et ruisselant sur les flots. A la place où les Muses, Jupiter, Adonis, pleuré de Vénus, Apollon, Vénus elle-même, avaient leurs noms, leurs temples, leurs cultes, leurs pèlerinages, la théogonie chrétienne avait substitué les noms, les autels, les pèlerinages des apôtres, des saints, des martyrs.

Chypre, sous son éternel printemps, avait un sol et une population correspondant à son site, à son climat et à son étendue. Le froment, la vigne, le mûrier qui nourrit l'insecte fileur de la soie, l'olivier d'où suinte le beurre végétal de l'Orient; les ruches d'abeilles donnant un miel aussi renommé que celui de l'Hymette; le platane, le cyprès, le myrte, dont la fleur alanguit les sens, l'opium qui les enivre, toutes les plantes qui les nourrissent, tous les fruits qui les désaltèrent : le melon, la pêche, la grenade, l'orange, le limon, les pommes, les poires de Cilicie, les dattes de Syrie, les figues de Salamine, multipliaient sur ses collines ou au bord de ses ruisseaux. Le navigateur, en approchant de Chypre et en contemplant les rochers de ses bords verdis par les plantes qui les tapissent en trempant leurs filaments dans l'eau salée, croit voir une corbeille trop pleine débordant de fruits et de feuilles.

Les animaux eux-mêmes semblent participer de l'opulence et de la sérénité de sa terre. Ses bœufs étaient choisis à leur taille, à leurs cornes et à leur blancheur pour les sacrifices; ses colombes innombrables, aux ailes bleuâtres comme si elles s'étaient trempées dans la mer, consacrées jadis à Vénus, couvrent encore de leurs nuées et attendrissent de leurs roucoulements les bois et les fontaines de l'île.

La richesse industrielle égalait la richesse végétale. Ses rochers recèlent des pierres précieuses telles que le jaspe, l'amiante, le cristal de roche, l'opale. Des mines de cuivre, métal consacré sans doute, à cause de son origine, à Vénus, reine de Chypre, y étaient exploitées de toute antiquité. Des marais salants, sur lesquels la mer en se retirant laisse une cristallisation blanche semblable à une neige, fournissaient l'île et les continents voisins du sel de Chypre.

X

Son histoire était, comme celle des pays trop enviés par les conquérants et trop amollis par une civilisation précoce, l'Égypte, la Grèce, la Syrie, l'Italie, pleine de vicissitudes et de catastrophes. Neuf tyrans servis par une armée de délateurs se la partageaient dans ses premiers temps historiques. Des femmes esclaves, qui jouaient des instruments et qu'on appelaient les *flatteuses*, étaient chargées d'enivrer leurs sens et de leur inspirer des langueurs produites par la musique efféminée répandue dans l'air. Les Égyptiens l'avaient conquise sur les Phéniciens, les Perses sur les Égyptiens, les Grecs sur les Perses; elle avait ensuite appartenu à Alexandre, puis aux Romains représentés par Caton; dévastée par les Juifs sous Trajan, elle était tombée, à la fin du septième siècle de notre ère, au pouvoir des Arabes; Baudouin, roi croisé de Jérusalem, et Richard, roi d'Angleterre, l'avaient enlevée aux Arabes; Richard l'avait donnée en gage aux templiers, moines spoliateurs et tyrans qui ravageaient et asservissaient les peuples au nom du Christ né pour les affranchir, puis il l'avait abandonnée à Guy de Lusignan, en échange de la couronne de Jérusalem; plus tard, les Génois, marchands qui achetaient et vendaient des royaumes, l'avaient trafiquée avec les successeurs de Guy. Les mameluks d'Égypte l'avaient annexée à leur possession précaire ; les Vénitiens s'y étaient insinués sous l'ombre du commerce.

Une Vénitienne de leur sang, Catherine Cornara, avait été épousée par le dernier souverain nominal de l'île, héritier des croisés. Les agents de la république de Venise, ayant empoisonné ce roi et le fils qu'il avait eu de Cornara, cette veuve avait été déclarée fille de la république; à ce titre, elle avait, à son tour, donné son royaume à Venise, sa mère. Pour prix de cette munificence libre ou contrainte, le sénat de Venise avait décerné un magnifique tombeau à Catherine Cornara dans l'église de San Salvator, et proclamé cette veuve patronne de la république.

L'île, quoique bouleversée et dépeuplée par tant de révolutions intérieures et par tant de vicissitudes de conquêtes, avait repris, sous les lois, sous la protection et sous le commerce maritime de la république, une prospérité agricole et industrielle qui l'avait rendue la première colonie de l'Occident sur les frontières de l'Asie. Elle était aux Vénitiens ce que Cuba et Manille sont aujourd'hui aux Espagnols, une patrie plus riche et plus heureuse hors de la patrie. La république y entretenait des armées et des flottes. Sa capitale, Nicosie, au cœur de l'île, ses capitales navales, Famagouste et Larnaca, ses ports, fortifiés avec tout l'art des ingénieurs européens et avec toute la prodigalité de la plus riche république militaire de l'Occident, étaient des boulevards comparables à ceux de Rhodes, de Malte et de Belgrade, si longtemps inexpugnables aux Ottomans.

Dandolo, sous le titre de provéditeur, gouvernait inhabilement l'île de Chypre. Hector Baglioni, noble vénitien, était général des troupes, Bragadino défendait Famagouste; le nombre de leurs troupes, qui ne dépassaient pas sept mille soldats vénitiens, leur commandait de se couvrir de leurs murailles et de leurs vaisseaux.

XI

Le séraskier, dont les quatre cents vaisseaux ne portaient pas moins de cent mille combattants, débarqua sans obstacle cette multitude et ses canons sur la plage nue de Limasol, à la pointe de l'île qui regarde la mer de Rhodes. Le capitan-pacha Pialé, reprenant aussitôt la mer, louvoya pendant toute la saison d'été entre Rhodes, Chypre et Satalie, en vue des trois terres, pour combattre toute escadre vénitienne qui cinglerait de l'Adriatique vers la colonie bloquée.

Lala-Mustafa était novice dans la conduite d'une armée. Pialé l'engageait à attaquer Famagouste avant Nicosie, pour ne pas laisser une ville et une armée ennemies entre la mer et lui pendant qu'il assiégerait la capitale. Le séraskier, fier de son nombre, dédaigna cette prudence et marcha avec ses cent mille hommes sur la capitale. L'île entière, submergée par ce déluge de Turcs indisciplinés, sous un général barbare, reflua dans Nicosie, dans les gorges et sur les plateaux inaccessibles de l'Olympe.

Nicosie, site mal choisi pour être la capitale d'un royaume maritime, était assise sur une colline au centre de l'île.

Son étendue, disproportionnée à sa population, la rendait vulnérable sur une circonférence de trois mille pas.

C'était une ville sainte plutôt qu'une ville forte. Trois cent soixante églises ou monastères, aussi nombreux que les jours de l'année, attestaient la superstition plutôt que la prudence des rois de Jérusalem et des moines grecs maîtres alors de l'Orient. Les Vénitiens, plus prévoyants, avaient détruit quatre-vingts de ces églises et de ces couvents pour construire des bastions avec leurs débris.

Une population de cent mille âmes et dix mille soldats vénitiens, cypriotes, italiens, albanais, à la solde de Venise, étaient enfermés dans cette capitale. Ils virent avec épouvante, mais sans faiblesse, Lala-Mustafa, parvenu au pied des collines, distribuer ses tentes, ses batteries et ses cent mille soldats autour de leurs murs.

Six semaines de siége et cinq assauts repoussés avaient relevé leurs espérances; ils regardaient chaque matin du haut des clochers si les voiles promises par la république n'apparaissaient pas à l'horizon de Rhodes ou de Candie. Ils ne virent que les quatre cents voiles du capitan-pacha se rapprocher de la plage de Limasol et débarquer un renfort de vingt mille Turcs pour grossir les troupes du séraskier.

L'arrivée de ces vingt mille hommes au camp de Mustafa fut le signal d'un nouvel assaut général. C'était le 9 septembre 1570. L'assaut n'attendit pas l'aube du jour. Avant le crépuscule, trente mille janissaires avaient emporté, à force d'hommes, les principaux bastions de la ville. Les défenseurs blessés ou précipités des créneaux s'étaient repliés dans les rues barricadées au cœur de la ville. Leurs plus braves officiers étaient morts sous le sabre ou sous les boulets des Turcs. Le provéditeur Dandolo, l'archevêque, son clergé et les principaux magistrats s'étaient réfugiés dans le palais du gouvernement, dont les murailles chancelaient sous les boulets rapprochés des vainqueurs. Les premiers parlementaires cypriotes qui s'étaient avancés en suppliants vers les brèches, pour demander capitulation ou merci, étaient tombés foudroyés, sans autre réponse que la mitraille et la mort. Le perfide Dervisch-Pacha avait passé sur leurs corps à la tête d'une colonne de six mille janissaires et de six canons qui enfonçaient les portes du palais. Il s'était saisi d'un moine italien et l'avait chargé d'aller offrir aux assiégés du château la vie et l'honneur, au prix du silence de leur artillerie. Le moine ressortit avec la capitulation signée dans les mains. Dervisch-Pacha et ses soldats, s'élançant par la porte ouverte au moine, et déchirant la capitulation, massacrèrent les Vénitiens; le provéditeur Dandolo lui-même tomba sous le sabre de Dervisch-Pacha. Son sang du moins lava sa honte.

Les femmes, réfugiées sur les terrasses du palais, combattirent jusqu'à la mort, au milieu de la fumée et des flammes qui commençaient à allumer leurs vêtements. Les mères, avant de se précipiter du haut des créneaux, poignardaient leurs filles pour sauver du moins la liberté et la chasteté de ces vierges de la servitude et des souillures des soldats. L'une d'elles égorgea jusqu'à son fils, enfant d'une merveilleuse beauté. « Non, s'écria-t-elle en lui plongeant le couteau dans la poitrine, tu n'assouviras pas comme esclave les brutalités de nos bourreaux. » Elle se frappa ensuite elle-même sur le corps de l'enfant.

Vingt mille cadavres d'hommes, de femmes, d'enfants, précipités des fenêtres et des terrasses des maisons forcées ou incendiées, ensanglantèrent en quelques heures les rues de Nicosie. Les vaisseaux des Turcs, qui étaient à l'ancre dans la rade pour recueillir les dépouilles, s'enfoncèrent sous le poids des esclaves, des meubles, des trésors entassés par les vainqueurs sur leurs bâtiments. On évalue à des millions de ducats les richesses en or accumulées par les Vénitiens dans les églises et dans les palais de Nicosie.

L'héroïsme d'une femme grecque, embarquée sur le vaisseau amiral pour être conduite en esclavage à Constantinople, trompa l'avidité du vainqueur. Au moment où les bâtiments de l'escadre, surchargés et entassés les uns contre les autres dans la rade étroite, levaient leurs ancres; lorsque les flammes de la ville en feu éclairaient pour la dernière fois les rivages de sa patrie à ses yeux, cette femme, s'élançant, une torche à la main, sur le pont, alluma les voiles déjà ouvertes du navire, pour périr au moins en vengeant sa religion et sa race. La flamme, attisée par le vent de terre et redoublée par l'explosion des canons et des poudres, courut comme la foudre d'un navire à l'autre, forçant les matelots à se précipiter des ponts dans la mer pour échapper à cet inextinguible foyer. Le vaisseau du grand vizir et trois autres vaisseaux de guerre volèrent en lambeaux de feu sur la rade sous l'explosion de leurs magasins à poudre; le reste brûla et sombra lentement dans la nuit, entraînant dans la mer les femmes et les filles nobles de l'île enchaînées sous leurs ponts.

Le trésor de la république embarqué sur ces vaisseaux, en sequins de Venise, fut englouti tout entier avec ces cadavres sous les vagues. Les plongeurs turcs s'efforcèrent en vain de le suivre de l'œil dans les profondeurs de la mer. Les vagues de la mer de Chypre roulent depuis cette nuit tragique sur les carcasses ensablées des navires qui recèlent le prix de tant de crimes perdus. On connaît la place; on voit de temps en temps remonter à la surface de la rade quelques indices de ce grand naufrage détachés par les tempêtes des quilles des vaisseaux; mais on n'a pas pu sonder jusqu'ici leurs flancs pour leur arracher ces richesses.

De nos jours des aventuriers anglais, sur la renommée de ces trésors, ont offert aux Turcs de les partager avec eux, à la condition de les retirer à leurs frais du lit des vagues; mais la mer semble se refuser à rendre aux hommes le prix de tant de forfaits et de tant de sang.

XII

Lala-Mustafa, enivré de son triomphe, envoya devant lui la tête coupée du provéditeur Dandolo à Bragadino, commandant de Famagouste, seconde capitale de l'île, pour le sommer, par la terreur, d'ouvrir la ville.

Bragadino portait dans son cœur le courage désespéré de tout un peuple, et dans son intrépidité le salut de Chypre, si le sénat de Venise avait dignement secondé son général. Les cent vingt mille soldats de Mustafa et les innombrables voiles de Pialé ne firent qu'exalter son héroïsme au niveau de ses périls. L'automne et l'hiver tout entiers virent les inutiles assauts de Mustafa échouer contre les remparts, pulvérisés mais toujours relevés, de Famagouste.

Chypre, confiante dans son héros, entendit plusieurs fois du côté de Rhodes les canons des flottes de Venise qui cherchaient à se faire jour à travers les flottes du capitan-pacha. Deux mille défenseurs envoyés de la Dalmatie et quinze cents hommes partis de Candie parvinrent à forcer la rade de Famagouste et à introduire des renforts, des vivres et des munitions dans la ville.

Sélim impatient, le grand vizir irrité, gourmandaient la lenteur du siége. Lala-Mustafa, humilié, leur envoyait les têtes des généraux et des amiraux sur lesquels il rejetait sa honte. Quarante mille nouveaux mineurs et soldats passèrent au printemps de la côte de Caramanie à la côte de Chypre (1571). Les rochers de Famagouste, percés par cent mille bras, ouvrirent aux Turcs des tranchées si larges et si profondes que des cavaliers pouvaient passer sous leurs voûtes. Des batteries de quatre-vingts pièces de canon, dont le calibre égalait ceux qui avaient foudroyé Constantinople et Rhodes, vomissaient nuit et jour des blocs de granit contre les remparts.

Bragadino, résolu de s'ensevelir sous les décombres, fit sortir de la ville tous les habitants qui affamaient inutilement la garnison. Ce peuple, exténué d'inanition, parut un matin en suppliant devant les Turcs; les généraux ottomans, attendris par tant de misères, les laissèrent se répandre, pour chercher leur nourriture, dans les villages grecs de l'île. Bragadino, libre de ses résolutions, vit impunément les mines des Turcs éclater une à une sous ses bastions. Chaque brèche ouverte ainsi dans ses murs devint le tombeau des assaillants; des canons fondus sous ses yeux remplaçaient les pierres; l'enceinte étroite de Famagouste ne présentait partout que des bouches de feu. Le chef avait communiqué à ses dix mille soldats une seule âme. Les signaux lointains des galères de Venise, qu'ils apercevaient de temps en semps sur la mer de Candie, leur promettaient une prochaine délivrance ; mais cette espérance s'évanouissait avec les jours. Les murailles étaient écroulées jusqu'aux fondations dans les fossés; les Vénitiens, resserrés dans une seconde enceinte construite en terre, attendaient que de nouvelles mines souterraines, dont ils entendaient le travail sous leurs pieds, les engloutissent dans un sépulcre de feu. Ils n'avaient plus de poudre que pour trois jours. Ils ne rendraient plus aux Ottomans qu'un tertre de poussière détrempé de sang.

Les Ottomans paraissaient compatir eux-mêmes à tant d'héroïsme inutile. Des négociations s'ouvrirent sur la brèche; le kiaya du séraskier et celui des janissaires entrèrent sous un drapeau blanc dans la place, et y demeurèrent en otages de la sûreté des parlementaires vénitiens. Deux nobles de Venise se rendirent sous ces auspices à la tente de Lala-Mustafa ; ils y furent accueillis avec les honneurs dus à leur courage. Le séraskier les fit asseoir sur son divan ; le capitan-pacha les invita à un festin de paix. Une capitulation signée assura à Bragadino et à ses troupes leur vie, leurs armes, leurs propriétés, celles des habitants qui voudraient rester dans l'île soumis à la domination du sultan; des vaisseaux pour transporter les autres à Candie.

Trois jours suffirent pour évacuer Famagouste et embarquer les troupes vénitiennes sur les vaisseaux, à l'exception des officiers supérieurs qui présidaient à terre à la remise des postes et à l'embarquement des soldats. Le troisième jour au soir Bragadino se rendit aux tentes du séraskier pour prendre congé du pacha et lui remettre les clefs de la ville déserte. Le général était accompagné de Louis Martinengo, ingénieur consommé, qui avait présidé sous lui à la défense, de Baglioni, de Quirini, nobles vénitiens, et de quarante soldats d'élite, son escorte d'honneur. Monté sur le dernier cheval resté vivant de son armée, vêtu de la robe de pourpre du sénat de Venise, et faisant porter sur sa tête, par un More, le parasol rouge, insigne de l'autorité suprême d'un gouverneur de place, Bragadino s'avançait avec confiance vers les tentes, objet du respect des vainqueurs. La réception de Lala-Mustafa fut digne et l'entretien amical; mais cette dissimulation couvrait la vengeance. Lala-Mustafa ne pardonnait pas au héros d'avoir retardé de quinze mois son triomphe, et compromis à Constantinople son crédit et peut-être sa tête. Il voulait offrir à Sélim une excuse de sang.

Quelques historiens de la catastrophe de Chypre donnent pour motif de la perfidie de Lala-Mustafa l'infâme passion qui venait de naître dans son âme à l'aspect du jeune Antonio Quirini, bel adolescent d'une figure féminine, qui accompagnait Bragadino dans cette audience. La brutalité de quelques Ottomans corrompus, depuis la conquête de Constantinople, par les vices dénaturés des Grecs, ne justifie que trop cette odieuse supposition. L'exigence inattendue et obstinée du séraskier la motive.

« Quelle garantie me donneras-tu, dit-il à Bragadino près de se retirer, que les vaisseaux ottomans que je te prête pour porter à Candie toi et tes soldats ne seront pas retenus par ta république? — La capitulation, répond Bragadino étonné, n'en mentionne aucune que ma parole. — Eh bien! répliqua le séraskier, j'exige que tu me livres en otage ce jeune homme, qu'il me plaît de garder et qui me répondra sur sa tête de votre fidélité. »

Bragadino rougit et s'indigna d'une lâcheté proposée si odieusement à un homme qui préférait avec tant de gloire, depuis deux ans, l'honneur à la vie. La conférence s'envenima en récriminations et en injures. Lala-Mustafa reprocha avec raison aux Vénitiens de Famagouste d'avoir immolé l'année précédente, en pleine paix, cinquante pèlerins musulmans, jetés par la tempête dans leur île et sacrifiés par les chrétiens. Ce souvenir trop réel et trop sanglant sembla commander à sa fureur d'atroces représailles; il fit signe aux bourreaux de trancher la tête à Antonio Quirini, cause innocente de l'altercation, à Martinengo et à Baglioni. Leurs têtes roulèrent à l'instant sur le tapis.

Les crimes de Bragadino voulaient de plus lents supplices. Mustafa lui fit couper le nez et les oreilles, et ordonna qu'on le conduisît ainsi mutilé sur le vaisseau amiral de Rhodes. Là, par un raffinement de supplice motivé, disent les historiens ottomans, par un supplice de même nature infligé à des prisonniers turcs sous le gouvernement de Bragadino, il fut hissé aux vergues, plongé de cette potence dans la mer, rehissé et replongé encore par une dérision qui prolongeait pour lui le sentiment de l'agonie.

Ramené au rivage six jours après, on attacha sur ses épaules un joug chargé de deux paniers pleins de pierres qu'on lui fit porter sur les bastions de la ville, afin qu'il relevât ainsi au profit des Turcs ces bastions qu'il avait défendus contre eux. Chaque fois qu'il passait devant le séraskier, présent à son ignominie, Bragadino était forcé de se prosterner devant son bourreau; enfin, conduit sur la place, devant la porte de son propre palais, l'infortuné général de Venise fut attaché au poteau sur lequel on fustigeait les esclaves et écorché tout vivant. « Où donc est ton Christ? lui disaient en le raillant les bourreaux, pourquoi ne l'appelles-tu pas à ton secours? » L'impassible martyr ne détourna pas sa pensée de Dieu pour leur répondre, mais il continua à réciter à haute voix le psaume : *Ayez pitié de moi, Seigneur!* et quand il fut arrivé au verset où le psalmiste remet son âme à Dieu, il expira.

Ce supplice de huit jours n'assouvit pas encore la férocité de Mustafa. Il fit écarteler le corps de Bragadino, et exposer un de ses quatre membres sur chacun des quatre bastions de Famagouste. La peau de son buste, bourrée de foin et attachée par mépris sur le dos d'une vache, fut promenée dans la ville et dans le camp, puis rependue à la vergue d'une galère, puis emballée dans une caisse de cyprès avec les têtes de Bragadino lui-même, de Martinengo, de Baglioni et de Quirini, et envoyée en présent à Sélim par son indigne précepteur. Le mannequin recouvert de la peau du champion de Chypre, exposé à Constantinople dans le bagne des esclaves chrétiens, fut dérobé aux gardiens par la piété des esclaves vénitiens et restitué, avec ses ossements, au sénat de sa patrie, où les restes du héros reposent dans une urne de marbre, sous les voûtes du panthéon vénitien de Saint-Jean et Saint-Paul.

Les crimes contre la loyauté, contre l'humanité, contre la nature, du féroce précepteur du sultan se perdirent dans le bruit de tous les crimes d'État et de tous les crimes de religion qui consternaient dans ce siècle sanguinaire l'Europe et l'Asie; c'était le siècle où Ivan le Terrible martyrisait ses sujets en Russie dans des raffinements de torture qui défiaient l'imagination de Néron; où Charles IX, en France, ordonnait pieusement la Saint-Barthélemy; où les vainqueurs de la forteresse de Wittenstein, vaillamment défendue, embrochaient le commandant, prisonnier de guerre, avec le fer d'une lance, et le rôtissaient à petit feu aux applaudissements de l'armée ; où les Espagnols instituaient dans l'inquisition un tribunal de feu pour épurer la foi. Le choc des races, des religions, des schismes, des armes avait assourdi le cœur de l'humanité, et ne laissait à l'histoire, pour justice, que l'universelle exécration de ces forfaits.

XIII

Lala-Mustafa, ce Torquemada de Chypre, ne laissa vivre de tous les héroïques défenseurs de Famagouste que Henri Martinengo, neveu de l'illustre ingénieur de ce nom. On le mutila au lieu de le tuer, et il fut condamné à servir comme esclave et comme eunuque dans le palais du grand vizir.

Ainsi tomba sous la domination ottomane ce délicieux royaume de Chypre que la nature et les conquérants semblaient se disputer depuis tant de siècles ; l'une pour en faire le jardin de l'Orient, les autres pour en faire le sépulcre de sa florissante population. Les Ottomans ne tirèrent de cette conquête que de l'orgueil pour leurs armes et de la haine pour leur cruauté. Cette île, sous leur administration inhabile, ne se releva jamais de ce désastre. Les Vénitiens perdirent en elle la plus prospère de leurs colonies ; les Turcs n'y gagnèrent qu'une terre stérilisée et une population tarie par la guerre ; ruine pour tout le monde, dont la solitude seule hérita.

Cette conquête avait coûté cinquante mille hommes aux vainqueurs, cinq cent mille aux vaincus. Ce royaume, dont les Romains avaient fait hommage aux reines d'Égypte Arsinoé et Cléopâtre, devint une ferme des grands vizirs; ses revenus furent affectés plus tard à la maison des sultanes Validé, mères des souverains régnants. Un empire devint l'apanage d'une esclave privilégiée du sérail.

FIN DU TOME TROISIÈME DE L'HISTOIRE DE LA TURQUIE.

TABLE

DES MATIÈRES CONTENUES DANS CE VOLUME

                                                            Pages.

Livre XIV. — Fin de Mahomet II; de 1475 à 1481. . . .   3

Livre XV. — Bajazet II, en 1481.   57

Livre XVI. — Histoire de Djem ou Zizim, frère de Bajazet II. 103

Livre XVII. — Sélim Ier, en 1512. 145

Livre XVIII. — Suite de Sélim Ier, en 1516. 191

Livre XIX. — Soliman II, en 1520. 213

Livre XX. — Suite de Soliman II et histoire de Roxelane, vers 1521 et 1534; et fin de Soliman II, en 1566. 291

Livre XXI. — Sélim II, en 1566. 403

FIN DU VINGT-CINQUIÈME VOLUME.

PARIS. — TYPOGRAPHIE DE COSSON ET COMP., RUE DU FOUR-ST-GERMAIN, 43.

www.ingramcontent.com/pod-product-compliance
Lightning Source LLC
Chambersburg PA
CBHW060932230426
43665CB00015B/1921